U0133890

〔英〕温斯顿・丘吉尔

二战回忆录

单独作战

〔英〕温斯顿·丘吉尔◎著

蔡　亮◎译

吉林出版集团股份有限公司 | 全国百佳图书出版单位

图书在版编目（CIP）数据

单独作战 /（英）温斯顿·丘吉尔著；蔡亮译 . --
长春：吉林出版集团股份有限公司，2023.7
（二战回忆录）
ISBN 978-7-5581-7126-0

Ⅰ . ①单… Ⅱ . ①温… ②蔡… Ⅲ . ①丘吉尔（
Churchill，Winston Leonard Spencer 1874–1965）—回忆
录②第二次世界大战—史料 Ⅳ . ① K835.167=5 ② K152

中国版本图书馆 CIP 数据核字（2022）第 005048 号

审图号：GS（2021）134 号

二战回忆录

DANDU ZUOZHAN

单独作战

著　　者：〔英〕温斯顿·丘吉尔
译　　者：蔡　亮
出版策划：崔文辉
项目统筹：郝秋月
责任编辑：李金默
出　　版：吉林出版集团股份有限公司（www.jlpg.cn）
　　　　　（长春市福祉大路 5788 号，邮政编码：130118）
发　　行：吉林出版集团译文图书经营有限公司
　　　　　（http://shop34896900.taobao.com）
电　　话：总编办 0431-81629909　　营销部 0431-81629880/81629900
印　　刷：三河市兴国印务有限公司
开　　本：720mm×1000mm　1/16
印　　张：20.5
字　　数：300 千字
版　　次：2023 年 7 月第 1 版
印　　次：2023 年 7 月第 1 次印刷
书　　号：ISBN 978-7-5581-7126-0
定　　价：56.00 元

印装错误请与承印厂联系　　电话：0316-7151807

致　　谢

　　我应该再次感谢丹尼斯·凯利先生、伍德先生、迪金上校、艾伦海军准将、陆军中将亨利·博纳尔爵士、爱德华·马什爵士。我之前的各卷就是在他们的帮助下完成的。我也要感谢其他许多审阅过原稿并且提出了意见的人。

　　在本书的写作中，伊斯梅勋爵和其他朋友依然给了我帮助。

　　我能将某些官方文件的原文复制在本书中，有赖于英王陛下的同意，我再次表示感谢。按法律规定，这类文件的王家版权属于英王陛下政府文书局局长。本书所刊载的某些电文，考虑到保密的因素，应英王陛下的要求，由我根据原来的意思加以改动，但是并没有改变原来的意思。

温斯顿·斯宾塞·丘吉尔

序　言①

　　我于本卷所涉及的时期肩负重任。那时，我既是首相，又是国防大臣、第一财政大臣和下院领袖。在最开始的四十天之后，德国不断地获得胜利，意大利又对我们发起致命的攻击，而我们只能孤军奋战。而当时敌对的中立国家——苏联，正在为希特勒积极提供援助，此外还有一个不能确定的威胁——日本。

　　然而，英王战时内阁忠诚而认真地处理了英王陛下的国家事务。不仅如此，由于有议会、英联邦、英国各地政府和人民的支持，战时内阁将所有任务都完成了，并且将敌人打败。

温斯顿·斯宾塞·丘吉尔

写于肯特郡威斯特罕的恰特威尔庄园

1949 年 1 月 1 日

---

① 本册及上册《法国的沦陷》在英文原版中同属一卷。——译注

目　　录

在无视战争威胁的人们具备了一半的抵御能力之前，

英国人民独自浴血奋战，守卫阵地。

第一章　不列颠战役

关键一战——希特勒进退维谷——空战三阶段——在本国领空作战有哪些方便之处——"海狮"作战计划和空袭——敌机袭击泰恩河地区——德国出动"亨科尔"式飞机疯狂轰炸——比弗布鲁克勋爵才能尽显——欧内斯特·贝文先生和工人——内阁齐心协力——核实德军的损失——对伦敦的第一轮空袭——德国的海军参谋部如坐针毡——9月11日，我在广播上发表演说——局势在8月24日到9月6日间极紧张——空战司令部可能不能再自如地指挥作战——两周之内，我方四分之一的飞行员阵亡或重伤——戈林的失误：过早地空袭伦敦——有机会喘口气了——战斗最激烈的一天：9月15日——我在第十一战斗机大队视察——空军少将帕克——战斗机大队的作战指挥室——开始空袭——所有后备队都已投入战场——一次非常重要的胜利——9月17日，希特勒宣布推迟"海狮"计划——对比战后公开的数字和实际的数字——荣光归于全体人民

现在，能否在空战中制敌取胜，是决定我们命运的关键。取得英吉利海峡以及南部海岸上空的控制权，就能够实现攻入不列颠的所有计划，这一点德国领导人已经非常清楚。想要部署登陆港口，集合运输船舰，清除航道雷区并重新铺设水雷区，就必须抵御英国的空袭。能否控制运输船舰

和海滩的上空区域，决定了能否横渡海峡，能否登陆。所以，要是德军打败了皇家空军，摧毁了伦敦和海岸之间的机场系统，那结果就可想而知了。现在我们能够知道，7月31日时，希特勒曾和海军上将雷德尔说："我们有八天的时间去击败敌人的空军和海军，占领他们的港口，如果届时不能实现这个目标，就只能等到1941年5月才能再次行动。"眼下，这场战争马上就要爆发了。

这将是一场真正实力的对决，我个人对此无所畏惧。6月4日，我在议会发表讲话时曾说："法国陆军辉煌一时，可是面对几千辆装甲车还是那么不堪一击，被打得一塌糊涂。难道文明事业不也能够让技术过硬、忠心耿耿的飞行员来保卫住吗？"6月9日我又对史默兹说："就让希特勒来进攻吧，我们好借机捣毁他的空军。目前，只有这条路可走了。"现在，正是这个时机！

早已有很多人报道过这场由英德两国空军的角逐组成的不列颠战役，而且报道得很是详尽。对于1941年和1943年所发生的事，在道丁空军上将的电函和空军部第156号小册子里，都详细的记录了我们所知道的主要事实。我们也能看到当时德国最高统帅部是怎么想的，以及他们内部在各个阶段做何反应。根据这些记录可明显看出，当时交战双方的报告明显过高估计了对方的损失，实际上在某些重要战役中，德国人的损失比我们估测的要少很多。但是无论如何，这场关系到英国的存亡，关系到世界的自由的著名的战争，其主要特征和宏旨要义是无可争议的。

在与法兰西一战时，德国空军已经被最大限度地使用，因此他们需要时间休整，短则几个星期，长则几个月。这情形和德国海军在挪威战役以后一样。在欧洲大陆的战斗中，我们派出了几乎所有战斗机中队参战，仅有三个中队没被卷入那场大战。所以，德国空军的休整对我们也是有利的。法国被攻占后，不列颠依然不接受和平建议，这非常出乎希特勒的预料。法国的很多将军和政治家，如贝当元帅、魏刚等，他们都想不通：一个岛国到底有多大能耐可以不依靠外援而保持独立。希特勒和他们一样百思不得其解，而且他也像那些法国人一样，低估了我们的意志力。慕尼黑危机之后，我们已经在吸取教训，漫漫长路，我们也走过来了。希特勒在6月间，已经认识到了这种新形势，于是开始重新谋划，这期间，德国空军经过休整已经恢复战斗力，开始为下一个行动做准备。下一个行动的目标是不言自明的。打败英国的空军，英国就失去了抵抗力，届时如果德国不想占领英国，都没有必要再发兵侵犯。然而，如果不这样做，日后希特勒恐怕不得不打一场持久战，并陷入由此衍生的不可预知的危险以及诸多难题中。

在6月和7月初，德国重新整编了恢复了战斗力的空军，并征用了法国和比利时的所有机场，想要从那里起飞发动进攻。为了预测英国空军的实力，以及可能遭遇的抵抗强度，开始时，德国只是进行侦察式的袭击，试探英国空军。一般来说，7月10日才被视为空战开始的第一天，因为是在这天德国才真正第一次对英国发动大规模空袭。另外，8月15日和9月15日也是意义非同一般的日子。德国的进攻分三个阶段，它们是前后相连的，并有部分重合。7月10日到8月18日是第一个阶段，他们不断骚扰我们的英吉利海峡护航舰队，侵袭我国的南部港口——位于多佛尔到普利茅斯之间，意图引我们出站，好消耗我们的空军实力，同时还可以一石一鸟，达到破坏沿海城镇的目的，这些城镇已经被他们划作即将入侵的目标。8月24日到9月27日是第二个阶段，攻击目标是皇家空军及其设施，摧毁它们就可以直通伦敦，肆无忌惮地轰炸我们的首都了。这样一来，首都与沿海处于威胁中的地区也会失去联系。实际上，戈林还有另外一个目的，他深信攻陷了伦敦这个世界上最大的城市，还会有一个更大的效果，那就是可以震慑英国政府和人民，使他们放弃抵抗，任由德国摆布。德国的海军和陆军参谋当然巴不得会有这样的结果。可是事与愿违，他们的进攻并没有消灭皇家空军，反而受到了伦敦的抵抗的牵制，无法分身实施他们迫切需要执行的"海狮"计划。我们让他们失望了。无法取得制空权这个先决条件，他们入侵的计划就迟迟不能实现。这时，他们便开始了最后一个阶段——第三阶段的空袭。皇家空军依然斗志昂扬，打破了他们想依靠白天的空袭取得胜利的幻想，让他们头疼不已。戈林无计可施，便在10月对伦敦以及各工业中心展开了报复性轰炸。

＊　　＊　　＊

双方战斗机的质量基本上拉不开差距，且各有优长，德国的战斗机以速度取胜，上升度更高；我们的战斗机灵活性更好，配备的武器更先进。与波兰、挪威、荷兰、比利时、卢森堡和法兰西空战的所向披靡，让德国的飞行员积累了足够的优越感，且他们深知自己人数也多。但我方的飞行员，每个人都充满信心和战斗到底的决心，这种决心在不列颠民族陷入极度危难时就会充分显现出来。德国的空军基地遍布各地，范围极广，他们可以对这一战略优势善加利用，集中那些基地的力量，假装空袭来迷惑我们，为大规模的正式袭击打掩护。事实上，他们也的确是这么做的。只不过，与英国空战要飞越海峡，且要在海峡上空作战，而德国在对比与法国和比利时作战的情况时，明显小看了这样做对他们的不利。事实上，在空战开始后，他们很快就意识到这些不利对他们的影响有多严重了，所以他们专门组建了一支海上救护队，希望能有效地实施海上救护。7、8月间的空战中，海峡上空除了战斗机，还出现了一些涂有红十字标志的德国运输机。敌军那些被击落的飞行员如果被这样救起来，很快就会再来轰炸我们的民众，我们不能让这样的事情发生。因此，那些德国救护机不是被我们强迫降落了，就是被击落了，这是经过战时内阁明令要求的。那些被击落的德军战斗机上的飞行员则由我们自己去救，让他们成为战俘。我们会攻击救护机，这让德国的飞行员和机上的医生非常惊讶，他们抗议说，这样做违背日内瓦公约。然而，公约签订时，谁也没有料到有一天会爆发这种形式的战争，因此并没有条文对其进行规定。而且，德国人根本没有资格发这种牢骚，他们曾肆无忌惮地撕毁战时的法规、条约，还有严肃的战争协定，只要对他们自己有利，他们什么都不放在眼里。所以，他们很快就不再派出救护机，我们的小型船舰则承担了双方飞行员的海上救护。德国当然不会放过它们，一发现就会实施攻击。

* * *

8月，德国空军集结了一千零一十五架轰炸机、三百四十六架俯冲轰炸机、九百三十三架战斗机，还有三百七十五架重型战斗机，总共两千六百六十九架飞机投入作战。元首于8月5日下达了第17号指令，命令加大与英国空战的强度。在戈林看来，"海狮"作战计划根本无足轻重，"绝对空战"才是最重要的，因此他的精力都放在了空中战场。他不依照作战部署行动，随意更改计划，让德国的海军参谋部困惑不已。德国的海军参谋部只把击毁皇家空军和我们的飞机工业当成一个阶段性的任务，终极目标是转而向我们的战舰和船舶发起进攻。而戈林却把海军当成次要的攻击目标，致使攻击我们的海军的行动一拖再拖，这让海军参谋部觉得又无奈，又苦恼。他们在8月6日给最高统帅部的报告中说，受到英国空军的阻挠，德国已经无法展开在海峡铺设水雷的工作。海军参谋部在8月10日作战日记中写道：

> 目前，天气恶劣，空军无法出动，受此影响，准备"海狮"作战计划的工作，特别是扫雷，也无法继续开展。最近，有几天天气提供了极为有利的出击条件，但是海军参谋部不知道是因为什么，空军错失了那些良机……

7月和8月初，在肯特海角和海峡沿岸的上空，空军的战斗十分激烈。戈林还有他周围那些经验老到的顾问们十分自信，觉得南方战场牵制了我们所有的战斗机中队，因此决定在白天对位于瓦什湾以北的工业城市展开一次轰炸。目前，他们最先进的战斗机是"米-109"式战斗机，但这个距离对它来说还是太远了。于是，他们决定用"米-110"式战斗机护航。这样做其实也非常冒险，因为这场战斗中起决定性作用的是战斗机的性能，而这种战斗机只是在航程上没问题，性能却较差。即便如此，他们仍觉得应该走这一步，有风险也值得一试。

于是，四十架"米-110"式战斗机掩护着将近一百架轰炸机，在8月15日轰炸了泰恩河地区。德军以为，我们的所有空军都集中在南部地区，因此在轰炸泰恩河地区的同时，他们出动了超过八百架的飞机袭击南部，好让那里的空军无暇他顾。然而这个可能性早已在道丁的预料之中，在南方的战斗还十分激烈的时候，他就将受到重创的七个"旋风"式或"烈焰"式战斗机中队调离南方战场，到北方休整，同时负责守卫那里。现在的情况充分说明，当时的这种部署是十分明智的。当初，这些战斗机中队的飞行员们坚称，他们一点儿都不累，十分不甘心退出战斗。但是，现在这种安排给我们带来了意外好的收获！这些战斗机中队正好给飞过海岸的入侵敌机以迎头痛击，击落了德国三十架飞机，这些飞机中主要是"亨科尔Ⅲ"式重型轰炸机，每架飞机配备了四名技术娴熟的飞行员，而英国，只有两名飞行员受伤。在指挥空战方面，道丁空军中将的远见卓识应该被好好称赞一番。彼时，南方陷入鏖战已有数周，他还能审时度势，谨慎地做出判断，留一支战斗机队驻守北方。面对巨大压力，他仍能保持冷静，这更加令人五体投地。道丁精通作战的艺术，而他通过这次部署表现出的军事才能，正好可作为一个范本，对此加以佐证。这次战斗给了德国一个深刻的教训，那以后，除非有最先进的战斗机保护，否则白天德国再也不敢随便实施轰炸了，而此后的瓦什湾以北地区，白天一直太平无事。

8月15日，爆发了大战的那段时期中最大规模的一次空战。战线长达五百英里，大规模战斗进行了五次。这一天的战斗非常重要，具有决定性意义。在南方我们有二十二个战斗机中队，全部参加了战斗，许多中队一天要反复出动两三次。在南方和北方的战场上，德国损失了七十六架飞机，我方损失了三十四架。很显然，德国空军这次败得很惨。

德国空军的司令官们感觉这次惨败预示着之后的袭击不会很顺利，权衡了此次失利的后果后，他们一定很是担忧。然而，伦敦是世界上最大的城市，很容易定位攻击，伦敦港码头众多，船舶密集，德国空军仍把它们当成袭击目标。

*　　　*　　　*

在战斗最激烈的那几个星期，各个战斗机中队急需性能靠得住的飞机，我们要不计代价地满足这种需求。人们非常的不安和焦虑。此时，比弗布鲁克勋爵可谓大显身手，做出了卓越的贡献。官僚作风、照章办事在和平安定的环境下还可以，眼下却不行。而比弗布鲁克勋爵能力突出，总是乐观积极，精神头十足，且很有感染力，正好符合这种状况下的需要。我很庆幸，当我遇到困难的时候，可以有他来依靠，而他也从没有让我失望。他总是精神昂扬，才能出众，做事有条理，办法多，且很会指导别人，许多问题在他面前都迎刃而解。战斗所需要的物资接连不断地从运输线上运往前线，飞机也不停地补充到战斗机中队里，有的是修好的，有的则是新造的。战斗机中队没见过这么多飞机，这让他们大喜过望。战斗激烈紧张，但是参战飞机的保养和维修都没有落下。在我看来，他在战斗中起到了非常重要的作用，于是我向国王申请请他加入战时内阁，得到国王肯定的回复后，便在 8 月 2 日向他发出邀请。同时，他的长子马克斯·埃特肯——一名战斗机飞行员，也因击落了至少六架飞机而立下大功。

这个时候，欧内斯特·贝文——劳工与兵役大臣同样跟我形影不离。他的职责是在全国范围内，发动民众参加军事生产，并对他们进行管理。军火工厂的工人们对他的指示都乐于服从。他在 9 月也成了战时内阁的一员。之前，工会会员们已经慷慨地捐出了他们的财产，放弃了地位和权利，如今又把那些在时间的历练下形成的章程规定和特权——这些都是非常宝贵的，也完全放弃。那几个星期里，战火纷飞，但我和比弗布鲁克还有贝文相处得非常和睦。在这生死存亡之际，我们齐心协力应对外敌。遗憾的是，后来他们的意见产生了些分歧，由此还引发了很多冲突。但此时内阁的所有同僚们意志坚定，且高效地工作，绝对受得起高度的赞扬。在这里，我要向他们献上自己的敬意。

*   *   *

德国到底损失了多少，我急需一个准确的报告。对于飞行员们的严谨和诚实，我是没有怀疑的，但是，他们的战场是比云层还要高的高空，很有可能他们也没搞清楚自己到底打下来多少架敌机；也有可能，几个人一起击落了一架敌机，但都说是自己击落的，这样报上来的数字就会有重复。

首相致伊斯梅将军   1940 年 8 月 17 日

我从比弗布鲁克勋爵那里得知，我们在星期四的战斗中共击落了八十多架德机。这个数字是否准确？如果不是这些，又是多少？

对这次作战中海面和陆地上空的战斗加以区分是一个很好的办法，这能帮助我们尽可能准确地计算这次战争结果的数字。我就能否区分开来问过空战总司令。

首相致空军参谋长   1940 年 8 月 17 日

在我国上空的空战中，关注我方的战果当然是必要的，但是也绝不能忘了我方轰炸机司令部也同样损失严重。昨晚我们〔损失〕七架重型轰炸机，如今，又在地面损失了二十一架飞机，这其中大部分是在坦米尔机场损失的，共计二十八架飞机。另外，还有二十二架飞机的损失，加上这二十八架，当天我们损失了五十架。这种情况下，我们已经失去了那天击毁德方七十五架飞机的优势。我们在这一天的实际损失与德方相比是二比三。

请将那些在地面损失的飞机类型告知我。

首相致空军大臣　　　　　　　　　　　　　　1940 年 8 月 21 日

　　击落德国的战斗机，取得战斗的胜利，是非常重要的。现在，美国记者和民众对我们正在走向胜利还有我们给出的战报数字，还半信半疑。等我们能明显击退德国的空袭时，他们自然就会知道事实是什么样的。当下，战斗正进行得如火如荼，还要时刻随机应变，对空袭的预警做出判断，这种时候，最好不要令空战司令部不快。说实话，我觉得事实本身才最有说服力。而让新闻记者深入到空军中队，让他们以此来告诉美国民众，我们的飞行员没有虚报或是夸大击毁敌机的数量，这种做法让人生厌。我觉得还是冷静一下，沉着应对这一切为好。

　　飞机制造部报告说，他们已经在陆地上找到八十多架被击落的德国飞机，这还不包括海面上的，为了核实这一数据，我当天自己也做了个调查。现用另一张纸附上调查结果，请你阅过。这条好消息对我们非常有用。说实话，美国人的质疑已经让我有点儿烦躁了。这件事将制约其他所有事。

*　　　*　　　*

　　我能够在 8 月 20 日时，向议会这样报告：

　　就数量而言，敌人显然占据着绝对的优势，然而，在制造新飞机的速度上，我们现在已经超越他们一大截了，而且美国产的飞机也开始运过来。这几次战斗的磨砺，我们的轰炸机和战斗机的实力，超越了此前任何一个时期。我们坚信，无论这场空战要持续多长时间，我们都能够坚持到底，不管敌人想要打多久，我们都奉陪。实际上，拖得时间越长，越利于我们在空中战场快速与敌人的实力拉平，然后占据优势地位。而最后，空中优势很可能是决定战争的结果的关键。

戈林对空战的乐观态度一直持续到 8 月底。他和他身边的人都以为，他们的袭击已经重创了英国的地面装备、飞机产业，还有皇家空军的实力。按照他们的估算，从 8 月 8 日至今，我们有一千一百一十五架飞机被击落，而他们只有四百六十七架被击落。双方对自己的损失持乐观的看法，这无可厚非。德国人也理应如此为他们的领导人着想。进入 9 月，天气持续晴朗，德国空军觉得取得决定性胜利的机会来了，便对伦敦周围的机场发起了猛烈的攻击。6 日夜间，德国出动六十八架飞机袭击伦敦，第二天又发动了本月首轮大规模空袭，派出了大约三百架飞机。这之后接连几天，伦敦上空炮火不断，战况异常激烈。在这期间，我们也增加了一倍数量的高射炮。而德国空军把我们的损失估计得过高了，所以他们仍然有必胜的把握。但是实际上，德国海军参谋部对他们自己所受影响以及行动中的责任更为关注。当然这是我们现在才能知道的，在 9 月 10 日的记录里，他们写道：

在英格兰南部和海峡上空，目前还看不出我方空军已经战胜对方空军，这一点非常重要，是我们进一步判断局势的依据。初期空战，我们的空军在打击敌军的防御上的确取得了显著的成绩，德国飞机也因此占据了英格兰地区的主动权。……之前，海军参谋部曾向最高统帅部提出，除非我们拿下了海峡地区的制空权，并且使敌方无法在德国海军以及集合了辅助船舰的区域的上空实施攻击，否则海军参谋部不能发动冒险性进攻。目前看来，条件并不具备。……要重新回到"海狮"作战计划的轨道上来，就要立即转移攻击伦敦的军力，去增强袭击朴茨茅斯和多佛尔以及作战地区以内或其附近的军港的力量……

此时的希特勒更加支持戈林的意见，相信重创伦敦就能决定战争结果，因此，尽管海军参谋部一直很担心，却没勇气向最高统帅部表达自己的看法。12日，他们消极地做出了如下结论：

这次空战并没有结合海战的需要，是一种"绝对空战"，而且这种方式已经脱离了"海狮"作战计划。"海狮"作战计划是由海军起主要作用的，这种空战对海军准备此计划并没有帮助。现在，英国舰队的船舰仍能够在海峡中来去自如，而我们的德国空军没有对其发动任何进攻。它们能没有任何阻碍地通行，我们的海上运输就没有任何保障。我们需要铺设水雷区来防备英国的海军，但是这并不代表铺设了水雷区，我们的航运就万无一失了，这一点我们曾多次向最高统帅部说明。实际上，虽然现在的空战打得异常激烈，但并没有对登陆有任何助益。所以，不管是从战术上考虑，还是从军事上考虑，现在还不能实施登陆计划。

* * *

9月11日，我在一次广播中说：

德国空军试图在白天攻陷我们，因此只要天气情况允许，他们就会接连不断地出动轰炸机，并以战斗机做掩护——通常一批就三四百架——涌向我们这个岛，肯特海角则成了它们的重点袭击目标。但是，每次我们的战斗机中队都会给他们以迎头痛击，他们几乎来一次败一次。平均下来，他们的飞机损失是我方的三倍，飞行员的损失是我方的六倍。

德国人能否在这场战争中获胜，最终取决于能否拿下英格兰上空的白天制空权。为此，德国人付出了种种努力，不过现在看来，很明显他们的努力白费了。不仅如此，他们还为此付出了很高的代价。而现在的我们，和激烈的战斗刚刚打响的7月时的我们相比，实力却明显增强了。希特勒先生无疑正在快速损耗自己的战斗机队伍，这种情况如果再持续几个星期，这部分对他非常重要的空军作战力量就会被彻底毁灭。当然，这样对我们就太有好处了。

这时，如果他冒险进军我国，因为没有占领空中战场，那将会是非常危险的。在这种情况下，他仍在不停地为准备入侵我国投入大量军力。在德国和荷兰的港口，他们派出了几百艘装有自动推进器的驳船，向法国北部的港口驶去，先到敦刻尔克，然后是布雷斯特，最后到比斯开湾的法国港口。

事实上还远不止这些。在多佛尔海峡，德国新建于法国海岸的炮台掩护着一些船队——每队由十艘或十多艘商船组成，从一个港口小心翼翼地开到另一个港口，意图进入英吉利海峡。在德国、荷兰、比利时以及法国的港口，从汉堡到布雷斯特，各港口都集结了相当数量的船舶。还有，他们集结了一些船，打算从挪威的港口运送一支军队入侵。

在集结了如此多的船舰和驳船的同时，一大批德国军队也已准备好，只等一声令下便登船渡海，开始这次基本上没有胜算的渡海行动。他们计划的行动时间是在何时，或者说他们是否真的要冒险一试，我们目前无法确定。只有一个事实，我们是确定的，而且必须重视起来，那就是德国人正在为大举入侵我们这个岛做准备，而他们是一个行事周密、有条理的民族。还有就是，英格兰、苏格兰、爱尔兰随时可能受到攻击，也许三个岛会同时遭遇强攻。天气情况变化莫测，而且那些被集结起来的船舰也无法长期在那里待命——我们的轰炸机一到夜里就会对它们进行轰炸，还有我们安排在港口外探听敌情的战舰也会不时对它们发动炮击，所以德军如果真的要冒险一试，恐怕过不了多久就要行动了。

所以，我们必须重视起来，下星期，或是下星期前后，将是我们历史上至关重要的时期。当年，西班牙无敌舰队兵临英吉利海峡，德雷克即将打完一场木球比赛^①时，还有拿破仑率大军在布洛涅攻打英国，纳尔逊带领舰队抵挡^②时，情况都已是火烧眉毛。如今的迫在眉睫和这些我们已经了解的历史时刻的危急程度不相上下。然而，眼下我们要面临的，却是更大规模的进攻，是将给我们乃至整个人类的生存、未来，还有世界文明带来深远影响的事件，这些是历史上那些英勇的战斗远不能相比的。

*　　*　　*

从 8 月 24 日到 9 月 6 日，这段日子的战斗意义重大。战斗中，我们的战斗机处于劣势。英格兰南部和东南部的机场不断遭到德国空军的强势袭击。德国已经等不及要轰炸伦敦了，此番是一定要让我们的战斗机完全丧失在白天守卫首都的能力。然而，此刻对我们而言，保卫伦敦免遭狂轰滥炸并不是最重要的，保卫这些机场，使其能正常运转，通行无阻，让飞机能从这里飞出去，反而要更重要。在这场两国空军间的殊死搏斗之中，这段日子正是具有决定意义的时期。于我们而言，现在想的，只是要赢得这场空战的胜利，而非借助这场战争保卫伦敦或某个地方。当时，驻扎在斯坦摩尔的空军司令部忧心忡忡，而在阿克斯布里奇，第十一战斗机大队的指挥部更是坐立难安。受这个大队指挥的五个前进机场，还有六个战区机场都被毁坏。在肯特海岸上，麦斯顿和利姆两地，战斗机有时一连数天无法使用机场，这种情况还发生了好几次。位于伦敦南面战区的碧金山战区机场更是毁坏严重，以致在长达一个星期的时间里，

---

① 1587 年，西班牙国王率无敌舰队进攻英国，英国海军将领德雷克受命迎战。据传，当敌军来袭的消息传来时，德雷克正在打木球。他没有立刻出兵，而是说："我们时间还很充足，打完这场球再出击也不迟。"——译注

② 1803 年，英法两国开战。拿破仑意欲进军英国本土，于是在布洛涅集结重军为渡过英吉利海峡做准备。后来被英国海军将领纳尔逊率领的舰队阻止，并于 1805 年演变为特拉法尔加战役。——译注

只有一个战斗机中队能从此处起飞。敌方若是对位于与之临近的战区的机场发动狂轰滥炸，同时捣毁它们的指挥部，切断电话联络，那我们整个盘根错节的空军司令部或许会彻底瘫痪。这样一来，不但伦敦要遭受重创，我们甚至会失去这个至关重要的战区的制空权。读者应该已经看到，在上册书的附录中的备忘录里，我随别人巡察了几个战区的机场，其中包括麦斯顿机场（于8月28日）和碧金山机场——这里就在我的住所附近。它们被炸得惨不忍睹，跑道上弹坑遍布，飞机根本无法起飞。然而，9月7日时，德国的空袭的目标转向了伦敦，我们的空军司令部发觉这个动向，并据此推断，他们改变了作战计划。至此，我们的空军司令部一颗悬着的心总算能放下一些了。当时，我们的空军完全要仰仗这些机场的调配才能战斗，因此戈林其实应该继续攻击我们的机场。他违背战争中古老的原则，不顾被公认的人道主义原则，犯了一个愚蠢的错误。

我们空战司令部在这一时期——8月24日至9月6日——的战斗中，整体实力消耗巨大。这两个星期中，有四百六十六架"烈焰"式和"旋风"式战斗机被击毁或遭受重创。同时，牺牲了一百零三名飞行员，还有一百二十八名伤势严重——我们的飞行员总数约一千人，这次损失了将近四分之一。为了填补这些空缺，我们只好从训练单位抽调来二百六十人，虽然这些新手有一腔热血，但缺少作战经验，有些人甚至连飞行课程还没全部学完。从9月7日开始，在接下来的十天里，敌人不断在夜间对伦敦进行空袭，炸毁了很多码头和铁路枢纽，炸死、炸伤了许多平民。但实际上，我们却可借机喘一口气，那时，这样一个机会对我们来说至关重要。

在这段时间里，为了能亲自了解遭受空袭的地区的情况，每周我都会单独用两个下午前往肯特或苏塞克斯去查看。为此，我特地使用了一列专车，专车上有床还有浴盆，我在途中可以休息；还有办公室、直通电话、精干的工作人员，我可以继续处理公务。这列车上的装置非常完备，唐宁街的官邸里有的，它上面都有。

　　　　　　　　　*　　　*　　　*

　　9 月 14 日，德国发动了两次大规模空袭，接着在 15 日，他们又集结了最大规模的空军在白天对伦敦发动空袭，15 日这一天应该是战斗的最高峰。

　　这一天是星期天，这次战斗是决定战争局势的关键一战，有趣的是，滑铁卢之战也是在星期天进行的。这之前，因为想看看空战的指挥情况，我曾去过几次第十一战斗机大队指挥部，那几次也没发生什么特别的情况。15 日那天，我人在契克斯①，但天气好像更有利于敌人的作战，于是我乘车前往驻在阿克斯布里奇的大队指挥部。第十一战斗机大队辖区包括埃塞克斯、肯特、苏塞克斯、汉普郡，以及这些地区内所有通往伦敦的道路。目前，这个下辖多达二十五个战斗机中队的大队指挥是空军少将帕克。自敦刻尔克一役起，六个月来，他一直担任着这个关乎我们命运的战斗机大队的指挥，英格兰南部白天所有的战斗全都由他指挥。现在，他所做的安排和指挥系统已经是最成熟的了。我和妻子进入到防弹指挥室。这里在地下五十英尺深地方，"旋风"式和"烈焰"式战斗机在作战中能够最大限度地发挥其优势，全都仰仗这种地下指挥中心和电话系统。战争爆发前，道丁就提议建这种系统，后来还是在他的督促下，空军部设计并完成了它的建造。所有相关人员都为这不可磨灭的丰功伟绩付出了辛劳。当时，第十一战斗机大队的指挥部和它下辖的六个战斗机驻防中心驻守着英格兰南部。由前文的叙述可知，它们可谓身负重任。空战司令部驻在斯坦摩尔，行使着高统帅部的职权，但是，它却能把实际战斗中的指挥权下放给第十一战斗机大队，这真是明智之举。而各个中队的作战是战斗机大队通过驻在各郡的战斗机驻防中心部署的。

　　大队作战指挥室在地下六十英尺的地方，一共建有两层，其布局犹

---

　　① 英国首相的郊外官邸坐落于此处。——译注

如一座小型剧院。我们的位置在二楼专门的包厢里，向下看是一座巨大的地图台。它周围围绕的是大约二十名接受过严格训练的青年男女，还有他们的电话助手。我们对面本该悬挂的是舞台的帷幕，现在挂的却是一大块占满整个墙壁的黑板。黑板纵向分成六块，每块都装有灯泡，代表六个战斗机驻防中心。每个驻防中心内部又用横线被分成若干小格子，代表各自的战斗机中队。最下面一排灯泡点亮，显示的是可在两分钟内起飞的待命飞机中队；第二排灯泡点亮，显示的是已经做好准备且下令后五分钟内可起飞的中队；再往上一排灯泡，代表的是能够飞行且可在二十分钟内起飞的中队；再往上一排灯泡代表的是已经起飞的中队；再往上一排灯亮，代表的是已发现敌机的中队；另再往上是一排红色的灯泡，代表的是在战斗中的中队；而那最上面一排灯泡，代表的是正在返回的中队。

左边是一个类似玻璃包厢的小屋子，里面有四五个军官。他们正在对我方的对空监视岗哨那里收集来的情报进行分析判断。而我们在这些岗哨上从事收集情报工作的，有五万多人。那个时候，雷达才刚刚应用于战争，但它能在敌机临近我国的海岸时发出警报，而敌机抵达我们上空后的情报，则靠那些配备望远镜和对讲机的对空监视人员发送。一场战斗进行中，往往会送来数千条情报。在这个地下指挥室里，还有好几个其他的房间，里面坐满了有丰富战斗经验的人。情报传过来后，他们要快速地对其进行分析，并每隔一分钟将分析结果直接传给楼下围着桌子的坐标员和玻璃包厢里的指挥官。

右边的一个玻璃包厢里是陆军军官。他们负责的是向我们报告高射炮队的战斗情况。那时，我们有两百个高射炮队是归空战司令部指挥的。有一点极其重要，那就是：到了夜间，就不能让高射炮朝我们的战斗机接近敌机的区域发射。开战前一年，我曾前往斯坦摩尔拜访道丁，当时他就对这个指挥系统向我做过说明。所以，我对这个系统的大概样貌还是略知一二的。经过多次战斗，这个指挥系统也在不断完善，如今它各个部门配合默契，简直就像一部完美的作战机器。我敢说，世界上这样的机器仅此一台。

我们往楼下走去，帕克说："到现在为止，还算风平浪静。但是，不知道今天是否有其他情况发生。"过了十五分钟，那些空袭坐标员便忙碌起来了。有报告称，从迪埃普地区的德国机场有一批敌机正朝我们飞来，有"四十多架"。各个中队随即进入待命状态，位于墙上指示牌最底端的那一排灯泡已然点亮。随后又接到两个情报，分别显示敌机有"二十多架"和"四十多架"。看来，十分钟后，一场恶战在所难免。敌我双方的飞机陆续飞临，布满天空。

不断有信号发送过来，有时是"四十多架"，有时是"六十多架"，有一次甚至是"八十多架"。在我们下边那张桌子上，坐标的移动表示的是一批批入侵的敌机飞行的路线，坐标每分钟都在变。在我们对面，黑板上的灯泡接连亮了起来，这表明我们的战斗机中队已经飞抵上空。到最后，只还有四五个中队留下，处于准备好作战的状态。这场空战至关重要，从两军交战开始仅打了一个多小时。敌人的力量完全可以多派出几批飞机过来，而我们的战斗机中队由于必须要占据高空，所以飞行七八十分钟后就得去加油，或是在战斗了五分钟后降落，去补充弹药。在我们的战斗机加油，或是补给弹药时，如果敌人恰派来几队飞机，而我们无法阻拦，那我们的一些战斗机就会面临被击毁的危险。所以，在指挥战斗机作战时，白天要避免多架战斗机同时回地面加油或是补充弹药，这也是必须要注意的重要事项。

不一会儿，大部分红灯都已经点亮了，这说明我们的大部分战斗机中队都已投放到战场上了。战场的情况瞬息万变，楼下的坐标员忙碌地来回移动坐标，还有人在窃窃私语，声音很低。

帕克空军少将针对战斗机的作战部署下达了总指示。这一指示传达到楼上的"特别座位"中心,在那里接收命令的是一位青年军官。总指示通过他传达到个战斗机队的机场时,已经是具体详细的命令了。那天,我恰好就坐在那位青年军官的旁边。过了几年,我才知道那位军官的名字是威洛比·德·布鲁克。(1947年时,他在一个赛马俱乐部里担任管事,而我恰好受到这个俱乐部邀请,前去观看德比赛马会。于是,我们又再次相遇。得知我仍记得那时的情景,他感到很惊讶。)这时,地图台上出现了新的情报,他据此下令某几个中队起飞执行巡逻任务。在他身后来回踱步的则是空军少将。少将密切注视着这场战斗,每有一个新动态就要留意他的这个下属执行的命令是否准确。而他本人,只是间或下达一些具体明确的命令,比如增援某个处于险境的地区之类的。很快,我们全部的战斗机中队都已出动了,有些已经返航加油了。下面一排灯光灭了,也就是说所有的战斗机都已投入战斗,我们连一个中队都没留下做后备。为了防止敌人在战斗机中队加油或是补充弹药时再次大举来袭,帕克给驻在斯坦摩尔的道丁打去电话,要求第十二战斗机大队增援三个中队,让他指挥。道丁同意了他的要求。当时,第十一大队已经拼尽全力,为了保卫伦敦和我们的战斗机机场,我们特别需要这个三个中队。

那位青年军官仍在根据大队司令官的总指示发布命令,他就像处理每天都在做的公事一样,语调平稳无变化,声音严肃。增派来的三个中队也迅速投入战斗。司令官此时安静地站在他的下属后面,不过我能感觉到他有些焦躁忧虑了。我在之前只是默不作声地观看。这时我发问道:"我们还有其他中队做后备军吗?"帕克空军少将回答说:"一个也没有了。"后来,他曾将这件事记录成文,文章里说我听到他那么说时的表现是"面露沉重之色"。这很有可能。当我们的飞机返回地面加油时,很可能会遭遇"四十多架"或"五十多架"敌机的袭击。如果真是这样,我们很难幸免于难,届时将会有多大的损失,简直不堪设想。这太危险了!

五分钟之后,我们的大部分战斗机都需要加油了,所以战斗机降落了下来。因为我方资源不足，很多情况下我们对它们在空中的安全不能全力保障。幸好，后来的情报显示敌机都回巢了。从下边台上的坐标的移动来看，德国的轰炸机和战斗机陆续朝东飞去。他们停止了攻击。十分钟之后，这场空战告一段落。我们登上楼梯朝地面走去，刚回到地面便响起了"解除警报"的信号。

帕克说："首相，你能亲自来观看这次空中作战，我们感到很高兴。不过，在结束前二十分钟，我们接收到太多的情报，因此也的确有点儿应接不暇了。我们目前所有的力量的极致相信你由此也看到了。今天，我们使用的力量早已超出了极限。"我问他们关于战果的统计报告是否已经出来了，又说这场击退敌人袭击的空战是场漂亮仗。帕克回答说，本来他预想的是能拦击更多的敌机，因此感到有点儿不满意。敌机明显在多处破坏了我们的防守。根据报告，突破防线进入伦敦上空的德国轰炸机及其护航战斗机多达好几十架，我们击落了十多架，当时我在地下室中，不能了解到破坏、损毁，以及战果的全部情况。

下午我回到契克斯时已是 4 时 30 分，回去后马上就睡起了午觉。一觉醒来，已经是晚上 8 点，看来全程观看第十一大队的作战使我太疲惫了。我按铃叫人，来的是我的私人秘书约翰·马丁。他是就从世界各地收集来的消息来向我做夜间汇报的。汇报内容要么是某地出问题了，要么是某地贻误了战机，再有就是某个答复让人不满，大西洋上又损失了很多船只，诸如此类，真是让人忧虑。"不过，"马丁在结束汇报时说，"这次空战弥补了这些。我们击落了敌人一百八十三架飞机，而我们自己的损失却不到四十架。"

*　　*　　*

战后的统计资料表明，那天敌人的损失只有五十六架，尽管如此，仍不妨碍 9 月 15 日成为不列颠战役至关重要的一天。当晚，我们的轰炸机队大举进攻，重创了从布洛涅到安特卫普的各港口的船舶，尤其是安特卫普，损失极其严重。9 月 17 日，希特勒下令无限期推迟"海狮"作战计划。这一点，现在我们也已经知道。到了 10 月 12 日，他终于正式公布第二年春天再执行入侵计划。到了 1941 年 7 月，希特勒又把该计划延迟，决定 1942 年春再执行。他当时自以为是地幻想着，"那时候，苏联应该就快被拿下了吧"。真是白日美梦啊。雷德尔海军上将最后一次为了"海狮"作战计划见希特勒是在 1942 年 2 月 13 日。最终，他成功说服希特勒将整个计划完全"搁置"。就这样，"海狮"作战计划彻底覆灭。而促使它断命的正是 9 月 15 日的战斗。

*　　*　　*

这个计划一再延期正是德国海军参谋部满心想要的结果，其实，这也是他们从中怂恿得来的。陆军首脑对此没有表示任何不满。17 日，我参加议会时说："这样日复一日的等待早晚会消磨掉人们的期待，从而对其丧失兴趣。在历次战斗中，皇家空军战斗机队在星期日的战斗，是战功最卓越，成效最明显的一次。……这次漫长持久的空战马上要迎来结局，现在我们可以冷静处之，但是我们的信心将越来越强。"美国战争计划司副司长斯特朗准将，是美国派往伦敦观察德机空袭效果的美国军事代表团团长，他是一位公正的观察家。19 日，他返回纽约，说德国并没有对皇家空军造成严重损害，空袭对军事上造成的破坏也不大，倒是英国方面对德国损失的飞机的数字的估计"略显'保守'"。

只是，尽管入侵计划已经搁置，但是戈林真正放弃靠空战制胜的念头时已经是 9 月 27 日了。也就是说，在伦敦上空，战斗并没有停下来。而到了 10 月，德国仍在猛烈地袭击伦敦，不过他们也对很多其他地方展开了规模较小却不分昼夜的经常性攻击。他们不再集中轰炸，而是开始分散轰炸。以后进行的就是消耗战了。消耗战，消耗的是谁呢？

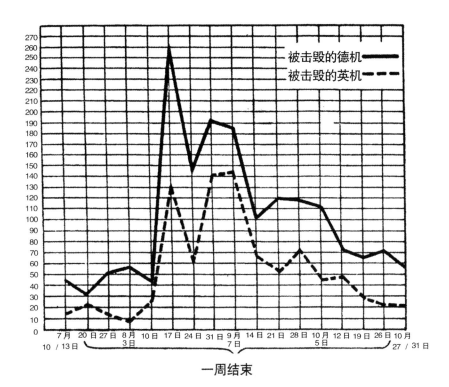

一周结束

不列颠之战

飞机损失数目统计表

时间	英国皇家空军损失飞机数目（包含彻底报废或是失踪的）	敌机实际被击落数目（德国的统计）	我方报告的击落敌方飞机数目（被战斗机、高射炮、防空气球等击落）
		各周统计	
至7月13日（从7月10日开始）	15	45	63
至7月20日	22	31	49
至7月27日	14	51	58
至8月3日	8	56	39
至8月10日	25	44	64
至8月17日	134	261	496
至8月24日	59	145	251
至8月31日	141	193	316

时间	英国皇家空军损失飞机数目（包含彻底报废或是失踪的）	敌机实际被击落数目（德国的统计）	我方报告的击落敌方飞机数目（被战斗机、高射炮、防空气球等击落）
至9月7日	144	187	375
至9月14日	67	102	182
至9月21日	52	120	268
至9月28日	72	118	230
至10月5日	44	112	100
至10月12日	47	73	66
至10月19日	29	67	38
至10月26日	21	72	43
10月27日至31日	21	56	60
各月统计			
7月（从7月10日开始）	58	164	203
8月	360	662	1，133
9月	361	582	1，108
10月	136	325	254
合计	915	1，733	2，698

其余表格见附录二。

*　　*　　*

此战堪称具有决定意义的一战。我们可以根据后来统计的资料冷静地研究一下，在这一战中，英国空军和德国空军到底损失了多少。我们可以根据上面的图表对比一下我们所期待和担忧的结果与现实情形。

我们无疑是过高估计了敌人的损失。过去，我们相信，并对外宣称德国的飞机和我们的飞机损失的比例是3∶1，但最终的结果其实是2∶1。不过，即便是这样，也已经很好了。我们的皇家空军并没有就此毁灭，相反地，我们获胜了，一支实力雄厚的新飞行员队伍成长了。目前的空战，还有以后要进行的长期的空战，都有赖于我们的飞机场的支持。它们被破坏了，却没被彻底摧毁。在战火中，不管技术熟练与否，也不管是男是女，我们的工人们无一不像战斗中的炮兵，在他们的车间，在他们的车床旁工作。没错，他们就是炮兵。

军需部的赫伯特·摩里逊将其下辖范围内的所有人都动员起来，向他们下达了"努力干"的命令。他们真的就非常努力。在派尔将军的指挥下，防空司令部也随时待命，支援空战。他们做出的巨大贡献被报道出来已经是后话了。对空监视哨忠于职守，一刻也没离开他们的岗位。空战司令部组织严密，没有它一切都是空谈，经过这几个月的紧张的战斗，它证明自己完全能经得起考验。每一个人都最大限度地发挥了自己的作用。

而我们的战斗机飞行员们最是伟大的，他们以十分的顽强，以最大的意志力和勇气拯救了不列颠。在下议院时，我发言说："如此少的人对如此庞多的人做出此等巨大的贡献，在人类战争史上是绝无仅有的。"

第二章　闪击战

德国袭击的几个阶段——戈林坐镇空战指挥——他想要攻下伦敦——
希特勒的妄言——9月7日至11月3日，轰炸持续了五十七个夜晚——
派尔将军设的高射炮火网——我的所见所闻——唐宁街、"新楼"——
动了大手术后，张伯伦先生的坚忍精神——他同意离开伦敦——他去
世时很安详——一次在唐宁街十号的晚餐——还好我一下想到了——
一颗炸弹投进财政部的庭院——派迈尔大街燃起了大火——炸毁的
喀尔顿俱乐部——人民的表现很英勇——拉姆斯格特饭店和为战争损
失而做的保险方案——将地下铁道当作防空掩体——我们预计伦敦会
被炸成废墟——针对政府机关的规定——"预警警报"和"危险警
报"——"像报丧一样哭嚎"——安德森式家庭防空掩体得到改善——
内阁将用餐时间提前——议会中的情绪——我的意见是议员们要谨慎
小心——他们运气不错

敌人的作战意见并不一致，目标也存在冲突，这些都从德国空袭不列
颠的情况中反映出来。不仅如此，这几个月里，敌人本可以采取让我们没
有喘息余地的攻击方式，可是他们却几次放弃了这样的机会，而使用了另
外的新方式进攻，由此可见，他们从没彻底执行过既定计划。只不过我们
很难以明确的日期划分这些阶段，因为各阶段之间并不是简单的头尾相接，

而是彼此交叉重叠着。初期，敌人空袭的目标是将我们的空军拉入英吉利海峡和我国南部海岸的空战；接着，他们想捣毁我们的空军系统，便以肯特郡和苏塞克斯郡为主要目标，袭击我国的南部各郡；再接着是逼近伦敦，到达后便开始空袭伦敦；最后，我们取得了伦敦空战的胜利，他们又分散开来，将我国各郡城市作为袭击目标，并攻击我们经默尔西河及克莱德湾通往大西洋的仅有的一条生命线。

我们看到，从8月的最后一个星期开始，到9月的第一个星期在这两周的时间里，敌人对我们南部海岸机场的袭击，让我们十分手忙脚乱。然而，在9月7日，戈林公开掌握了他们的空战指挥权，他放弃了原来的白天空袭，转而改为夜间空袭，袭击目标也由肯特和苏塞克斯的战斗机机场，转为伦敦建筑物最多的那一大片地区。在白天，小规模的空袭接连不断，已是见怪不怪，虽然仍有可能来一次大规模空袭，但总体而言，德国的进攻策略发生了根本性转变。他们便开始在夜间对伦敦进行持续性轰炸，持续了五十七个晚上。这个世界上最大的城市面临着一场空前的危机，没人能预料结果如何。以此等规模轰炸这么大一片居民区，让那么多的家庭无法正常生活，惊慌度日，这在历史上还是第一次。

快到8月底时，敌人对伦敦进行毁坏性轰炸，我们当即也以牙还牙，轰炸了一次柏林。不过，我们的飞行航程较远，而德国的飞机可以从与我国毗邻的法国和比利时的机场起飞，因此相比之下我们的袭击规模要小很多。战时内阁极力主张还击，正面回应敌人的挑战。我非常支持他们的意见，并且认为有必要让希特勒见识一下英国人的怒火和意志力，只有这样才能震慑到他，抑或是促使他改变计划。在内心深处，他对我们是十分钦佩的。我们对柏林还以颜色被他大肆利用，当成了攻击我们的借口。他宣称"轰炸伦敦和英国的其他城市，直至它们变成废墟"是目前德国确定无疑要执行的计划。9月4日，他公开宣布："如果他们来攻击我们的城市，我们就索性将他们的城市夷平。"事实上，他真的是在竭力实现这一目标。

让我们的空军彻底崩溃是德国人攻击的首要目的，其次是让伦敦的民众丧失抵抗的意愿，或至少是让这个世界最大城市无法居住。然而，我们并没有让敌人实现这些新目标。我们有技能过硬又勇敢的飞行员，有性能优异的飞机，还有完善的指挥系统，凭借这些优势，皇家空军赢得了胜利。与此同时，我们千百万的人民，那些最普通不过的人民，在不列颠生死存亡之际，也表现出了多种多样的优异的品质，这些绝不是可有可无的。是他们让全世界看到，在自由社会中生活的人可以迸发出多么强大的力量。

*　　*　　*

9月7日之前的三周是德国的初期轰炸，攻击目标是我国各郡城市，为此我们将高射炮部队分散到了各地。而从9月7日开始，德军集中火力，以伦敦为主要袭击目标，这时设在伦敦的高射炮只有九十二门。那之后，直到11月3日，每天晚上袭击伦敦的德国轰炸机平均有两百架之多。由第十一大队负责指挥的夜间战斗机被允许可以在空中随意活动，这被认为是当时最好的应对策略。那时，我们有六个夜间战斗机中队，配备的是"伯伦翰"式和"无畏"式战斗机。夜间战斗的技术还十分不成熟，尚不能对敌人构成什么大损害。因为高射炮的技术也很低，我们的高射炮兵接连三个晚上不能还击。尽管我们的夜间战斗机仍有不足之处，且还有一些难题尚未解决，我们还是决定让高射炮手以他们最高的水准任意发挥，大胆地朝看不清楚的目标射击。在派尔将军的指挥下，防空炮队从各郡城市调回了高射炮，在四十八小时内，伦敦的高射炮数量比之前翻了一番还要多。我们自己的战斗机躲开了，高射炮终于可以大展拳脚了。

在这没有任何反抗的三个夜晚，伦敦的居民蜗居在家或是在简易的防空洞中任由敌人轰炸。9月10日，探照灯突然打起强光，整个防空网火力全开。炮火声轰鸣，其实并没有给敌人带来多大伤害，却鼓舞了居民们。看到我们终于还击了，他们每个人都非常雀跃。这之后，高射炮队就频繁发射了。形势紧迫，再加上实战中的多次练习，我们的射击技术不断得到锻炼，越来越熟练，被击落的德国的飞机也愈来愈多。与此同时，我们的夜间战斗机的作战方法也大有改进，有时，高射炮还会暂停发射，让这些夜间战斗机在伦敦上空施展一下拳脚。在夜间空袭的同时，德国在白天的袭击也没有停歇过。整整一天的时间里，他们有时派过来的是一小队飞机，有时竟然只派一架过来，伦敦上空时不时就会警报声大作。七百万的伦敦居民对这种反常规的生活都见怪不怪了。

*　　*　　*

说到"闪击战"，肯定有数以万计的人有话要讲，他们都知道太多震人心魄的故事了。可是篇幅有限，所以此处只就我自己的所见所闻讲几件事。轰炸开始之初，人们都觉得没什么大不了的。在伦敦西区，人们照旧正常生活，吃饭、睡觉、上班、娱乐，剧场里依然坐满了人，街上的灯光熄灭后，还是能看到三五一群的人们。5月份时，巴黎首次遭到大规模空袭，就有些巴黎人吵吵嚷嚷，胆都吓破了，认定巴黎会被德国攻下。和那时的他们相比，伦敦民众的反应还算不错了。有一天，我和几个朋友在吃晚饭，这之前，我们已经连续遭受好几轮的狂轰滥炸。斯多诺维大厦有几扇很大的窗户面朝格林公园，当时这几扇窗户都是打开的。在高射炮的炮火的映照下，公园里忽明忽暗，有时落入一颗炸弹，爆炸的火光照亮了公园。我觉得我们在冒不必要的风险。晚饭过后，我们朝帝国化学公司大楼走去，从那些高高筑起的石头阳台上俯瞰大堤，可以遥看美丽的河上景色。在南岸，有不少于十处的地方燃起了大火。就在我们在那儿遥望时，几颗重型炸弹落了下来，其中一颗离我们很近，幸好有朋友们在，我被急忙拽到一根结实的石柱后。平时我总说，应该有节制地享受日常生活，现在看来，我的观点是正确的。白厅四周那些政府大楼多次被击中。唐宁街那些矗立了二百五十年的房屋现在已经颤颤巍巍，那上面至今还留着承建商的名字，那是个唯利是图的家伙。为了居住在唐宁街十号和十一号的人的安全，在慕尼黑危机期间，这两处都建了防空壕，同时在地下室的房间的天花板下加了一层木制天花板，并用结实的木柱支撑起来。人们认为，这样就能使断壁残垣在房子被炸或是被震塌时也不会倒塌。但是，如果被一颗炸弹直接击中，不管是这些房间，还是防空壕，自然都是承受不住的。我们在9月的最后两个星期，已经准备好把我的内阁办公室搬到斯多利芒附近的政府办公大楼——那里采用的是新式的建筑样式，比较坚固，和圣詹姆斯公园遥遥相对。这栋大楼被我们称为"新楼"，它有一个地下作战指挥室，还有几间避弹卧室。当然，和以后各阶段投放下来的炸弹相比，当时的炸弹算是小的。但是，在准备搬往新居之前，生活在唐宁街的那段时间里，我们的神经时刻都是紧绷着的，就好像是在前沿阵地上的一个营指挥所里过日子。

＊　　　＊　　　＊

我们那几个月里的夜间内阁会议，都是在"新楼"的地下作战指挥室里举行。从唐宁街出发到那里，先要徒步穿过外交部的四方形院子，然后向上穿过施工队——为了让作战指挥室和地下办公室更加结实，他们正在往里面灌混凝土——才能到那里。当时，张伯伦先生刚刚动了一次大手术，身体非常虚弱，我没注意到这段行程对他来说是何等艰难。可是，这些困难都没能挡住他，他仍旧穿戴得整齐体面地来参加内阁会议，而且举手投足间比前几次会议更加稳重，态度也更加坚定。

1940年9月末的一个傍晚，我站在唐宁街十号的前门向外看，发现工人们往对面外交部地下室的窗前堆放沙袋。我问他们为什么要这样做。他们说，内维尔·张伯伦先生刚动过大手术，术后的定期治疗对他来说非常重要，但是因为不间断的空袭，唐宁街十一号的防空壕里总是聚集很多人，最少也有二十个人，很不方便进行治疗，所以他们想圈出一个小小的空间，专门让他一个人使用。每次开会，他都会衣着整齐地出现，举止得体且遵守时间，然而即便他非常希望能参与决策，他的身体也已经承受不了了。这时，我有必要使用一下职权了。我穿过十号与十一号之间的过道，找到张伯伦夫人，对她说："以他目前的病情来看，实在不适合继续留在这里。要尽快让他离开这里，先把身体养好，等健康了再说。我会把电报一封不落地给他送去，每天都送。"于是，她去和她的丈夫商量，一个小时不到，她来回复我说："他愿意服从你的命令，今晚我们就离开。"那是我最后一次见他。不到两个月，他便永远地离开我们了。我知道，即便到了生命的最后一刻，他仍希望坚守自己的岗位，但我们怎能让他这样！

＊　　　＊　　　＊

还有一个情景让我印象深刻，那是 10 月 17 日晚间发生的事。当夜，阿奇·辛克莱、奥利弗·利特尔顿、穆尔·布勒勃宗和我正在唐宁街十号的花厅用餐，敌人的空袭又照常开始了。此时，钢制的百叶窗已经关闭。有几次爆炸就在我们附近，震耳欲聋。没过多久，在离我们大概一百码远处的近卫骑兵阅兵场上就落入一颗炸弹，爆炸声巨大。这时，我突然想起一件事，这里的厨房又高大，又宽敞，有一个高约二十五英尺的大玻璃窗，从这扇窗子里可以看到外面。餐厅司务和客厅女服务员仍继续送上菜肴，非常淡定从容，然而，那扇大窗户却引起了我的注意，窗户后面是忙碌的厨师兰德梅尔太太，还有一位女厨。我突然站起身，进到厨房里跟餐厅司务说，把饭菜端进餐厅来放到热饭器上，让厨师和其他几个服务人员先进入防空洞。安排好后，我回到座位，过了仅大概三分钟，就听到一声巨大的爆炸声，伴随而来的是剧烈的摇晃，看来房子中弹了。据我的侦探勘察回报，房子被炸得很严重，除了厨房，餐具室还有临近财政部那边的办公室全都被毁了。我们去厨房现场查探，炸弹直接命中的是财政部，距离厨房五十码，爆炸将这间宽敞整洁的厨房连同那些擦得光亮的锅碗瓢盆一起炸得粉碎。屋里到处都是被炸毁的大玻璃窗的玻璃碴子和碎木片。倘若当时屋里有人，无疑绝无生还的可能。本来这里是不容易引起注意的，不过幸好，我想起来得还算及时。炸弹直接投进院子对面财政部的防空壕，那里被炸成了废墟，值夜的四个国民自卫军公务员无一幸免。但是，因为他们随爆炸被掩埋在了一大堆瓦砾下，所以，我们也不能确定这些遇难者是谁。空袭仍在继续，而且似乎越来越厉害，为了方便查看遭到轰炸的情况，我们打算戴上钢盔，到"新楼"屋顶上去。不过，上去之前，我没能忍住到防空洞里叫上兰德梅尔太太和其他人，让他们看看被炸毁的厨房。看到到处是瓦砾和碎碴子，他们显得很难过，不过真正让他们难过的其实是厨房里乱七八糟，很不整齐。

那天夜空晴朗，万里无云，阿奇和我来到"新楼"的圆顶阁楼，瞭望整个伦敦。派迈尔大街火光冲天，大部分地方都燃烧起来，火势比较凶猛的至少有五处。还有圣詹姆斯大街和匹克迪里大街也燃起了大火。在河对面，很远的地方也有多处起了大火，然而，还是派迈尔大街的火势最大，几乎是被火吞没了。渐渐地，空袭停了下来，不一会儿，便响起笛声，告诉大家警报解除了，只剩下几处大火仍在熊熊燃烧。我们从屋顶下来，来到我的新住所——"新楼"的二楼，正好遇见戴维·玛杰森上尉。他是保守党总督导员，一般是住在喀尔顿俱乐部的。听到他说的俱乐部已被炸毁的消息，我们一点儿也不吃惊，根据观测到的火情，我们已料到它免不了被炸。俱乐部被一颗重型炸弹击中，当时，他还有包括会员和工作人员在内的大约二百五十个人都待在俱乐部里。爆炸后，面朝派迈尔大街的门脸，还有巨大的屋顶都朝马路方向倒塌，他那辆停在门口附近的汽车被埋在废墟下。吸烟室的里面坐满了会员，天花板整个掉了下来，落在他们的头上。第二天，我前往俱乐部，看到那里的断壁残垣，诧异于他们几乎没人在那场爆炸中丧生。是的，在尘埃和浓烟中，他们全都从那一堆瓦砾中爬了出来，尽管很多人受伤，但一个也没死，这简直是个奇迹。内阁里，工党的同事们听说这些事后，打趣说："这些魔鬼，真是有魔鬼保佑啊。"昆汀·霍格先生那位过去当过大法官的父亲也被压在了废墟下，昆汀·霍格如埃涅阿斯将帕特尔·安基赛斯从特洛伊的废墟中背出那样，把他的父亲背了出来。我们在"新楼"地下室给玛杰森准备了床和毯子，好让他有地方睡一觉。现在想想，这一晚过得真是惊心动魄，很多建筑物遭受了毁灭性的破坏，但是在这种情况下，仅有不到五百人的死亡，一两千的伤员，实在令人称奇。

＊　　　＊　　　＊

有一天，财政大臣金斯利·伍德在午餐后来到唐宁街十号，要和我商量公事。在这过程中，一声剧烈的爆炸声传来，是从泰晤士河对岸的伦敦南区传来的。我和他出去查看是怎么回事。原来，一颗重型炸弹（或许是颗地雷）投进了佩克汉姆区。在这个贫困地区，有二三十幢三层的小型住宅楼被夷为平地，"开辟"出一大片空地。此时，断瓦残垣中已经树立起很多的小英国旗，真是让人五味杂陈。我的汽车被当地居民认了出来，于是人们开始朝这里聚拢，没一会，就有一千多人聚了过来。他们情绪很激动，把我们围在中间，发出欢呼声，同时想要摸一下我的衣服，或用其他各种方式表达拥护、爱戴我的心情。他们可能觉得，此刻我的出现是为了解决实际的问题，从而让他们的生活变得更好。我终于忍不住热泪盈眶。

当时，伊斯梅跟我在一起。他说，当时，有一位老太太喊道："快看，他流泪了，他是真心在为我们着想！"但是，其实我流泪并不是因为难过，而是出于崇敬和感动。他们把我领到爆炸的中心处，说："你看。"那是一个四十码宽，深达二十英尺的巨型弹坑。一个安德森式家庭防空掩体紧靠着弹坑的边沿，它的入口处被炸得歪歪扭扭，一对年轻的夫妻，还有他们的三个孩子就在入口处跟我们打招呼。炸弹引爆时，他们就在那里。万幸，他们身上丝毫无伤，不过很明显，爆炸让他们受到了不小的惊吓。他们不知道该怎么描述当时的情景。不过他们还活着，带着一种劫后余生的得意。现在，他们被邻居们奉为稀奇宝贝。这群人本来满脸疲惫，但看到我们回到汽车上，他们变得非常激动亢奋，大喊："我们要报仇！""以眼还眼，以牙还牙！"我当即向他们承诺，一定要让他们达成所愿。结果证明，我的诺言非虚。我们也让德国的城市尝到了时不时被轰炸的滋味，而且在我们的空军实力不断增强的同时，我们投放的炸弹也不断增大，轰炸越来越猛烈。德国人让我们尝尽苦难，我们也让他们付出了十倍，甚至二十倍的代价。最终，敌人被彻底击败，并且认输，他们也的确为此遭到报应了。人类啊，太可怜了！

*　　*　　*

还有一次，我到拉姆斯格特后遇上空袭，被领到当地的大隧道里。那时，那里已经成了很多人的住处。我们在十五分钟后走出隧道，浓烟还在不停地从瓦砾堆里往外冒。被炸的是一家小饭店，虽然没有人员伤亡，但是房子彻底毁了，锅碗瓢盆还有家具都被炸成了碎屑，散落得到处都是。店主夫妻还有厨师和女服务员们都是愁容满面，止不住地流泪。他们的家被毁了，以后要靠什么维持生计呢？这正是需要执政者手中的权力发挥作用的时候。当时，我心里已经有了一个决定。专车载着我们回去的途中，我口述了一封信给财政大臣，信中我要求确立"政府应立即赔偿由敌人轰炸造成的一切损失"这一原则。这样一来，那些住宅或是商铺被炸毁的人的负担就转移到了国家身上，不用他们一力承担了，相当于全国人民同舟共济。这一原则实际上是一项不甚明确的义务，对此，金斯利·伍德当然会顾虑重重。无奈我一直在催，于是一个战时保险方案在两周内便成型了。后来，在我们处理事务的过程中，此方案发挥了至关重要的作用。

9月5日，在议会上，我就这一方案解释说：

> 我在内地巡查时，看到敌人炸毁了一个英国公民的小房子，或者说是小店铺。我们并没有相应的措施，能让大家一起分担损失，由此可能导致我们的人民民心涣散，无法同仇敌忾。看到这些，我的痛苦难以形容。作为一个国家，在外敌来袭时，保护全体公民和纳税人的

生命财产安全是它的责任，因此，敌人的军事袭击造成的损失不能等同于任何其他类型的损失。

　　要想处理好这个问题，我们就要通过公议，让公众舆论和议会确立一个清晰的标准，从而区分战争中敌人轰炸造成的损失和其他任何形式的损失，并进一步区分炸弹和炮弹的损害和其他形式的损害。否则，我们将打开一个没有止境的缺口，以后就会没完没了。但是，保证对每一个遭受炸弹或是炮弹袭击的人，给予所有，或者说至少是最基本的补偿，我觉得这样一个计划如果能够实施，将成为一个向人们表明我们信心的标志。而且随着此项措施的日渐成熟，这个措施肯定能帮助我们挺过这场艰苦卓绝的战争，这是很有根据的。

　　对这个战时保险方案的态度，财政部经历了几个阶段的态度变化。刚开始时，他们觉得会因为这个方案破产。但是1941年5月以后，他们开始获利丰厚，因为那之后长达三年的时间里我们没有再遭到空袭，这时他们认为这是个很有远见的方案，是一个政治家的英明决策。可是，战争临近尾声时，敌人又搬来了"飞弹"和火箭，这让他们损失了八亿九千万英镑，他们亏大发了。对我而言，事情变成这样还是挺高兴的。

＊　　＊　　＊

　　我们在那时遥想前景，觉得整个伦敦过不了多久就会沦为一片废墟，估计到时候只剩那些建得比较坚固的现代建筑还能留存。伦敦的居民大部分都还继续待在原来的住所，这样太侥幸了，他们的生命安全实在让人担心。我们不断构筑新的防空掩体，然而它们只是由砖和混凝土建成的，很多人把地下铁道当成了藏身处，还有就是几座很大的防空壕，有些防空壕装下七千人都不成问题。人们在那里安然入睡，度过每一天，以为绝对安全，实际上，他们不知道，如果被一颗炸弹直接命中，他们同样难逃厄运。于是，我要求给这些防空壕建一道防弹砖墙，而且要快。

地下铁道利用的问题则是经过一番讨论、争辩，才最终确定以一个折中之法去解决。

首相致爱德华·布瑞奇斯爵士、内政大臣和运输大臣

1940 年 9 月 21 日

1. 日前在内阁时，我曾就地下铁道的利用提出质询，问能否哪怕是放弃交通功能，也暂将它们当作防空壕使用。我得到的是强硬的回复，说是断然不可如此，并且说这是就整个问题研究商讨后得出的结论。如今艾德维奇地下铁道已被当作防空壕使用了，关于此事，请告知我是怎么回事，另外，我也想知道，为什么不再坚持之前那个武断的判断。

2. 我坚持认为，应尽可能地利用地下铁道，除了站台，还包括铁道线的隧道。我需要知道，各个地段可容多少人躲避，为了新的功能的使用要对它们进行怎样的改建。比如在艾德维奇段，供七十五万人躲避有没有问题？我们可以在防空上做哪些调整以配合交通的需要？请递交一份简要的报告向我说明情况。

3. 对于防空壕需求的缺口，让现有地下室更加坚固，准备备用的空地下室和房屋，这些问题内政大臣准备采取什么措施，我在等待报告。有一点特别重要，那就是给大部分人发放许可证，让他们固定在我们给安排的防空壕里，这样就可以避免个别地方的人满为患。

如今战争已经进入一个新的阶段，此时工厂应以最大效率工作，更需要高效工作的是伦敦的政府各部门，尽管它们时时刻刻都在被轰炸。刚开始，我们草木皆兵，只要听到警报声，二十几个部的工作人员就会迅速集合，进入地下室。我们当时为能如此迅捷地全员进入地下室深感了不起。但是，飞来的敌机经常只有五六架，有时甚至只有一架，而且它们往往飞不到伦

敦上空，我们的行政部门为此却要有至少一个小时不能工作，不管空袭的规模多么不值一提。

于是我建议发警报时增加一个"预警警报"的设置。当我们在屋顶上放哨的人——后来，人们称之为"杰姆乌鸦"——观望到敌机已经飞临上空或是逼近我们时，会发出"危险警报"，让大家知道现在很危险了。它和"预警警报"要区分开来。这个建议被采用，并且很快相应的规定也出来了。为了确保这一规定切实执行下来，我要求每周向我汇报各部门职员们在防空壕内的总时长是多少，白天时敌人可是无休止地对我们进行空袭骚扰的。

首相致爱德华·布瑞奇斯爵士和伊斯梅将军　　　　1940 年 9 月 17 日

9 月 16 日空袭时，伦敦各部门在防空壕内，停止工作的小时数是多少，明晚请给我相应的报告。如果敌人只派两三架飞机侵袭伦敦，我们就不拉响危险警报，请伊斯梅将军询问一下空军部和空战司令部对此建议持何种看法。

首相致霍勒斯·威尔逊爵士和爱德华·布瑞奇斯爵士

1940 年 9 月 19 日

17 和 18 日的空袭警报造成政府各部门（包括三军各部）停止工作的时长数是多少，请递交给我一份报告。18 日之后的报告要每天一送。报告送给我后，也要让各部首长都看一下。这样一来，哪个部门做得最好，一目了然。如果某天个别部门没有上交报告，也要将已上交的报告发给各部首长。

*　　*　　*

这个措施让每一个人提起了精神头儿。其中有八份报告写得很细致。有时候，作战部门的表现反而是最差的，真是好笑。这个措施对他们而言，无异于一种委婉的批评，这让他们感到不快，不过，他们很快就调整了自己的想法，把它当成是一种激励。政府各个部门最大限度地减少了停止工作时间。没过多久，在白天的空战中，我们的战斗机重挫敌机，白天的空袭终于告一段落了。空中时不时地会响起预警警报和危险警报，尽管如此，政府机关白天在工作时，没有一个职员被炸，也没有人被炸死。幸好，我们的职员和作战人员并没有畏惧或是不停地忙着躲藏，否则在战时状态下，政府机关哪里还有时间工作！在大规模的夜间空袭还没开始时，我在9月1日时就曾给内政大臣和其他同僚写了信。

空袭警报及空防

1. 目前，我们设定的空袭警报只适用于敌机对确定目标发动猛烈空袭的情况，如果敌人的空袭是在一天之内分批次进行的，又或者敌人在夜间只派几架轰炸机来骚扰我们，这个警报办法就不适用了。我们不能容忍白天时大部分地方长时间瘫痪，而到了夜间，还要战战兢兢，时时提防。敌人无法摧毁我们的一些工厂，却可以干扰工厂的生产，使我们无法投入全力为战争助力，我们绝不能任由这样的事情发生。

2. 所以，有必要设定一套新的空袭警报："预警警报"；"危险警报"；"安全警报"。

当"预警警报"响起的时候，地区内应该继续正常的工作、生活。非政府部门任职者愿意的话，允许其躲藏起来，或者将自己的孩子们转移至安全之处，但是，在时时可能面临危险的环境中，人们应该大体上学会自处的方法，即便是防御也要考虑到自己的责任，或者自己觉得适当的预防措施，其实他们的确也掌握了。

3. 担任防空工作的应该是核心人员，但是人数必须充足。像现在这样，红灯警报一亮，就让所有人脱岗去躲避，这样的情况不能再发生。应当设立瞭望哨，全权负责向当地工厂和机关发警报的事情。只要是生产战时物资的工厂，都应该设立瞭望哨，一旦有警报发出，就开始行动。民间已有专门的防空组织，他们人员比较充沛，白天时，可由他们升起黄旗表示发布"预警警报"，晚间的信号可由黄色或红色的信号灯明灭表示。需研究一下如何利用路灯发警报，还有电话也可用特别信号表示警报。

4. 当"危险警报"响起，就无异于直接下了一道命令：人们需躲藏起来，负责防空的工作人员全部就位。这个警报发出时顶多比空袭早一点儿，所以，此警报一出很有可能空袭也就开始了。各地可根据当地的情况安排日常工作。

汽笛鸣响表示的就是"危险警报"，这样一来，就不必非得用灯光或电话辅助发信号了。

5. 可继续使用现有的方法发"安全警报"信号。一旦发出"安全警报"，就意味着同时解除"危险警报"。此时，如果仍处在需要"预警警报"的状态，旗子就要继续挂着，当确定敌机已经撤回后，才能取消"预警警报"，撤除旗子，熄灭信号灯。我国的其他地区，可以采用不同的方法发"预警警报"和"危险警报"。在肯特郡东部、伦敦南部和东南部、东英吉利南部、伯明翰、德比、利物浦、布里斯托，以及其他一些被作为重点空袭目标的地区，经常会发出"预警警报"，人们已经见怪不怪了。实际上，"危险警报"一发出，空袭就已经开始了。白厅区也可采用以上各项办法。为了防止防空人员过于奔忙疲累，其他地区要慎用"危险警报"，能不发则不发。

6. 在没有按照新规鸣响汽笛发出"危险警报"，或者说空袭轰炸还没开始之前，伦敦各政府部门不得强行要求任何人躲藏。如果伦敦只是发出了"预警警报"，任何人都不能仅仅因此放下工作。

* * *

在使用汽笛这个问题上，虽然我向议会描述它像"报丧一样哭嚎"，但我必须得妥协。

首相致内政大臣及其他有关人员   1940 年 9 月 14 日

关于空袭警报、汽笛、警笛、"杰姆乌鸦"等使用方法的新规定，我在上星期向议院允诺会在上周内考虑一下，之后，空袭越来越猛烈了，因此我觉得此时并不适合撤除汽笛报警。上周都做了哪些改进，我希望能有一个简要的说明。

那些贫穷的人们，大多数都还住在自己的小屋子里，那里没有任何安全防护，实在是惹人同情。

首相致内政大臣   1940 年 9 月 3 日

我知道现在物资匮乏，但还是要竭尽所能地帮助人们抽干安德森式家庭防空掩体内的存水，为了防备冬天的雨水，还要准备好地板。这样做可以大大提升你的威望和声誉。还有，稀稀落落的边沿处用砖砌上，不必非得用灰泥，盖上一层油毡就好，不过排水的管道和渗水井是必不可少的。我觉得你需要制订一个全面的计划来处理这件事，我打算帮你一把。发指令时可以使用广播，当然了，地区专员和当地政府也得参与进来。请制订一份计划，送交给我。

首相致伊斯梅将军及首相私人办公室   1940 年 9 月 11 日

以下事项是否因空袭受到严重影响，请搜集相关资料向我报告：

1. 粮食供应和粮食的分配；

2. 有多少人流离失所，是否有食物供给他们；

3. 消防员是否疲惫不堪；

4. 伦敦排水管道的情况；

5. 煤气、电的情况；

6. 伦敦供水情况；

7. 请伊斯梅将军调查轰炸对沃尔维奇的生产有什么影响。同时请参阅军需大臣送给我的报告。

首相致爱德华·布瑞奇斯爵士　　　　　　　　1940 年 9 月 12 日

我建议将我们办公的时间稍微提前一些，如，用午餐的时间应在午后一点钟，内阁则应提前半小时开始办公，请将此建议告知内阁和诸位大臣。现在白天变短了，战斗机在之后的几周可能失去掩护，一旦如此，我们就会面临狂轰滥炸。假如我们把晚餐时间提前一点儿，比如在下午 7 时 15 分，就会方便一些。这样可以让工作人员还有仆人提早进入防空洞。夜间空袭时，诸位大臣应想方设法找一个相对安全的地方——这里可以隔绝任何干扰，除非有一颗炸弹扔进来——工作、休息，有这样一个睡觉的地方尤为重要。

议员们最好能在天黑之前回到各自的家，因此在周二议会像往常一样召开会议时，我建议将不定期会议的时间固定在上午 11 时到下午 4 或 5 时。还有，我也希望在天黑之前他们就能进入防空壕。天的确是黑得越来越早了，这种趋势将越来越明显，我们必须得适应，我们可能必须要提前半个小时开始工作了。

＊　　　＊　　　＊

在这些危险的日子里，需要指引一下议会该怎样继续工作。在议员们自己看来，自己以行动树立榜样是职责所在。这样做当然没错，但在具体实践时，可能会有点儿过头。因此，我有必要给下院议员们一些忠告，让他们认清现在面临的特殊境况，小心行事，同时去适应这种环境。在秘密会议上，我强调做好严密的安全措施的必要性，并得到了他们的认同。他们答应将开会时间与日期当成机密，还有一旦议长得到"杰姆乌鸦"的"危险"报告，他们就暂停讨论，然后排着队，老老实实地进到给他们准备的防空洞里（那里地方很小，而且十分简陋）。这个时期从头到尾议员们都不曾停止开会，一直都尽职尽责，这永远值得英国议会引以为荣。下院议员们的情绪让人琢磨不定，面对此类问题，他们非常敏感。这个会议厅炸毁了，他们就到那个会议厅开会。对此，我曾极力劝告，要他们高兴点儿，配合安排。

议员们是何如转换开会地点的，我会再找机会讲述，在此就不多言了。总之，大家都认真而镇定。几个月后的晚上，议院被炸毁，万幸当时不是白天，议员们没有在议院里开会，万幸当时议院里一个人也没有。渐渐地，在白天的空袭中，我们已经可以击退敌人了，这样大大降低了危险性。可是在刚开始的几个月，我一直忧心议员们是否安全。议会是选举产生的，拥有独立的权力，甚至能否定政府，将其推翻，但到了非常时期，它却可以成为政府的后盾，这是我们可以和敌人争一日之长的一点。就这一点来说，议会才是胜者。

在战时状态下，英国内阁推行了那么多政策，而且都行之有效，而那些独裁者，是否有一个能在他自己的国家里做到这般？对此我表示非常怀疑。人民代表支持我们的决定，民众也真心诚意地听从我们的决定，可是我们并没有限制批判的权利。批评家们更看重国家利益，这一点从来没有改变过。偶尔，他们会向我们发难，上下议院便以绝大多数否定票予以否决。无论如何我们都不会利用强制、干涉手段或启用警察和特务，而独裁统治在这方面的做法正好是相反的。

英国公民依靠议会的民主，或者其他类似的词语，面对任何考验都能够坚忍地承受，并取得最终的胜利，一想到这些，我的骄傲之情就溢于言表。我们面临的可是国破家亡的危机，但我们的议员并没有害怕，不过幸好我们也并没有真的国破家亡。

第三章　"伦敦漠不关心"

严肃又灵动——美国的愤怒——伦敦的排水——瘟疫的威胁——碎裂的窗子——延时炸弹——与此相关的备忘录——未爆炸弹清除队——克服了处理时的危险——带降落伞的重型地雷炸弹——报复问题——我们遭受的轰炸与德国之后遭受的轰炸的区别——中央政府需要安全——迁去"围场"的演习——赫伯特·莫里森继约翰·安德森任内政大臣——敌人开始用烧夷弹攻击——国家消防总队——民间防空队是第四支皇家部队——伦敦承受苦难的能力——以保卫战斗指挥部门为目标的长期部署——为了保证安全，我被安排到皮卡迪利大街的地下防空屋——返回"新楼"——德国再次变更计划——内陆城市——考文垂——伯明翰——空袭港口——1940 年 12 月 29 日的伦敦火灾——英王在白金汉宫——英王陛下非常了解政务——一个有关未来的构想

就是此刻，英国人显露出了最勇敢的品质，尤其是名声响亮的伦敦人。他们既严肃又灵动，努力工作，任劳任怨，内心深处对自己的民族不可战胜深信不疑。这种前所未有的盈溢着惊悚、动荡和各种打击的新生活，他们适应得了。一天黄昏，我出发去东海岸巡视，警报响的时候我正在去金斯克罗斯的路上，走在路上的人越来越少，只有等末班公交的人满面苍白、

非常疲累地排成几支长队。夹杂着牛毛细雨的秋雾掩映着此种情景。空气又湿又冷。夜晚和敌人同时降临。伴随着心里的阵阵痛楚，我清晰地感觉到了这个全球最大的城市正在承受磨难和悲苦。这种情况还要持续多长时间？人们还要承受多大的苦难？他们的活力是否存在极限？在人们耗干了所有力气后，我们强大的战斗力又会发生怎样的变化呢？①

大西洋彼岸的美国因为伦敦及后来其他城市、港口所遭遇的持续轰炸，而生出了一股最为浓烈的同情浪潮，这是在英语国家中从未出现过的。美国人心里点燃了愤怒的火焰，罗斯福总统更觉得义愤填膺。在美国，这种情感持续升温。我感觉到美国数以万计的男男女女激情澎湃，期望和我们荣辱与共，愿意和我们一起迎敌。所有能来英国的美国人，都尽量带着礼物来，还有他们的钦佩、敬重、诚挚的友谊，以及同甘共苦的精神，这十分激励人心。然而我们以后还要以这种奇异的方式生活很久，毕竟这才9月。

防空洞和防御设施的数量迫于轰炸压力一直在增多。有三件事让我非常担心。第一是排水问题。六七百万人在一个大规模的建筑密集区聚居，如果下水道和供水设施被炸，那就会非常危险。对于下水道系统，我们能确保它畅通无阻吗？不会发生瘟疫肆虐的情况吧？供水系统若有污水流入，会造成什么样的后果？其实下水道主干的排水口10月初就受到过损害，迫于无奈，我们只能让污水全部流进泰晤士河。起初，河里弥漫着污水的恶臭，之后又散发出了我们倒进河里的化学制品的味道。不过所有这些事都被我们控制住了。

第二，几百万人长期在夜间挤在路边的防空洞里——这种防空洞仅能抵挡爆炸弹片——我怕会引发流感白喉、风寒和各种别的传染病，可是，

---

① 有天晚上，就在我回到"新楼"时，一阵吵闹声和噼啪声从附近传过来。在夜色中，我看到了七八个正在巡逻或者站岗的国民自卫军聚拢在门口。我们彼此致意，他们中间一个身形壮硕的人说："我们永不放弃，这样人生才有价值！"——原注

大自然看上去已经为防御此种危险做了相应的部署。作为群居动物的人，呼出的病菌显然可以互相残杀、抵消。它们散播出来，彼此吞噬，所以大家才得以平安无事。这个观点是有道理的，尽管不够科学。这个磨难深重的冬天，伦敦民众的身体情况其实好像比往常要好。另外，一个国家若是普通群众都能振作起来，那他们无论面对多少痛苦都能承受。

第三，我担心玻璃供不应求。有时一颗炸弹爆炸，整条街所有窗户的玻璃都会被震成碎片。针对这一情况，我曾忧心忡忡地发出一连串备忘录，还提议马上停止玻璃的出口，好在实际情况和统计数目显示，玻璃不够的情况一直没出现，我总算安下心来。

＊　　　＊　　　＊

敌人9月中旬开始对我们使用了新的空袭手段，这种新手段破坏力极强。他们四处扔延时炸弹，数量巨大，非常难处理。不少长段的铁路线、重要交通枢纽、通向重要工厂和机场的街道，以及重要路段迫于无奈关闭了很多次，影响了正常使用。我们必须挖出这些炸弹，将其引爆或者让其失效。再没有比这更危险的工作了，尤其是开始的时候，我们只能从一连串极端危险的实际操作中学会怎么挖炸弹。在《晦暗不明的战争》中，我曾讲述过拆磁性水雷的离奇过程，尽管眼下很多人都能这样勇于牺牲，但此举依然是非常伟大的。对于延时炸弹，我一直非常关注，我第一次注意到它是在1918年，那时德军为了让我们无法利用那些铁路攻进德国，曾经大量使用这种炸弹。我曾极力主张将这种炸弹用到挪威和基尔运河。因为它让人一直无法安心，所以必定是一种最有力的战争武器。它的威力，现在我们有了亲身体会。我们建立了一个专门解决延时炸弹的部门，负责人金将军十分干练，我曾经在契克斯和他见过面。不久后泰勒将军又从他手里接下这个工作，为了尽可能地推进此项工作，我发了一个又一个的备忘录。

首相致陆军大臣   1940 年 9 月 13 日

　　我昨天打电话给你时曾说，怎么解决伦敦城区的炸弹一事——尤其是铁路上的——看上去非常重要，情况也确实是这样。这种炸弹是火车编组站拥堵情况日趋严重的首要原因。若能从北边和西边派人同时展开清除，并及早为金将军的部门增员，就再好不过了。这件事或许很快就会变成更加棘手的大麻烦，所以务必制订非常严密的计划予以解决。

首相致军需大臣   1940 年 9 月 21 日

　　未爆炸弹的解决工作一定要抓紧，此事非常要紧。除非这件事解决了，否则，修建机场和制造其他重要战时物资，或许会受到非常恶劣的影响。为了便于工作，应该供应各式现代化装置给炸弹清除队。对于当前正在试验和研制的装置，陆军大臣所呈文件介绍得非常详细。请优先制造需要的装备，并设法满足日后可能出现的一切需求。

首相致陆军大臣   1940 年 9 月 14 日

　　听闻美国研制出一种特殊型号的钻子，一个人两三天才能钻出的那种尺寸和深浅的洞，它不用一个小时就能钻出来。

　　请考虑一下，用不用买一批这种工具给拆弹部队使用。没有什么事比雷厉风行地挖掘炸弹并将其清除掉更要紧的了。

　　这些钻子再怎么贵，也比不过它能救下的生命和财产的价值。另外，我认为我们有责任让这些勇者得到最好的技术装置。

首相致陆军大臣   1940 年 9 月 28 日

　　我听人说，用钻孔法[①]对付定时炸弹效果极佳，且已经得到了充

_____

① 钻孔法，是指为便于处理炸弹里面的炸药，在炸弹外壳上钻一个孔的办法。——原注

分的证明。既然这些炸弹带给我们的麻烦越来越多，也越来越大，那么，请大量应用此种办法。钻孔法应用程度如何，请就此写份报告给我。

所有的城市、乡村，所有的地区都建立了专门的队伍。这项工作虽然会危及性命，可志愿者们甘愿冒险，非常踊跃，谁也不知道他们会有怎样的命运。一些人在我们闯过了这一困境后仍然活着，可有些人却在历经了二十次、三十次，甚至是四十次的危险后，牺牲了性命。我在巡查的路上，不管走到哪，都能看到拆卸未爆炸弹的队伍。他们的神色好像总是和常人有些区别，可是看上去又是那么英勇和忠实。他们的脸庞看起来枯瘦疲惫，稍微有些发青，不过双眼神采奕奕，嘴唇紧闭，行为举止非常镇定。"严肃"这个词，我们在记述我们困苦的生活时，总是用得过于频繁。这个词，应该用来刻画未爆炸弹清除队。①

可以将我心中铭记的那个小队作为众多别的小队的代表。萨福克伯爵、他的私人女秘书，还有他那位年迈的汽车司机构成了这个小队。他们说他们是"三个人一条心"。每个认识他们的人，都知道他们表现英勇，从没出过意外。直至拆除第三十四颗未爆炸弹时，他们还温文儒雅、脸带微笑，可是在拆除第三十五颗未爆炸弹时却不幸殒命，他们三个人无一幸免，全上天堂了，可是，我们毫不怀疑，就像对待勇追真理先生（Mr.Valiant-for-

---

① 在如此灰暗的情景中讲述一个笑话好像并不妥当，可是，一个战士在战争中豪放的笑话通常是他压在内心深处的情感的显露。一个拆弹队正在挖掘一颗炸弹，他们之中最有技术的那个人跳到坑里，着手进行拆信管这个精密的工作。忽然，他大声喊叫起来，让大家拉他上去。他的伙伴们立即冲过去将他拽出来。他们拖着他的肩，拉着他跑了五六十码远，觉得这个距离不会被炸到了。他们趴到地上，然而，什么事都没发生。这位优秀的技术工作者十分窘迫。他的面色灰白，连气都喘不上来。大家不明所以地盯着他看。他说："天啊，那儿有只大老鼠！"——原注

truth）一般，"那边为他们吹起了所有的号角"。

没过多久，未爆炸弹拆除队就帮我们扫除了危险，但不少最高尚的人却再也没能回来。没到一个月，我写下这样的话：

首相致伊斯梅将军　　　　　　　　　　　　　1940 年 10 月 9 日

　　9 月初好像会给我们带来极大危险的延时炸弹的事，近来我们没怎么听说了。我觉得这方面的情况得到了改善。请写份报告交给我，告诉我，近来德国扔了多少颗这样的炸弹到我们这儿，顺利清除的数量和还有爆炸危险的数量各是多少。

　　敌人不扔这种炸弹了与我们清除此种炸弹的手段提高了，哪一个是让我们觉得有所改善的原因？

　　伊斯梅将军的答复再次使人感到放心。

＊　　　＊　　　＊

　　和飞机所运的炸弹相比，水雷具有更大的重量和威力。在此时刻，敌人开始用降落伞大规模投掷水雷，引发了很多恐怖的爆炸。我们对于此种水雷是完全没办法防御的，只能实施报复。德国人已经撕开了空中战争仅限于袭击军事目标的外衣，如此，就引发了报复问题。虽然我并不反对进行报复，但我的良知受到了很多谴责。

首相致空军副参谋长　　　　　　　　　　　　1940 年 9 月 6 日

　　我难道想提议进行一些背离我们的首要方针的行动吗？不，并非如此。我之所以建议一个月选两三个晚上对一些不太大的德国城镇发起若干次轻微的、突然的、大面积的空袭，是因为我相信，只有这样，才能让德国人心中生出对我们有益的变化。你千万别忘了，这些德国人从没听人说过实情，一切地方，只要我们没去过，敌人就有机会和那里的人说，德国的空中防御坚如磐石。不少要素都必须予以考虑，其中一些要素并不全都是技术上的。所以，我希望你参考我的想法，为抓住机会付诸现实，告诉我你有什么建议。

在反对的人中，有我的朋友海军副参谋长汤姆·菲利普斯海军上将。

首相致伊斯梅将军，转参谋长委员会
（送菲利普斯海军上将参阅）　　　　　　　　　1940 年 9 月 19 日

1. 我不赞成对德国展开报复，除了道德上的原因，还因为集中攻击为数不多的首要军事目标对我们更有好处。另外，在不同情由的轰炸里，敌人的导航和别的方面的技术不足，并不能证明他们的处境非常糟糕。

2. 敌人既然用降落伞投掷巨型水雷，这代表他们已经彻底丢掉了只攻打军事目标的这面大旗。那毕竟是五千英尺的高空，敌人怎么可能看得见轰击对象。所以，这表明敌人妄图以"恐怖行动"打击平民。我们的斗志承受得起这样的轰炸，敌人的斗志是不是也可以，这才是我们应当考虑的问题。这个战争思想并没有多复杂。

3. 此种看法，我是支持的：他们用降落伞扔一颗重型水雷给我们，我们就往德国的城市扔一颗。列一份清单，标明德国有哪些城市是我们预备攻击的，这个想法很好。我觉得他们扛不住，而且也应该让他们担心一段时间。

4. 请以政治角度来考虑什么时候公布此事，以及怎么公布此事。现在，请告诉我何时能准备好。需要注意的是，此事的公布和执行，在时间上是紧紧相连的。让将领们针对该计划呈交最佳行动方案，要在最短的时间内完成。若能选择以前没受过轰炸的德国城市作为带降落伞的水雷的投掷目标，就再好不过了。若是担心耽误的时间过长，必须用我们现存的一千磅炸弹进行投掷，那请坦率地告诉我。

5. 合理的报复，即同等的报复，我希望周六晚上能拿到有关它的最低标准的方案，德国用降落伞向我们投掷水雷，我们用轰炸他们的普通城市进行回敬。有报告显示，敌人今日向我们扔了三十六颗水雷，明天有很大概率会扔一百颗。好吧，一百颗就一百颗，一周到十天以内，按每天一百颗的额度在一星期到十天之内拟定一个可采取的最完善的方案。我们若是需要稍作延期也可以，不过不能不做。

6. 在以上事情尚未公布前，我们就不要再对已成定局的事怨天尤人、大声抱怨。请在周六晚上交一份能够实现的意见给我。

一个月后，我仍在催促这件事，但一直有人因为道德和技术方面的原因反对采取报复行动，并予以阻止。

首相致空军大臣及空军参谋长　　　　　　　　　　1940 年 10 月 16 日

报告显示，昨天晚上敌人在这儿扔了大量地雷炸弹，到现在都没爆炸的还有不少，非常危险。

你们的报复德国的有力计划做好了吗？请马上交过来。

听说我们是可以做到向德国投掷相同的地雷炸弹或者重型炸弹的，而轰炸机中队也极愿意使用这些炸弹，可是空军部一直不批准。我觉得空军部应该好好考虑一下我的想法和期望。我们应该像德国人对付我们一般对付德国人的军事目标，从我敦促这么做开始到现在已有三周，是谁在故意为难？

德国在战争最后三年承受的灾祸苦难，比伦敦民众在 1940 年到 1941 年冬天所承受的苦难轻多了。炸弹的威力在战争最后那段时间提升极大，空袭也远比之前凶猛。可是另一方面，德国也构建了一个完整的、无法炸穿的防控体系，而且强制要求有所有人都要去避难，之所以如此，是因为筹备的时间极长，而且德国人有做事严谨的性格。我们最后攻入德国时看见不少城市已被彻底损毁，然而在地面上，仍有坚实的建筑矗立；在地下，仍有宽阔的通道存在；失去了地面的房屋和资产的德国民众，仍能每晚去通道中休息。不少地方被炸毁的仅仅是几堆破砖烂瓦。伦敦遭受的空袭确实不如德国遭受的猛烈，可伦敦的安全设施比德国的差远了。切实安全的地方只有一个，就是地下铁道。面对直接击中目标的炸弹，只有极少数的地下室或者地窖能承受得住。面对敌人的轰炸，所有伦敦民众生活和休息的地方，其实是在自己家或者安德森式家用防空掩体中，在辛苦地工作了一天之后，他们将自己交托给命运，而支撑他们的，不过是英国人淡定从容的心态。所有的防御设施都只能抵挡爆炸碎片，一千个人里也找不出一个拥有任何其他的掩护的人，可是人心理上的脆弱并不像身体上的疫病严重。自然，要是将1943年用的炸弹用到1940年的伦敦身上，我们早就落到可以使任何人类团体都无法存在的境地了。可是，每件事都得按照它的次序和关系发展，尽管伦敦实际上没有沦陷，可是谁又能断定伦敦就无法被侵占呢？

不管是战前，还是在消极抵抗的时候，为了让中央政府能够持续运作而修建的抵御炸弹的坚实据点非常少，甚至可以说根本就没有。当初我们制定了严密的方案，期望能将政府驻地移出伦敦。很早之前，就有不少部门的机构迁去了哈洛基特、巴思、基尔特纳姆和其他地方。为了给内阁大臣和要员提供空间，曾经在广大地区征用房屋，可是政府和议会期望留在伦敦的中心，并没有因为敌人的轰炸而发生动摇，而我也有同感。人们总是觉得轰炸会非常凶猛，觉得必须全员撤走或者疏散，和大家一样，我也这么想。可是在事情的发展过程中，我们的每个反应都恰恰相反。

首相致爱德华·布瑞奇斯爵士、伊斯梅将军或者雅各布上校和首相私
人办公室　　　　　　　　　　　　　　　　1940 年 9 月 14 日

　　1.将黑色和黄色文官一批批从伦敦撤走的事,我从没想过。[①] 这种
事危险性太大,除非伦敦中心区实在住不下去了,否则不予考虑。另外,
敌人很快就会找到文官的新办公区,并发动攻击,而相比于任何别的
地方,伦敦的防空中心都要多得多。

　　2.至于将国家最高领导机构从白厅区迁至"围场"或者别的地方,
和这是两回事。要让核心政府按部就班地发挥正面作用,这点我们务必
做到,可空袭几近从不间断,想在这种情况下实现这一点,难度极大。
眼下一定要拟定计划,一批一批地将战时内阁、战时内阁秘书处、参谋
长委员会和本土防卫部队总指挥部迁至"围场",甚至眼下就能从一些
次要的方面开始进行。战时内阁的大臣应该去看看自己在"围场"的工
作地点,好在接到命令后立即过去。他们晚上可以住在那儿,如果夜间
他们需要安静的话。纸虽然包不住火,但务必不要和民众讨论此事。

　　白厅—威斯敏斯特一带无时无刻都有遭遇猛烈空袭的可能,这点
我们应该可以预见。德国计划以摧毁中央政府为开端,这是必然的,
随后就会对我国发起大规模进攻。这招他们无处不用。德国人肯定会
轰炸白厅—威斯敏斯特一域和泰晤士河及其两岸,毕竟前者的景色太
易于分辨,而不管是白天,还是夜晚,泰晤士河和泰晤士河两岸的大
型建筑都能作为可以信赖的地标。我们一定要预先防范中央政府被毁。

　　3.海军部的防空设施还算不错,所以眼下海军部不用搬。空军部
应该着手搬迁。至于陆军部和本土防卫部队指挥部,则一定要做好搬

---

　　①　官方是如此分类的:相比于"黑色"文官,"黄色"文官手头工作重要性稍差,
可以先一步撤走。前者一直在伦敦工作到情况不允许他们继续工作下去为止。——
原注

前准备。

4.为了做好所有将不到两三百人的首要官员和与他们直接相关的助手迁去新办公区的准备工作，并指明应当怎样一步步施行，请马上进行协商。而为了让我能在周一交给内阁的方案是经过周密考量的，报告请周日晚上交给我。内阁周一会按照之前的规定在内阁会议室或者中央作战指挥室举行会议。

* * *

如果不想离开伦敦，那地下、地上各式坚实的据点一定要建好，以便政府行政部门和几千个官员在里边继续工作。在临近汉普斯特德的地方，曾经为内阁准备了一个据点，里面布置了办公室、卧房、电报收发装置和带有掩护设施的电话。我们管这个据点叫"围场"。为了让大家了解轰炸太过凶猛时如何应对，9月29日，我下令实行了一次现场演习。"进入'围场'这件事，我认为非常重要，所以，内阁下周四应当在那开次会。请劝服各个政府机构试着举行一次要员的转移演习。请给战时内阁的官员和出席战时内阁会议的人备好午饭，如果做得到的话。"天还没亮，我们就在"围场"举行了一次内阁会议，每个大臣都去他们休息和办公的屋子看过了，大家一致认为非常不错。为了庆祝此事，我们享用了一次欢快的午餐，之后就回了白厅。只有这次，内阁大臣们用到了"围场"。在"新楼"地下室的作战指挥室和办公室的上面，我们浇筑的钢筋混凝土厚达六尺，还悉心布置了通风、供水设施，尤其是电话设施布置得极为完备。这些地下办公室比泰晤士河水的水位低很多，离泰晤士河也仅有两百码，为了避免河水进入办公室，我们做了一些措施。

* * *

步入10月，天气湿冷，又是刮风，又是下雨，可是伦敦好像已经习惯了这种特别的新处境——非生既死。在一些方面甚至还觉得闲适。白天的空袭此起彼伏连绵不绝，上下班时段人员过分拥堵，铁路时常受阻，所有这些让进出白厅区的交通成了一个不小的问题。我得找到解决方案。

首相致霍勒斯·威尔逊爵士　　　　　　　　　　　1940 年 10 月 12 日

因为我怕文官一周工作四天的事被泄露出来，会对工厂那边产生影响，所以大概两周前，我曾经下令禁止讨论此事，可是现在，我的意思是一周工作五天，其中四晚睡在办公室（而且要是可以，吃饭也在办公室），三晚加两个白天在家吃饭、休息。需要这么做的，自然只有那些在伦敦工作但在郊区住的人。在公交站，我发现排队候车的人非常多，可快速往返伦敦的难度却会持续攀升，这毫无疑问。所有政府机关都该制定一个既有利工作又有利属员的方案。务必在五天内完成目前正进行的工作。上下班的时间应分散开，尽量让大家别等到上下班堵车高峰期的时候再走，早些离开，让一天当中来往的车流均匀化。

请告诉我你对这件事有什么建议，并附在拟发给政府各个机构下发传看的文件中提出的办法。

这个计划详细讨论过之后，被搁置了。

＊　　　＊　　　＊

内阁因张伯伦先生病重离任，进行了很大的人员调整。出任军需大臣的赫伯特·莫里森先生行事果断凌厉，而约翰·安德森爵士，曾坚定且妥善地处理了针对伦敦展开的闪电轰炸。这座全球最大的城市在 10 月初遭受的持续而猛烈的空袭，让饱经磨难的广大民众，又要面临众多社会和政治问题，由此，我觉得让一个经验丰富的议会成员执掌内政部（如今它也是国家本土安全部）非常有好处。敌人优先袭击的地方是伦敦。作为伦敦人，赫伯特·莫里森了解都城政务的所有方面。在行政管理方面，他的阅历超过了所有人，他曾经领导过伦敦郡议会，而且在不少方面都是负责该郡议会工作的核心人物。约翰·安德森在内政部做得风生水起，我又任命他兼任枢密院长，统领范围更大的内政委员会。由于很多事都会交到这个委员会手中，所以内阁的工作减少了不少，如此也能减少我个人的工作，让我可以一心一意地指挥战事。我的同事们好像日益倾向于让我在此项工作上拥有更大的行事空间。

于是我让这两个高等内阁成员互换职位。赫伯特·莫里森从我这儿接手的工作并不是什么优差。伦敦行政管理上的各种难题，在这本书中确实很难描绘出来，有时一两万人流离失所不过是一个晚上的事；有时为防范扑不灭的大火，只能把市民当消防员用，让他们站在屋顶上持续观察瞭望；有时挤满了断手断脚的男男女女的医院也会遭到敌人的轰炸；有时数以万计的筋疲力尽的民众在不仅卫生状况堪忧，连安全也无法保证的防空洞中挤着；有时公路、铁路持续受阻；有时下水道被炸，还无法提供电力、动力和煤气。而且，即使面临这一切的情况，全伦敦的战斗和艰辛的劳作生活也绝不能停止，伦敦每天早上、晚上要迎接、送走一百万人，让他们可以准时地上班干活儿。这种情形会持续多长时间，我们也不清楚。有什么原因能让我们觉得这种情况会得到改善呢？莫里森收到我请他出任内政大臣的邀约时，他非常清楚这个工作需要慎重对待。他说请给他几个小时让他考虑考虑，可是没多久他就找到我，告诉我说他将以出任这个职务为自豪。他这种敢于承担任务的决心，我十分欣赏。

内阁民防委员会在张伯伦先生掌权的时候就已经设立了。那时每天早上开晨会讨论整个形势是这个委员会的惯例。我也每周（一般是周五）召开一次会，让各个相关部门出席，以便新的内政大臣可以切实使用国家赋予的所有权限。通常来说，会上辩论的问题会让人非常烦恼。

* * *

敌人更换空袭策略时，内阁的人员调动才结束没多久，这对我们的整体方案影响极大。敌人之前通常只用烈性炸药炸弹来对我们进行空袭，可10月15日晚上，我们遭受了这个月最凶猛的攻击，大概四百八十架德国飞机朝我们扔了烈性炸药炸弹三百八十六吨，此外还有烧夷弹七万颗。之前，我们曾经劝伦敦民众隐藏起来，并尽量完善掩护设施。可现在，只能将"去地下室"变成"去屋顶"了。这就得让新的国内安全大臣来拟定策略了。

没过多久，一个大型的、覆盖全伦敦（除内地各个城镇采取的行动之外）的防火瞭望哨和消防队就成立起来了。一开始去防火瞭望哨的都是志愿者，可是没过多久，防火瞭望工作就成了一种强制性工作，这不仅是因为用到的人太多，也是因为所有人都深感这份工作应该轮班负责。这种工作鼓励振奋了所有的阶层。女性也争着要参与其中。我们举办了众多的培训班，教防火瞭望哨怎么处理各式各样的烧夷弹。有不少人成了行家，数以千计的烧夷弹，还没烧起来就被扑灭了。大家冒着被敌人轰炸的危险一晚又一晚地待在屋顶，而保护装置只有一顶钢盔，但没多久就适应了。

* * *

莫里森先生很快做出决定：将一千四百个地方消防队合并为一，变成国家消防总队，此外，还有一支巨型的、由民众构成的消防队，队员训练和工作都是利用闲暇时间。和屋顶瞭望哨一样，这个民间消防队开始也是以自愿为原则招募起来的，可是之后大家也都觉得应该将这个工作变成一种责任，人人都该出力。机动性强、经过统一培训、配备标准设备，以及拥有正规职位，是全国消防总队的优势。其他民防队都设立了地区小分队，接到通知后，会马上赶赴任一地点。战前的"防空部队"被更名为"民间防空队"。大部分队员都得到了合身的制服，他们自身也视自己为第四支皇家部队。赫伯特·莫里森在这一切工作中，得到了艾伦·威尔金森这位英勇的女性的极大帮助，不久前这位女士离世了，我们都觉得非常痛心。她每天夜以继日持续进出防空壕，在组建民间消防队上，也发挥了不小了作用。妇女防空志愿队在莉丁夫人踊跃的带领下，发挥的作用不可限量。

*　　　*　　　*

我们的城市若是势必要受攻击，那这个受袭的城市我希望是伦敦。伦敦就像史前那种生命力极强的巨型野兽，就算伤痕累累、血肉横飞，也还是能活、能动。安德森式家用防空掩体在工人聚集的两层楼房的住宅区里比比皆是，我们曾经做出了最大的努力，去清空下雨积存的雨水，去改造这种防空掩体，使之适合居住。后来又出现了莫里森式防空掩体。这种掩体由精钢制造，看上去像厨房里的大型案台，周身围着坚硬的铁丝。这种掩体有一定的保护效果，因为它能撑住一个坍塌的小型房屋的重量，靠着这种掩体，不少人保住了性命。而对于其他东西的损失，"伦敦漠不关心"。没有一件事能打倒伦敦民众，就算是更大的灾祸，他们也经受得起。其实，我们那时除了眼睁睁看着都城被彻底摧毁，也找不到别的办法了。何况，摧毁大城市这件事还受到了"收益递减"法则的制约，这点我在下院讲过。不久之后，不少炸弹就开始只能炸炸已被炸毁的房子，如此，不过是将一堆瓦砾炸得四散飞溅罢了。能够被点燃、被炸毁的东西，在广大地区都已经找不到了，但民众可以将自己的家安在任何地方，他们凭借着无尽的智力和坚韧的毅力，继续做着自己的工作。每个伦敦人此时都为自己伦敦人的身份而感到骄傲。整个国家都在敬佩伦敦，其他的所有大城市也都振作精神，预备在承受磨炼时竭尽所能，不比伦敦差。实际上，伦敦的威名好像受到了不少人的钦慕，为了和伦敦人同甘共苦，"瞧个热闹"，不少人从乡村过来准备在伦敦待一两宿。对于此种动向，我们因城市管理方面的因素，自然只能予以遏制了。

*　　　*　　　*

安置中央政府机构，以策安全的长期方案我们自然应该制定，毕竟我们没有理由认为敌人不会一直轰炸伦敦直至战争结束。

首相致爱德华·布瑞奇斯爵士　　　　　　　　　1940 年 10 月 22 日

1. 敌人空袭伦敦的大致规模，眼下我们已经清楚了，这种空袭会是一种长时间的猛烈袭击。在一切悠久的或者不够坚实的建筑被彻底炸光之前，对白厅和政府核心的轰炸或许都不会停止。所以，为了接收行政管理部门的大量中坚力量和官员，还有指挥战斗的主要大臣及重要机构，应该及早在当前非常坚实的或者可以加固的房屋和建筑中筹备居住地。以上举措一定要做，除了因为我们下定决心不会被敌人赶出伦敦，还因为我们想将那些在英格兰西部为"秘密搬迁"而留存的房屋，让给陆军部和别的机构。我们是搬迁，还是留下，一定要予以决断，并贯彻始终。

2. 对于当前的情况而言，"围场"的房屋并不合适。战时内阁的成员怎么可能接连几周在那儿工作、生活，却让他们的大多数下属住在比不上当前白厅环境的地方。合适的住处或者防空掩体，就只有"围场"，可在"杰姆乌鸦"示警时，在尼维尔厅住的人除了胡乱奔跑，什么也做不了。把"围场"作为最后时刻的藏身之地吧，在那样的时刻到来之前，"围场"可以让那些用不着在伦敦中央驻守的机构使用。

3. 有哪个政府部门的建筑和它们的地下藏身地是安全的，或者能扛住一颗直接击中的炸弹吗？几乎找不到。如财政部这样的老一点儿的建筑，已经如我所料地塌掉了，它的地下藏身地完全没有安全保障可言。位于查尔斯国王大街两侧的外交部大楼和贸易部大楼都盖得十分牢固，它们的地下室非常安全。在作战指挥室、中央战斗指挥室办公室和贸易部大楼里的本土防御部队指挥部上方，加一层非常结实的顶层防御装置这件事，已经得到了我的批准。除非工程受阻，否则连续干一个月或者一个半月就能做完。我们一定要督促这项工作。就算这种防御体系建好，也未必就绝对安全。利奇蒙台的首要项目已经受到了当前环境的影响，那里的防御有漏洞。贸易部已经奉命搬去了新地点，他们的大多数员工只能去伦敦外边找住的地方了，不过务必将贸易部搬迁之事视为整体计划的一环。

4. 伦敦有几栋建筑因为兴建之时，就考虑到了空袭因素，用了现代化的钢筋混凝土，所以非常坚实。为了接纳战时内阁和战时内阁秘书处，并为主要的内阁大臣提供安全的住处，应该马上将这几栋建筑预备好。由于对这种住所的需求肯定会日渐增多，所以我们不用担心这种住地太多。最重要的是，一定要让政府的中心工作持续进行，且确保效率。

5. 再给议会提供一个开会地点的要求，我已经提出来了。上院和下院开会时，是非常危险的，两院的房屋和会议室早晚会被炸掉。在它被炸毁的时候，我们期望没有议员在里面。为上议院和下议院地下室布置的安全设备根本挡不住一颗直接击中目标的炸弹的威力。在敌人轰炸时，威斯敏斯特宫和白厅区是一个鲜明的主要目标，我敢说，在它周边已经被扔下了超过五十颗重型炸弹。内阁已经答应让两院更改开会地点，试试其他地方。我提议从下周四开始，议会休会两周，望伦敦在这两周以内，就其开会一事做出某些规划。

6. 在我看来，应该选出一个战时内阁大臣，让他和财政大臣维持紧密往来，统一引导和监督需要马上执行的重要且牵涉广泛的工作。为了这一目标，里斯勋爵及其负责的部门应该在内阁的监督下展开工作。我的同事们若是不反对，此事我会交给比弗布鲁克勋爵（这件事他已经在做了）管理。

因此，筑建足以容纳许多国家机关全部重要人员的大批能防御炸弹的据点的事，就交给了比弗布鲁克勋爵主持，在这中间，有十多个据点（一些据点还是用隧道连到了一起）时至今日还在伦敦留着。一些据点直至敌方飞机不再轰炸时，都还没建好。而敌人1944和1945年用无人机和火箭进行攻击时，派上用场的据点也并不多。这些建筑确实从未按照原计划的功能发挥作用，可是到底让我们得到了安全感。海军部独自对着近卫骑兵队训练的广场修了一幢巨型建筑，钢筋混凝土墙有二十英尺厚，至于如何拆掉它们，就只能等世界比较安稳时，让我们的后代处理了。

＊　　　＊　　　＊

面对夜间的空袭，我并没有绝对能保证安全的防空设施来保证自己的安全，因此在10月中旬，乔赛亚·韦奇伍德在议会大吵起来。我的这位老朋友，在达达尼尔海峡战役中曾经受重伤。他素来支持单一税收体系，后来他转变了观念，还加入了工党。铁路管理委员会的主席是他的兄弟。在战争爆发之前，他们有所预料，因而在皮卡迪利大街修了一个非常大的地下办公厅。它距离地面有七十英尺，上边还有坚实、高大的建筑。虽然曾有一颗炸弹在土质潮湿的地方炸到了地下八十英尺，但这个地下办公厅的深度及其地面上的建筑无疑能确保里面的所有人的安危。所有方面都开始劝我，将住宿的地点换成这个藏身处，我最终同意了。从10月中旬开始，一直到这一年的年末，只要开始轰炸，我夜间工作、休息的地点就换去那里。一个人享有的安全要是比别的大部分人都多，良心就会受到谴责，这是理所当然的。可劝我的人太多，我也就按他们的意思做了。我大概在铁路防空屋住了四十个晚上，"新楼"的强化工作就完成了，我于是又搬回"新楼"。我和我的妻子舒服地住在那儿，一直到战争终了。这座用石头垒砌的楼房让我们感到非常安心，因此下边的防空屋我们去的次数非常少，只有几次。虽然我觉得卧室的墙壁最好什么都别挂，可我的妻子想将我们仅有的那几张照片挂上去，最后，如她所愿。实际情况已经证明，她这样做没错。天气清朗的晚上，可以去"新楼"圆形房顶旁边的房顶，欣赏伦敦的美景。他们帮我布置的那个地方，顶栅是有防弹片的，可以在月色中漫步，看轰炸产生的烟火。1941 年，我用过晚餐后，经常会带我的美国客人去那。他们的兴致往往都很高。

＊　　＊　　＊

11 月 3 日晚间，伦敦没有响起警报声，这几乎是两个月以来的第一次。这种安静让不少人感到惊奇。他们以为出了什么事。第二天晚上，我们这个岛的所有地方都遭到了敌人长时间的空袭。这种空袭持续了一段时间。德国再次改变了自己的空袭方案。现在他们将英国工业中心当成重点空袭对象，同时不放弃伦敦这个目标。为了对特定的重点地区发动攻击，德国曾经培训出带有新型导航装置的专门的轰炸机中队来袭击指定的重要地点。例如他们曾培训了一支专门的队伍，用以瓦解罗尔斯—罗伊斯飞机发动机制造厂——位于格拉斯哥市希林顿区。这种策略完全是一种过渡措施，持续的时间很短。除了希特勒的心腹，没人知道侵占不列颠的计划暂时搁置，入侵苏联的计划即将启动。德国空军将利用那段残冬时期做两个试验：一是测试用于晚间轰炸的技术设施，二是尝试破坏英国海上贸易，并试图损害我们的军事和民用方面的生产。他们若是一次只做一件事，坚持到底，效果或许会好很多，可是他们已经失败了。一时之间，他们自己也不知道怎么办好。

这些新轰炸策略始于 11 月 14 日晚上对考文垂发起的闪电轰炸。作为攻击对象，伦敦好像太大了，无边无际，所以很难取得关键性的进展，因此戈林想有力地瓦解各地方城市或者武器制造中心。空袭始于 14 日傍晚，及至清晨，德国近五百架飞机共计扔了烈性炸弹六百吨，还有烧夷弹数千发。总体而言，这次空袭是我们的损失最为惨重的一次。考文垂的核心区域被炸得支离破碎，有一段时间——尽管不长——陷入了完全的瘫痪之中。有四百人被炸死，而伤势严重的人数远多于这个。德国的广播电台表示，"考文垂遭遇的那种轰炸"我们的其他城市也会遭遇到。尽管这样，我们依然没有一个首要飞机发动机制造厂、工作母机制造厂停工，在这之前从没经历过轰炸磨炼的民众也在继续生活。不到一周,紧急重建委员会就帮助考文垂恢复了正常生活。

11月15日,敌人借着明亮的月色,转回头再一次对伦敦进行了凶猛的空袭。伦敦损失非常大,教堂和古代遗迹尤其如此。之后是伯明翰,从11月19日到22日,德国一连三次的空袭给伯明翰带来了极大的破坏和死伤。有近八百人死于轰炸,而受伤的则超过了两千。但是这次磨砺并没有打垮伯明翰的生活和精神。我在一两天后去了这个城市,一方面是视察工厂,一方面也想亲自看看轰炸造成的后果。当时发生了一件事,让我既开心,又感动。当时正是用晚饭的时候,我在车里坐着,一个十分漂亮的女孩儿跑到我车前,扔了一盒雪茄进来。我立即停车,她告诉我说:"我得奖金了,因为这周我的生产成绩最好。一个小时前,我才听说您会过来。"为了这个礼物,她得花掉两三英镑。我非常开心地(作为首相)吻了她。随后,我去看了那个集体坟墓,那么长,刚刚才把众多民众和他们的孩子放进去。伯明翰精神熠熠生辉,那里的一百万民众得到了充分的调动,积极且理性,完全没被自己肉体上承受的苦楚打倒。

空袭的重心在11月的最后一周和12月月初转移到各个港口。凶猛的轰炸降临布里斯托、索斯安普敦,利物浦更是受到了重点"照顾"。之后又轮到了普利茅斯、谢菲尔德、曼彻斯特、利兹、格拉斯哥,还有其他武器制造中心,好在,它们均英勇地承受住了来自炸弹的磨炼。我们的国家始终稳如泰山,如钢似铁,不管敌人攻击哪里。

12月29日,周日,伦敦遭遇了一场这几周内最大规模的空袭。在此次轰炸中,德国人用上了他们费尽心机积攒起来的所有经验。这次的行动明显是在放火。伦敦的商业中心一带是首要的空袭目标。他们选择潮水最低的时间进行轰击,一开始就用带降落伞的重型烈性炸弹轰击首要的自来水管道。需要我们扑灭的大火大概有一千五百处。火车站、港口遭受重创。被炸伤或者炸毁的"雷恩"式教堂有八座。大火和炸药毁掉了市政厅，要不是大家拼命扑救，圣保罗教堂也难以保全。在英帝国的中心要地，被炸出的废墟直到今天还有很大一片，可当英王陛下和王后来此巡视时，人们还是非常热情地欢迎他们，这是一切皇家典礼都远远比不上的。

这场长久的考验还要持续很多个月，在这期间，英王陛下通常待在白金汉宫。白金汉宫虽然已经在地下室修建藏身处，不过还要不少时间才能竣工。英王陛下在从温莎来伦敦的路上，遇到很多次空袭。有一次炸弹几乎就炸到了他和王后。在英王陛下的允许下，我用他的原话记述这件事的经过。

1940 年 9 月 13 日，星期五

我们〔从温莎〕到伦敦，正好遭遇空袭。那天天气阴沉，雨下得很大。我和王后去了楼上能够遥望方形院落的小卧室（我之前的卧室因窗户被上次轰炸炸毁而无法使用）。忽然，一架俯冲轰炸机的轰鸣声传入我们耳中，而且越来越响，之后就看到两颗炸弹飞过白金汉宫前方，落到了方形院落里。炸弹爆炸地点离我们大概八十码远，我们看见起火，听见爆炸声。爆炸的热浪冲入我们面前的窗户，方形院落被炸出两个很大的弹坑。其中一个弹坑里面的自来水管被炸坏了，水从里面喷射而出，穿过炸毁的窗户流到走廊里。发生所有这些事不过几秒的时间，我们迅速冲进走廊。炸弹共计六颗：前院落了两颗，方形院落里落了两颗，在教堂炸了一颗，在花园炸了一颗。

英王陛下以前曾经参加过日德兰一战，当时他的军阶是海军中尉，所有这些事都让他精神极为振作，他为自己能在首都和他的臣民风雨同舟而感到骄傲。我不得不说，我和我的同事们那时都没意识到这件事有多危险。想想吧，假设窗户是关着的，没打开，被震碎的所有玻璃飞扑到陛下和王后脸上，那会带来多恐怖的后果。可是他们摆出一副什么事都没发生的样子，就算我这种时常会见到他们和作为他们的随侍的人，都是在过了很长时间之后才知道当时的详情，这还是因为我为写这本书向他们询问才知晓。

那段时间，我们想象着要在白厅的残骸上发生战争，内心严肃且冷静。在白金汉宫的花园里，英王陛下设置了一个靶场，他和别的王室成员，还有他的随侍武官们努力地用手枪和冲锋枪练射击。我不久之后送了一支枪给英王陛下，那是从其他人送我的几支美国短卡宾枪里选的。那支枪棒极了。

英王陛下大概就是在这个时候换了接见我的形式，我上任最开始那两个月，他一般一周选一天，在下午五点前后和我见面。现在他则是每周周二和我一起吃午饭。为了共商国事，这确实是个不错的法子，王后有时候也会出席。我们有不少次必须拿着我们的餐盘和酒杯去还没完工的防空屋中将我们的午饭吃完。一周一次的午饭成了一种惯例。英王陛下在最开始的几个月过去之后，决定完全不用仆人伺候我们用餐，我们自己端菜，彼此招呼对方。这种情况一直持续了四年半，在这之间，我发现英王陛下十分认真地查阅交给他的每份电报和文件。依照英国宪法条例，官员们负责的所有工作，陛下都有知情权，并且拥有向政府提建议的无限权力。我非常注意地将所有情况汇报给国王。通常我们每周见面时，我能感觉到那些我尚未审阅的公文他都已经了解过了。英国真是幸运，能在这个决定英国命运的时期，有如此出色的陛下和王后，身为君主立宪制度的忠实拥趸，我将自己身为首相能得到英王如此温情的款待视为最高荣耀。在我看来，如此密切的关系，从安娜女王登基、马尔巴罗掌权之后就再没出现过。

＊　　　＊　　　＊

这一年就这样走到了尾声。之前，我为保证情节的连续性，已对整场战争的形势做了介绍。读者会发现，我们在面对这一切的雷霆和风暴时，态度是如此的冷静且从容，这种冷静的心态维系了我们的战斗行动，而我们的政策和外交也是照此展开的。真的，我不得不说，这些伤害不但没能瓦解最高政府，反倒激励了它们，让我们有了清晰的意见、忠诚的友情和睿智的行动。但可不要觉得敌人空袭的猛烈程度十倍、二十倍于当前仍能得到我描述的良好反应，即使仅仅猛烈两三倍都很难说。

第四章　魔法战

暗处的斗争——林德曼的功劳——雷达的发展——德国的波束——琼斯先生的汇报——分裂波束，也就是"科尼克拜恩"的原理——改变射束方向——戈林愚蠢而固执——X 设备——11 月 14 到 15 日晚上的考文垂——欺骗敌人的大火——我们让 Y 设备尚未研制成功就失去了用处——德国空军受挫——英国科技的胜利——我们对将来的计划——火箭炮队——派尔将军的指挥及大不列颠防空队——空中布雷屏障——近炸引信——反攻的胜算——完善防空手段

　　就在英国空军和德国空军、飞行员和飞行员、高射炮队和飞机以及血腥的轰炸与坚毅的英国民众展开殊死搏杀时，还有一场战争在逐步进行中。这场战争是暗中进行的，民众看不到战斗的输赢。就算到了现在，普通人也仍旧不了解，只有与之相关的为数不多的几个科学精英知道。这种战争对人类而言是史无前例的。这场战争若落到文字上或者口头上，普通人理解不了，可是，我们若仅仅浮皮潦草地看看这些专业名词，不知其所以然，不将其奥妙付诸应用，那就算空战人员英勇搏杀，民众悍不畏死，也不过是白白牺牲。若非英国的科学水平真的超过了德国，并且有力地将惊人的科学技术用到了生存之战中，我们很可能已经输了，而且一旦落败，就会被彻底消灭。

一个非常有智慧的人在十年前如此写道："思想上的领军者已经攀上了人类思维的最顶峰，可是各类有线通信都失去了效力，他们只能以难懂的信号联系我们。"可是，对这种信号的理解和对理解成果展开的正确而及时的举措，决定了我们民族的命运和众多其他事项。我完全不懂科学，可是我对科学家还是知道一点儿的，也经常作为官员负责自己不了解的事情。不管怎样，我在军事方面有着敏锐的洞察力，可以分清什么是有利的，什么是有害的，什么是救星，什么是灾星。我在防空研究委员会干了四年，对跟雷达有关的问题有大致的了解。所以，我就在我能力范围内，一心一意地推动这场魔法之战，并尽量确保，至少在行动将要展开时，不会让一切有益成果的应用受到阻碍，或者起码不会受到忽视。虽然弗雷德里克·林德曼的名声和才华得到了民众的敬佩，可难道就没有比他更出色的科学家吗？肯定有。但对我来说，他有两个最关键的优点。第一，就像前面说过的，二十年来，他一直是我忠实可信的好友。我们曾经一起认真观察世界灾难的出现与发展。我们曾经一起竭尽所能向大家示警。当前我们已经置身于这场重灾之中，我又掌握了统领和装备我们战斗力量的权力。这些知识，我如何才能学会呢？

说到这，就得说他的第二个优点了。科学家们从很远的地方发出来的信号，林德曼可以接收弄懂，并以简单明了且通俗易懂的语言告诉我是怎么回事。一天只有二十四小时，睡眠起码占七个小时，三个小时用来吃饭休息。不管是谁，在我这个位置，想要透彻掌握这种穷尽一生心力都没办完全弄懂的事，势必得活活累死。我要知道的是切实的科研成果，林德曼只要告诉我在这方面有哪些成果关系重大，我就会开动机器，确保起码让里面一部分重要而无法理解的成就付之实行。

*　　*　　*

从1939年开始到现在，雷达各个环节的技术始终在持续推进，可就算这样，1940年7月至9月展开的不列颠战役，仰仗的也基本还是人的眼睛和耳朵，就像我描述的那样。在这几个月，我一开始用这种想法自我慰藉：英国的冬天时常雾气缭绕、乌云密布，这样，我们这个岛就像盖了一件披风，起码白天会让我们得到极大的保护，不会遭到精准的轰炸，晚上就更是这样了。

德军轰炸机有段时间基本依靠无线电定向信标指引方向。数十座这种灯塔一般的定向信标在大陆的众多地方建立起来，每个定向信标都有特别的呼叫信号，德国人用普通的定向无线电台，就能按照接收的任意两条信号的角度来判断他们所在的位置。我们的应对措施是，迅速建立一连串的名为"梅康"的电台。这些名为"梅康"的电台接收德国电台的信号，对此进行放大处理，之后从英国的某个地方发射出去。这样我们经常能将敌人那些企图使用定向信标导航的飞机引去别的地方，敌人有不少飞机就是这么没的。曾经有架德国轰炸机因为将德文郡当成了法国，而主动在那儿着陆。

不过，6月有件事对我触动极大。林德曼教授告诉我，他觉得德国人正在研制一种装置，使用这种装置，就能随心所欲地进行轰炸，不管是白天，还是晚上，天气状况是好，还是不好。眼下德国人好像已经研制出一种无线电射束，这种射束如同看不到的探照灯的光束，能非常精准地让轰炸机找到它们的目标。飞行员受定向信标指引，而射束则直指目标。它们或许不能精确到某个指定的制造厂，但它们肯定可以精确到某个城市，所以，除了有月亮的晚上我们得担心——在有月亮的晚上，我们的战斗机飞行员也能和敌人一样看得非常清楚——还得想到敌人会在有云层、有雾气的天气发动最凶猛的空袭。

林德曼又对我说，让射束转向并非不可能，我们若马上采取措施，是可以找到办法的，但是我务必先见见几位科学家，特别是 R.V. 琼斯博士，他是空军部情报研究所的副所长，也是林德曼教授从前在牛津大学的学生。因此，6月21日，在内阁会议室，我忧心忡忡地召开了一次专门会议，算上亨利·蒂扎德爵士和几位空军指挥官，大概有十五个人参会。一个年轻人在几分钟之后匆匆走进内阁会议室，在桌边的最后一个位子上坐下——后来我听说，他觉得让他来内阁会议室开会肯定是个恶作剧。我按计划让他率先讲话。

他同我们说，欧洲各个方面这几个月传回的消息都显示，德国有了一种在晚上进行轰炸的新办法，德国人对这种新方法很有信心。这种新办法好像和密码"科尼克拜恩"有些关联，我方情报人员曾经提到过很多次这个密码，可是不知道什么意思。一开始，他们还以为敌人安插了间谍，在我们的城市设立定向信标电台，好用这种电台引导他们的轰炸机返回，可是随后证明这种想法说不通，几周之前，在敌人那边临近海岸的一些荒僻地方，拍到了两三张相片，相片上是一种造型奇特的矮塔。它们看上去和已知的无线电或者雷达正常的形状并不一样。而一切此种假设，以它们所处的位置而言，也无法解释。不久前我们曾经击落过一架德国轰炸机，上边配备的一种设备，好像比罗兰兹射束在晚上降落时用的设备更加精巧，至于这种设备的功用，好像只能确定一种——夜间降落。他将这个理由和众多别的理由整合到一起，一步步得出结论：德国人或许正筹划着，用一种定向射束系统进行导航和投掷炸弹。数日前，我们以这些发现为线索，对那架轰炸机里的一个飞行员进行了多次审讯，他迫于无奈承认曾听到过正在研制这类装置。上述这些就是琼斯博士讲话的主要内容。

他以平稳温和的声音说了二十分钟或者二十几分钟，条分缕析地列举了按照他已知的情况得出的推论，比福尔摩斯或者勒科克先生的故事还有说服力。我在听他发言时，《英戈耳斯比传奇》里的诗句不期然浮上心头：

现在一位琼斯先生出现了，他起誓证明，

十五年前，他去斯通亨奇（去看已经离世的约翰·索尼爵士在书里刻画的石头），

路上曾听见阵阵呻吟，

他顺着悲戚的哽咽声搜寻，

发现一个年轻鼓手的遗骸正被一只乌鸦撕咬！

琼斯博士说完之后，大家看上去不太相信。一个很有威望的人问，假设确实有这种射束存在，可是德国人既然已经有了很多种普通导航装置，为什么还要用这种射束？在超过两万英尺的高空，通常是可以看见星星的。我们每个飞行员都在航空技术上受过苦训，都觉得自己擅长确定航向和目标。对于此事，在座的其他人好像也非常关注。

*　　　*　　　*

德军的波束怎么用、我们怎么让它改变方向，现在我将用我能了解的词汇进行介绍。和探照灯的光束一样，无线电波束也无法高度聚拢，总会分散开。但是，若是用被称为"分裂射束"法的方法，就能得到非常准确的结果。我们假设有两个探照灯光束，彼此平行，它们如此一个亮，一个就灭，左侧的亮，右侧的就灭，反之，左侧的灭，右侧的就亮。一架进攻的飞机正在处在两条光束中间，光束会持续照亮飞行员的航路。不过，举个例子，若他朝右侧一点儿，离右侧光束的核心更近，这条光束就会变强，飞行员也会看到光线忽明忽暗，显示航向有误。飞行员若是不想让光束忽明忽暗，飞行的航路就得在两条光束的正中央，让两边的光束亮度一样。中间这条路就能指引他朝目标飞行。如此，可以让两个电台分别发出射束，并交汇于英格兰中部或者南部的任意一个城市上空。而德军的飞行员只要顺着一条射束前进就行，直到他探测到另一条射束，他就可以扔炸弹了。这些就是我的解释。

分裂射束和声名赫赫的"科尼克拜恩"设备的原理就是上面说的这些，这个装置承载着戈林的期望，戈林告诉德国空军，不管是阴雨天，还是雾天或者是晚上，都能轰炸英国城镇，而且还能让攻击的飞机躲过高射炮和战斗机的拦截。德国空军最高指挥部的将领凭借他们井井有条的脑袋和经过周密部署的宏伟方案，将他们空战的成败押到了这种新发明上，他们觉得我们将像败给磁性水雷一般，败给此种新发明。于是他们不再像我们这么麻烦地教普通轰炸机飞行员学习难懂的飞行技巧。这种办法非常简单，也非常好用，有助于培训出大量飞行员，能凭借不可阻挡的科技得到大量战果，这非常切合他们的思维习惯和性格特点。德国飞行员对射束的追逐，就像德国人民群众对他们领袖的追逐。他们除此也没什么可追逐了。

然而，性格简单的英国人因得到警报较早，又马上采取了措施，因此找到了应对之策。我们可以尽快在国内设立合适的电台，这样就可以扰乱他们的射束。自然，敌人几乎能马上发觉我们做了手脚。除此，还有一个更好的方案。我们可以找个合适的地方安装一种重复发射装置，强化一半的分裂射束，但不强化另一边。如此，想要在两个半边信号的中央航路上飞行的敌方飞行员就会离开正确航路。至于能炸掉一座城市或者起码能让一座城市遭受重创的大量炸弹的投掷地点，就会变成离城市有十五或者二十英里的荒野。作为首相，我不需要再继续考虑，探明这场神奇而重大的比拼的原理之后，我就在6月的这天下达了所有必需的指令，假设已经有了此种射束，优先推动抵御德军射束的所有研发工作，要是有人在推进这一决议时有一丝半点儿的犹豫或者错误，都应报告给我。所有这些，虽然工作量很大，可是我并没有增加内阁的工作量，连参谋长委员会的工作量都没有加大。自然，我若遭遇重大阻挠，不管是什么，我都会告诉那些友善的部门，说出目前的具体情况。可是在这个有限的，并且在那时近乎是非常神秘的领域内，大家迅速表示认可，细碎的麻烦一下子就能除去，所以并不是非如此不可。

敌人在迪埃普和瑟堡周边新设立的那批"科尼克拜恩"电台，大概在8月23日，其射束指向了伯明翰，与此同时启动了大范围的夜间空袭。自然，我们得战胜"前期的困境"。于是不过几天，"科尼克拜恩"电台的射束就被改变了方向或者受到了影响，在之后的两个月里，也就是最危险的9月和10月，德国轰炸机盘旋在英格兰上空，漫无目标地投掷炸弹。换种说法，他们确实被引上了错误的路。

我忽然想起一件事。我负责的国防部里有个武官，在伦敦遇到空袭时，他将自己的夫人和两个孩子送去了乡下。从那里去任意一个城镇都得走十英里。他们看见一个接一个的大爆炸出现在三块农田外的地方，感到非常吃惊。他们数了数，共计一百余颗重磅炸弹。德国人会往这里扔炸弹让他们感到惊奇，同时也感谢上帝他们没被炸到。这个武官次日说起此事，但是因为要完全守密，了解内情的人非常少，信息严格受限，因此，他虽然离机密很近了，却没人能很好地为他解惑。有限的几个知道内情的人只能心领神会地含笑以对。

没过多久，德国的航空人员就意识到他们的射束或许被干扰了。传言，在这两个月里，谁都不敢和戈林说，他的波束被改变了方向或者受到了影响。因为他愚不可及，坚信这无法做到。他给德国空军做了一个专门的演说和警告，承诺他们这种射束绝对不会出错，任何人敢心存疑虑，都将马上被赶走。就像前边说的，我们在闪击战中曾经严重受创，近乎所有敌方飞机都能以任何形式对伦敦发起攻击。自然，轰炸的准确性极低，德国每种轰炸方式都极大地受到了我们的反制措施的影响，不仅如此，他们还有普遍误差，因此只有不到五分之一的炸弹投在了目标区域内。但就算德国飞机只有五分之一的轰炸击中目标，仍让我们的工作生活受到了极大的影响，所以我们不得不说，这也是敌人的一个不小的胜利了。

* * *

德国人在一场内部斗争之后，总算改变了他们的策略。他们运气不错，有支名为"第一百战斗小队"的队伍用的射束是它自己独有的。他们管它叫"X设备"，我们的情报人员说，他们刚听到这个诡秘莫测的名字时，感到不明所以。此种设备，我们9月中旬的时候已经彻底探明，可以开始研制反制的装置了，可是在之后的两个月内，这种专门的干扰装置还无法研制完成。所以，"第一百战斗小队"仍能继续展开精准轰炸。敌人马上让这个小队带路，向目标区域扔烧夷弹，点燃烈焰，起火点就成了剩下的已经脱离"科尼克拜恩"信号调度的德国轰炸机的轰炸对象。

考文垂在 11 月 14 到 15 日成了这种新策略的首个袭击目标。此时，我们虽然已经着手研制新型干扰装置，可技术上的一个失误，让这种装置的有效应用被拖后了几个月。就算这样，我们有关射束的知识仍发挥了极大的效用。按照敌人射束的指向和发射时间，我们可以推测出轰炸的对象、时间、路径、高度。可惜那时我们的夜间战斗机不管是在数量上，还是在配备上，都无法充分利用这些情报。可是，这方面的情报对消防队和别的民间防空机构提供的帮助却是不可估计的。他们可以时常在有危险的地方聚集，并在发生轰炸之前就以特别的方式对民众示警。很快，我们的抗争措施得到了相应发展，能够应对敌方袭击了。同时，我们在适宜的时候，在合适的空地上，点燃很多吸引敌人的大火（代号"海盘车"），将大批进攻的敌机引到错误的路上，这种方法通常很有用处。

及至 1941 年初，我们已经可以应付"X 设备"了，但德国人的脑袋也在运转，大概就在这时，他们又启用了一种新设备，名为"Y 设备"。之前的两种装置全是让射束在目标上方交叉，可新装置只用一条射束。与此同时，德国还用一种通过无线电测距的方法，让飞行员了解自己顺着射束飞行的距离。他一飞到准确的距离，就会投掷炸弹。我们不错的运气和所有相关人员的才华、勤奋，让我们得以在德国人将这种"Y 设备"应用到实际作战中的前几个月，就清楚了解了它的用法，在他们打算通过这种设备为轰炸机导航时，我们已经掌握了让它失效的办法。我们的新干扰设备，在德军首次应用"Y 设备"的那天晚上，就开始起效。在收音器中，我们听到敌人领队的飞机和地面控制台以狠毒的言辞不停对骂，我们就知道，我们的努力有成果了。所以，敌方空军一开始就对这个新发明失去了信心，失败过很多次之后，他们就放弃了这个办法。都柏林在 1941 年 5 月 30 日晚受到轰炸，绝对是因为我们对"Y 设备"进行干扰引发的，这种出人意料的结果是偶然发生的。

德国负责这一工作的是马蒂尼将军，战后，他承认，他没有及早发现"高频率战争"已经开始。他还说，他承认自己小看了英国情报机构和研究反制办法的部门。当我们其他的各种防御措施，不是没用，就是还不成熟时，我们凭借他在射束战上的战略失误，让敌人将大批炸弹扔到了我们城市以外的地方。但是，我们的防御措施之所以改善得如此迅速，正是因为这种有很大机会毁灭我们的空袭压力。我们自战争伊始，就在努力研制一种装备在飞机上的雷达，我们将其称之为"A.I."。防空研究委员会从 1938 年起，就曾经不知疲倦地对它进行探究，收获极大，想要用它来侦查、跟踪敌方的轰炸机。然而这套装置过于庞大，结构又非常繁复，飞行员无法自己控制使用，所以就将其装到了双座"伯伦翰"式战斗机上，之后又装到了"勇士"式轰炸机上，让观察员控制雷达，指挥飞行员，直至见到敌方飞机——一般是晚上大概相距一百码时——然后对它发动攻击。这种设备，一开始我叫它"嗅感器"，希望它能及早付诸使用。这个过程肯定不会很快。但是，总归已经开始。一个普遍的，由地面调度的拦截系统已经建成，而且已经投入使用。英国驾驶员操纵着配备八挺重机枪——很快又配备了加农炮——的战斗机，开始通过拦截系统追踪近乎完全没有防御能力的德国轰炸机，并对其开火，而非仅仅像以前一般全靠运气。

现在，敌人对射束的使用反而对我们有好处。我们通过它们收到关于空袭时间与方位的十分清晰的情报，让我们相关地点的夜间战斗机中队和它的所有设备能够适时地完全起效，让那里的高射炮部队能够凭借严密的布置和那套繁复的科学系统来调度指挥。这些，之后还会说到。德军的轰炸机的耗损率在三四月份持续升高，这让德国军事首脑非常忧心。他们发觉将英国城市"铲平"远比希特勒所设想的难。德国空军 5 月接到指令，不再夜袭不列颠，转而预备在别的战场展开行动，他们终于松了口气。

如此，我们顺利击退或压制了敌人在攻占法国后，妄图侵占不列颠的三次尝试。第一次是在 7、8、9 月，德国空军在不列颠战役中受到了关键性的挫折。敌人不仅没能摧毁英国空军、飞机场和飞机制造厂——它们与我们的生存和前途是息息相关的——反倒使他们自己的损失到了无法承受的程度，虽然在总人数上，他们占有绝对的上风。紧随之后的，就是我们的第二次胜利。德国没能得到制空权，因此它穿过海峡进攻的计划也落空了。我们的战斗机飞行员十分勇敢，而且他们的组织相当先进。他们获得的成就——在难以形容的天差地别的条件下取得的成绩，其实和德雷克及其指挥的英勇的小型船舰和无畏的海员在三百五十年前立下的功劳一样。那时西班牙无敌舰队在战败之后，帕尔玛公爵的强悍的陆军只能在低地国家等候渡过海峡的船舶。

第三次是在夜晚毫无理由地大范围轰击我们的城市。我们凭借战斗机飞行员无尽的忠诚和自身的技术，还有民众不屈不挠的毅力，再一次压制、击退了敌人的图谋——特别是一马当先的伦敦民众和支援他们的民间防空体系。可若是少了这章讲述的英国的科学和科学家所发挥的让人始终印象深刻且关键的作用，那么，在空中，在烈焰滔天的街头付出的各种重大努力，都将是白费力气。

*　　*　　*

"大树不会比天高。"这是一句德国谚语。可是，我们有充分的理由推断德国会持续增强对英国的空袭，而不会停止。我们没有理由做出空袭会慢慢减轻这样的假设，除非希特勒真的攻打苏联。所以，我们不遗余力地完善至今维系着我们生存的举措和手段，并钻研新的举措和手段，将与雷达相关的种种研究和使用的优先级设到最高，以极端宏伟的规模招揽和组织科学家与技术工作者，提供人力、物资的最大便利。另外，我们还竭尽所能探寻别的将敌方轰炸机打落的办法，在之后的数个月里，因为敌人再三残忍且血腥地轰炸我们的港口和城市，我们越发努力工作。我要说说三个方面的进展（在本书的附录里还将再次说到）。林德曼的激励，以及战前我们在防空研究委员会一起钻研的成果，让我对这三个方面尤其关注，而且热切地运用我的权力予以推动。首先是集中发射的火箭，它可以增强我们的防空火力；其次是在敌方飞机飞来的航路上，以用长铁丝悬挂在降落伞上的炸弹作为空中布雷屏障；最后，研发一种高度灵敏的引信，它不用打到目标身上，只要到飞机边上就可以爆炸。在这三个方面，我们曾经花费了极大的人力和物力，所以现在一定要予以简要的介绍。

在1940年，这几种措施全都没收到效果。起码还得一年，我们才能在实际中应用。等我们预备将这些新设备和新措施用到战斗中时，敌人忽然终止了空袭行动（这些新设备和新举措正是我们为对抗敌人的空袭研制的），并且近三年的时间里几乎没来进行过一次空袭，所以我们在这方面付出的努力的意义，总是遭到批评家们的贬低。没有重大考验出现，它们的意义是体现不出来的，而且不管是什么时候，它们都不曾对该范畴其他工作的推进造成影响。

*　　　*　　　*

只靠变异射束，还不够。除非德军飞机被我们"海盘车"的诱敌之火混淆了目标，否则它们只要准确无误打中目标，就能在次日晚上轻易回到这个用炸弹燃起大火的地方。不管怎样，我们一定要击落它们，所以，我们研制了火箭和空中布雷屏障这两种新型武器。只要敌人的飞机以相同的速度沿着直线前进，我们配备了雷达的防空炮就能对其进行非常精准的定位。可是，除非驾驶员没有经验，否则一般不会沿直线飞。它们自然会按"Z"字形飞，也就是"躲避"式飞行，这代表在从发射炮弹到炮弹爆炸之间的二十或者三十秒里，它们已经飞离射击点大概半英里了。我们的应对方案是在预期的射击点周边搭起一面集中的火力网。我们真希望可以生产大批高射炮，并且给炮队装备足够的人手，之后在合适的时间和地点，让一百门高射炮同时开火。可是，我们的人力做不到这点。替代方案就是改用非旋转炮弹（为了保守机密，我们叫它"火箭"），它简便又划算。克劳博士甚至在开战之前，在防空研究委员会时，就研发了一种二英寸和三英寸的火箭，它们近乎能和我们的高射炮射到一样的高度上。三英寸的高射炮的力量远没有三英寸火箭的箭头大，而三英寸火箭仅仅是准确性方面稍有不足。另一边，火箭发射器有个不可比拟的优势，即：不用给我们已经忙得不可开交的武器制造厂增加工作量，就能极为迅速和轻易地大批制造。我们曾经生产出火箭发射器几千座，炮弹数百万枚。弗雷德里克·派尔爵士这位将领十分出色，他曾在整个战争阶段负责指挥我们的地面防空炮。专职军人通常讨厌新发明，只有他不这样，他喜欢这种能增强己方炮火威力的发明。他将这种武器编成了巨型炮队，每队配火箭发射器九十六座，人手基本是从国民自卫军里找的，它火力集中，高射炮火的力量远比不上它。

我和派尔将军在整个战争时期的合作越来越紧密，他总会让我感觉到他头脑灵活，扛得起重担。他所驭兵力人数最多时——不算火箭炮队，男女加在一起有三十几万，高射炮二千四百门。增兵时期，他做得非常出色，英国打退空袭之后的时间，他也一样做得非常出色。此时，高射炮队处于静态防守阶段，他的工作是从中抽调人手——但不能损害炮火的威力——尽量用女性和国民自卫军接替正规部队和技术人员。不过，此事的详细情况，会放在合适的地方再加以讲述。

我们科学家的科研成果不仅对派尔将军的指挥工作做出了贡献，随着战争的发展，还变成了所有行动的根基。在不列颠战役日间空袭时期，有二百九十六架敌方飞机被高射炮队打落，除此还有七十四架可能被打伤或者摧毁了。然而，夜袭又给他们出了新难题，用他们目前的探照灯和声波定位器是解决不了这些难题的。自10月1日开始算，四个月时间里，大概只打落了敌方七十架飞机。雷达的面世拯救了这一形势。10月，首批调度炮火的雷达设施投入使用，为了看它们的成效，我和贝文先生观察了大半个晚上。探照灯射束直至 12 月才开始安装。可是这种设备，没有充足的培训和经验是无法操作的，与此同时，这种装置自身也有不少需要完善的地方。在 1941 年春天，我们因为在如此广阔的领域内付出的重大努力而获得了丰厚的成果。

德国飞机在 5 月前两周对伦敦发动了最后几次空袭。共有七十余架敌机被我们打落，冬天的四个月里被我们打落的敌机都没这个多。自然，这段时间我们拥有的高射炮的数量也提高了。12 月，一共有一千四百门重型高射炮、六百五十门轻型高射炮；5 月，共有一千六百八十七门重型高射炮、七百九十门轻型高射炮，除此，还有大概四十支火箭炮队。[①] 我们防空炮火的火力得到了大幅提升，这是因为战士们从科学家们那里得到了众多新发明和技术升级，在现实应用中又让它们充分发挥了作用。

＊　　　＊　　　＊

等火箭炮队在 1941 年年中总算大批投入作战时，空袭已少了很多，所以能够证明其威力的机会并不多见。不过，在实际战斗中，为打落一架敌机而消耗的火箭炮弹的数量，并没有比所需的高射炮的炮弹数多多少，但高射炮炮弹的价格远比火箭炮贵，而且我们也没多少高射炮。火箭自身功用众多，它也是我们其他防空手段的一个补充。

自然，不管是炮弹，还是火箭，都得打对地方，并且在合适的时间爆炸，才能起效，所以，还得制造那种用很长的铁丝挂在降落伞上的空中布雷屏障，并且尽量布置在敌方空军肯定会走的航路上。这种雷无法放在弹壳里。不过，火箭没那没厚的壳，里面的容积也比较大。可以用长达七百英尺的铁丝把三英寸的火箭弹吊到两万英尺的天上，在天上形成一个布雷区。这种三英寸的火箭，因为打算等伦敦遭受大规模空袭时用，所以已经生产出很多了。相比

---

① 对照本章末尾的表格。——原注

于高射炮火，此种布雷区的优势自然是在于，它的破坏力可以维持时间长达一分钟。因为不管机翼哪个部分碰到铁丝，都会将布雷拉上去，直至撞上飞机并爆炸。如此，就不用像普通炮弹一般装备准确的引信了。

自然，可以用飞机运载火箭安排空中布雷，简简单单地让小气球带上去也没什么问题。海军部支持后一种措施。可是，实际上，大规模使用火箭参战的情况一直没出现。大范围的轰炸在火箭大量出产时已经终止了。然而在战争最后的三年里，德国人却没有为了对付我们的大型空袭而研究出这种措施，这让人吃惊的同时，也让人感到幸运。德国本可以在任意一个城市上方，以少数布雷飞机布置空中布雷区，将我们的轰炸机炸掉一部分，而我们的损失会随着空中布雷区的增加而加剧。

＊　　　＊　　　＊

还有另一个重要方面。俯冲轰炸机在 1940 年好像是我们的船舰和重要制造厂的一个重大威胁。对于轰击船舶的俯冲轰炸机，由于炮兵能直接瞄准它，而不用顾及它的移动距离，所以大家或许觉得击落它不是什么难事。但是飞机向下冲的时候，目标是非常小的，除非直接击中，否则触发引信是无法起效的，然而直接击中的情况并不多见。用定时引信，让炮弹飞过敌方飞机时及时爆炸，这近乎无法实现。时间就是差了十分之一秒，差的距离都会变成几百英尺，所以，好像有必要研制此种信管：只要炮弹到了目标近前，不管打没打中，都会自动爆炸。

因为炮弹的弹头容积有限，人们于是将目光投到弹头空间较大的三英寸火箭上。在 1940 年，我还没离开海军部的时候，我们曾经强烈要求用三英寸火箭。光电管在光线发生变化时，比如遇上了敌方飞机的影子，会发出某种脉冲。我们在 1940 年 2 月研制出一个模型，我将其带去内阁，等内阁会议结束以后拿出来给同事们看。将一个火柴盒从引信边上扔过，就能看见它的信号灯闪烁。对此，在内阁汇聚的大臣们都表示出了极大的兴趣，首相也是如此。但是，从仿真模型到无线电信号机完备地大批出产，还有很长一段路要走。我们尽量制造这种名为光电引信的装置，然而，同样的，在我们可以大批出产时敌方已暂时失去优势地位，对我们的威胁也已不那么厉害了。

试图设计和光电引信相似的近炸引信，是在 1941 年，火箭一靠近飞机，就利用一台非常小的雷达装置引爆弹头。初级阶段的实验曾经在英国取得成功。我们将自己这方面的知识同美国人说了，他们不仅彻底研制成功，还极大地缩小了它的尺寸，让整个设备既能放进火箭的箭头，还能放进炮弹的弹头。在战争最后那一年，为了对抗德国 1944 年用以攻击我们的小型无人机（V1）和打击在太平洋上的日本飞机，美国研制的此种"近炸引信"曾经得到大规模运用，并且发挥了巨大作用。

*　　*　　*

雷达对我们反攻德国有益，"魔法战"的尾声自然是对其进行改进和研制。从某种程度上讲，这些改进和研制来自于我们自身的经验和防御努力。它们所发挥的效用，在之后几册书中将会谈及。1940 年 9 月距离局势得到改善还有近九个月的时间，我们得承受轰炸和磨难。所以可以说：眼下，我们在对面前的危机展开成果丰富的对抗，同时，也在紧密注意着或许会发生改变的将来。

大不列颠的空中防御
在 1940—1941 年的扩充

1940 年 7 月	1940 年 12 月	1941 年 5 月
重型高射炮		
总数：1,200	总数：1,450	总数：1,687
包括： 4.5 英寸 355 3.7 英寸固定式 313 3.7 英寸移动式 306 3 英寸 226	包括： 固定式 1,040 移动式 410	包括： 固定式 1,247 移动式 440
轻型高射炮		
总数：587	总数：650	总数：790
包括： "双管自动"式 273 3 英寸 136（适于低空射击） 20 厘米西班牙式 38 配置 2 磅重的炮弹 140		
火箭炮队		
无	无	总数：约 40
探照灯		
总数：3,932		总数：超过 4,500 （未全部配置兵力）
人力		
总数：157,319 人	总数：269,000 人	
	包括：女性 6,000 人（炮队 3,700 人，指挥部和行政管理 2,300 人）	包括：女性 6,500 人（炮队 3,500 人，指挥部和行政管理 3,000 人）

第五章　美国驱逐舰和西印度群岛的基地

我提出要五十艘美国驱逐舰——罗希恩勋爵发挥的作用——7月31日我致总统的电报——我们同意让美国租借西印度群岛的基地——我不赞成反复争论舰队一事——8月15日再电总统——总统的宣言——8月20日我在议会的发言——8月22日致总统的电报——8月25日再电总统——8月27日再次致电总统——我们最后的建议——我就英国舰队做出的承诺——9月5日我在议会的发言

前面已经说了，5月15日，我在出任首相后发给罗斯福总统的首封电报里曾经提出："在我们自战争伊始就动手建造的大量新舰艇能够投入使用之前，我们的舰艇短缺，为予以填充，希望你们可以借四十或者五十艘旧舰艇给我们。明年此时，我们的舰艇就充足了。可是，在这段舰艇短缺的时期，意大利若进行干预，再以一百艘潜艇攻击我们，我们或许就会濒临崩溃。"这件事，我在意大利向我们宣战之后的6月11日的电报里，曾再次说起。"对我们而言，没有比拿到你们已经重新配备好的三十或者四十艘老驱逐舰更重要的事了。我们可以迅速将我们的潜艇探测器装到它们身上。……接下来的六个月是至关重要的。"7月末，我们已经在独自战斗，并且开始了决定命运的空战，考虑到敌军或许会在空战以后马上发动攻击，我于是再次坦陈自己的要求。总统的好意和他的难处，我非常明白，所以每次发电给他，我都用直率的言辞尽量让他明白，英国若是垮了，希特勒在欧洲称霸，并控制了欧洲全部的船厂和海军，美国的处境将会极端危险。

＊　　＊　　＊

在针对这件事的辩论中，我们可以十分显著地发现，我6月发的电文在美国的高官中发挥了极大的效用，因为我在其中着重说明了，敌人若顺利登陆并占领英国，会给美国带来多大的危险。华盛顿让我们承诺，不管什么时候，我们都不会让英国舰队落到德国手里。我们自然预备用最神圣的形式做出此种承诺。我们既然已经做好了牺牲的准备，做出这种承诺又有什么可怕的。可是，此时眼看着敌人就要登陆，空战正进行到最激烈的时候，我不想德国人因为知道我们曾经想象过这种可能性而受到激励。更何况，8月末，我们的情况已经得到了极大的好转。所有正规部队都已完成改编，相当大规模地重新装备了。国民自卫军积极地行动起来。我们让德国空军遭受了重创，就自保这一目的来说，我们已经极为游刃有余了。6、7月份让我们相信自己能够打退敌人侵略的那些论据，没到9月就已经更具有说服力了。

＊　　＊　　＊

此时，我们有个才华横溢而且影响力不俗的大使在华盛顿——菲利普·科尔。自1919年劳合·乔治掌权的时期开始，甚至比这更早，我就已经知道他了，现在他已经继承爵位，变成了罗希恩侯爵。从凡尔赛到慕尼黑，再到最近，我们在很多事情上都有不同看法。随着形势发展得越来越危急，罗希恩不但对形势有了普遍的认识，还看得非常长远。法国被破时，我曾经发了几封电报给总统，谈及英国舰队在英国被敌人攻破并侵占这种情况出现时可能遭遇的命运。罗希恩侯爵曾经认真分析过我这几封电报的重大含义。他催促华盛顿的领袖们关注这件事，他们非常震惊，对英国和英国的事业表示同情，自然，他们更在意的是美国的生存和安危。

我 6 月 4 日在下院发言的最后那段话，让罗希恩感到忧心，那时，我是这么说的："我们永不屈服，就算我们这座岛屿或者这个岛屿的很大一部分被侵占进而陷入饥饿的境地——虽然我坚信这种情况绝不会出现——我们在海外的子民也会靠着英国舰队的力量和保护战斗到底，在上帝觉得时机成熟时，新大陆就会倾尽所有力量将这个旧大陆营救和解放出来。"他觉得这些话将激励"这样一些人，他们认为就算英国被攻占，它的舰队也将穿过大西洋去他们那儿"。读者清楚我私下的用词与此截然不同。那时我曾将自己的态度对外交大臣和这位大使进行过说明。

首相致罗希恩勋爵   1940 年 6 月 9 日

我发言的最后那段话的对象自然是德国和意大利，以眼下而言，他们只要想到两个大陆的战争会持续很长时间，就会非常恼火。这些话也是和自治领讲的，我们是他们的托管人。尽管这样，你的话我也一直记在心里，还曾经在给总统和麦肯齐·金发的几封电报里谈及你的看法。若大不列颠陷落，一个亲德的政府将英国舰队拱手送上，就能在德国那里拿到好得多的条件，进而让新大陆臣服于德国和日本。这种软弱的行为，眼下英王陛下的参谋们肯定不会做，但若一个吉斯林式的傀儡政权成立，他们就必然会这么做，并且，他们或许也非这么做不可，这一点，总统应该明白。你应当让总统知道这层意思，好让美国放弃那种自以为正中下怀的想法——以为以他们当前的方针能得到英国的残骸。正相反，他们承担的风险是非常恐怖的，敌人的海军将彻底压制他们的海军。而且，纳粹也肯定会抢走那些使敌人觉得棘手的那些美国岛屿和海军基地。我们若输了，希特勒就将得到一个夺取整个世界的良机。

你和别人讨论时，我希望上述各点能帮到你。

过了一个月，一点儿进展都没有，后来这位大使发了封电报过来，让人精神一振。他（7月5—6日）说，美国总算有人能把目光放得长远一点儿了，他们开始意识到，在这场战争中，他们若是在我们落到了下风时，还继续保持中立，那么，他们或许会彻底失去英国舰队，可是除非做出不列颠一旦战败，英国舰队或者英国舰队的残存部分会开赴大西洋彼岸的承诺，否则，让美国舆论支持美国借驱逐舰给我们，难度很大。7月末，我们再次说起此事，因为同一时间来自众多层面的压力都在加剧。

前海军人员致罗斯福总统　　　　　　　　　　　　　1940 年 7 月 31 日

从我上一次草率地以私人名义发电报给你，到现在，已经过了这么长时间。中间出了很多事，好事有，坏事也有。我们之前向你们借的驱逐舰、汽艇和飞艇，请将它们交给我们吧，现在已是危急之秋。德国已经夺取了法国所有的海岸，从那，他们可以派俯冲轰炸机和潜艇对我们的商船和运粮船发动攻击，另外，我们的海军不但要时常准备打退或许会从英吉利海峡发起的攻击，还得抗击从挪威向爱尔兰、冰岛、谢特兰群岛和法罗群岛发起的攻击。不仅如此，我们还得掌控地中海的出海口，若是可以，为了防止战火过多地烧到非洲，还得掌控整个内海。

上次发电报给你时，我已经和你说了，在接下来的三四个月之内，我们的船舰会一直短缺，虽然我们已经在大量生产驱逐舰和驱潜舰了。最近，敌方发动的空袭害我们损失了不少船舰。近十天以来，我们共有十一艘驱逐舰被炸伤炸毁，其中"布拉增"号、"柯德林屯"号、"迪莱特"号和"鹤鹩"号被打沉，"猎犬"号、"朔风"号、"光辉"号、"格里芬"号、"蒙特罗斯"号、"瓦波尔"号和"怀特希德"号被炸伤。敌人还没尝试登陆，我们居然就已经遭遇了这一切。驱逐舰极易被敌方飞机轰炸，可是为了抵御海上进攻，它们又非在被轰炸的区域巡视不可。我们无法长时间承受当前这种损失，除非得到强劲有效的支援，否则，这个次要且易于补救的原因就会导致战争失利。

对于我们当前的情况，我完全不曾对你隐瞒，我坚信你现在已经了解我们的状况，肯定会尽全力马上将你们最旧的五十或六十艘驱逐舰给我们送过来。我们很快就能为它们装备潜艇探测器，好让它们应对西部航线上的潜艇，进而让我们得以将相对较新和火力较足的船舰布置到英吉利海峡迎击敌人的侵略。总统先生，请允许我以崇高的敬佩之情告诉你，在悠久的世界历史里，这的确是当务之急。到1941年，我们就能制造出大量船舰，可是紧急情况即将到来，而1941年还有很久。你会让你的权力得到充分使用，这我清楚，可是我认为我有对你阐明形势有多严峻、多紧急的资格和义务。

如果提供了驱逐舰的话，汽艇和飞艇希望也能一并提供给我们，它们用处极大。

我开始觉得，未来的三四个月，我们若是能撑过去，那战争的前途将非常可期。空战的形势不错。敌人的空袭不但没能打败我们，希特勒还因为我们对德国进行反空袭而严重受创。但是，我们的驱逐舰因为敌方空袭损失极大，以至于穿越大西洋运送粮食和往来商船的航线，我们都无力保护。

最近这批护送步枪、大炮和弹药的舰队今天晚上就要到了。指定的车辆正等着将这些武器送到军队和国民自卫军手里，他们绝不会放下这些武器，除非敌人严重受创。我坚信你非常清楚海上的形势，我们因为少了这批驱逐舰而无法度过这场战争危局的事，你是不会允许的。

三日后，我给我们的大使发电：

1940 年 8 月 3 日

可以接受第二个方案，也就是将〔英国持有的〕某些基地〔交给〕美国，但是我不同意卖给他们，宁可没有期限地租出去。不用说，这会让我们马上得到驱逐舰和飞艇。你应该告诉诺克斯上校和其他人，我们接受此种条件。……就像你说的，关键是尽快办好。我们现在极其缺少驱逐舰。我们一拿到驱逐舰，大概十天，就能为它们装好潜艇探测器，所有事都已经筹备好了。我们也应该为美国海军准备一些潜艇探测器，帮他们装好，并告诉他们怎么用。希望按照这些原则，这个问题能马上解决。

在华盛顿展开的深刻谈判让人心烦意乱，美国在 8 月的第一周让罗希恩勋爵告诉我们：要用停靠在东部海岸各个海军船坞里的五十艘修缮过的旧驱逐舰，交换我们西印度群岛的一连串基地和位于百慕大的基地。这些船舰又旧又不好用，而这些岛屿基地的使用权却能让美国在战略上得到永久性的平安，二者有什么等价可言呢？可是由于被攻击的危险和英吉利海峡对大批船舰的需求，美国的驱逐舰我们是必须马上得到的，更何况这些岛屿的战略意义只是对美国而言的。它们以前是从欧洲或者英国入侵美洲的垫脚石。空军方面的威胁让它们现在有了对美国安全更加重要的作用，所以若是不能将它们抓在自己手里，也要确保拥有它们的是友好国。可是作为友好国的英国现在正面临生死存亡之战，有很大可能会失去这些岛屿。我素来坚信，英国的存亡和美国的存亡息息相关，我和我的同事们一致认为，事实上，让美国得到这些基地是很有好处的。所以我们完全没有以任何英国的偏见视角来看待此事。

除此，还有一个原因，不管是我们对驱逐舰的需求，还是美国对基地的需求，其意义都比不上这个。美国提供五十艘驱逐舰给英国，这种行为显然不是中立的。以历史上的各种标准而言，德国政府有理由对美国宣战了。德国以这种简单的策略攻克种种难关，总统推测这种危险并不存在，我觉得德国人肯定不会这么办。希特勒对敌策略是逐个击破，如此才和他的利益匹配。除非和英国的战事已经结束，否则他是最不愿意将美国扯进战场的。可是在1940年8月为英国提供驱逐舰，这件事自身就会让美国和英国更加紧密，与此同时，也离战争更近，在大西洋上越来越多的众多并不中立的行动中第一个非中立行动，它对我们极有好处。它代表美国已经从中立国变成了未参战国。希特勒虽然敢怒不敢言，可整个世界都知道此举意义重大，这一点我们之后会说明。

战时内阁和议会了解这些理由之后，通过了我们用租借基地来换驱逐舰的策略，不过这种事对西印度群岛的民众的的生活而言，是一件麻烦事，也是一种不小的牺牲，我们得说服西印度群岛各相关政府为了帝国而同意。罗希恩8月6日发电报过来说，总统希望尽快知道英国舰队日后会归谁所有。他希望获得此种承诺：英国若被侵占，投降和凿沉这种事都绝对不会发生在英国舰队身上，英国舰队会为了帝国在海外战斗到底。传闻，在驱逐舰一事上，再没有什么言论比这个更能说服美国国会了。他觉得，立法程序被完成的希望正稳步增加。

我将我自己的看法告诉了外交大臣：

1940 年 8 月 7 日

在我看来，形势非常明显。我们没打算让英国舰队投降，也没打算自行凿沉。更有机会走上此种道路的肯定是德国舰队或者德国舰队的残余。一切有关我国一旦被占，我们将怎么应对的争论，我国都无法接受。德国就要攻过来了，在这个时候，这种辩论可能会影响到人民目前如此昂扬的斗志。另外，我们绝对不能落到让美国政府能够这样说的境地："按照我们将驱逐舰给你们时形成的协议或者协定，我们觉得眼下已经是时候让你们的舰队开赴大西洋彼岸了。"他们所说的那种宣言，我们应该完全拒绝，让这笔交易只停留在租借殖民地上。

我此时发了封电报给罗希恩：

1940 年 8 月 7 日

希望那五十或者六十艘驱逐舰能尽快送达，我们对它们的需求非常急迫。在以后的三四个月里，美国不管用什么办法，都不可能像这样有力地帮到我们。就像你知道的，我们可以没有期限地租借西印度群岛海、空军基地的设施，而大不列颠和美国两方在海军、陆军上势必存在一致的利益，则是这种无偿的租借的基石。所以诺克斯上校若是有此种性质或者与这种性质相近的意见，并且和我们要求的驱逐舰一起马上交给我们，我们就高高兴兴地答应他。不过这件事和一切有关英国舰队日后所属的协商或者宣言都完全无关。在这件事上，我们明显什么宣言都不能发表，也不能让他们发表。不管是在我给你的秘密电报里，还是我给总统的电报里，我都曾再三说明：敌人若成功夺取大不列颠，英国建立吉斯林式政府，并尽量为战后幸存的民众取得良好条件，美国会遇到何种危机。让我欣慰的是，我发觉大家已经意识到此种危险的严重性，你千万别缩小这种严重性。美国应该对此事感到忧心忡忡，我们不准备缓解他们这种焦虑的情绪。何况，站在我们的角度，我们也不想将英国的崩塌当作实际争论的命题。一切关于移送英国舰队去美国或者加拿大海岸的争论都是毫无道理的，这点我几周之前就和你说过。我甚至严禁一切参谋人员说这件事，更禁止展开一切技术方面的筹备，即使只是一个计划，我都不让做。最关键的是，你应当清楚，因为想得到驱逐舰或者和驱逐舰相近的东西就做出此种声明，这种情况我们绝不会接受。你应该马上声明此点：事关行动自由，我们绝不会做出半点儿妥协，一切此类失败主义的声明，我也绝不会做，因为这么做，所造成的影响是极其恶劣的。

"最好能让德国人看到海战永无止境的前景"这样的话，我6月4日发言时虽然说过，但任何一个中立的友好国对这个问题发表意见，却是我们绝不能接受的。美国若是投身战场变成了盟国，我们自当与他们并肩战斗，并且在这场最终势必会彻底击溃敌人的战争中，随时主动对最合适的部署给出建议，并就此和他们进行讨论。你首次和总统的谈话时就已经看到这一点了，你那时说，你敢肯定，英国舰队，无论是哪个部分，我们都不会在美国变成事实上的盟友国以前送往大西洋彼岸。

我发了以下电报给总统：

1940年8月15日

收到你的电报时，我有多欣喜，多感谢你为了能在力所能及的范围内帮到我们而付出的艰苦努力，我想我是不必同你说的。我坚信，你非常清楚你能够提供给我们的每艘驱逐舰都有着不可估量的价值，所以任何东西，只要没超出你的能力范围，你都会为我们提供。但是你提及的摩托鱼雷艇，还有尽量充足的飞艇和步枪，也是我们所需要的。我们等着用步枪的人有一百万。

值此紧要关头，你的政府和民众为我们提供的这些新的支持，在人道主义方面有着极大的价值，我们感激不尽。

那几条你觉得有利于你和国会及其他相关方面协商的要求，我们均可照做，但有个前提——必须保证我们能马上获得船舰和飞艇，我坚信，即使我这么说，你也不会误会我。有关在英国舰队方面做出承诺一事，我自然打算同你再次申明我6月4日在议会上的发言。我们将用舰队坚持作战，我们任何人都没打算以舰队的投降或者凿沉来换取和平。我再三说到的这一承诺，在你进行引用时，请别忘了，若让大家生出这种想法，觉得英伦三岛和它的海军基地是能够被占领的，那么，以我们的立场来说，这是不利的，而从你们的立场来说，或许也没什么好处。我们的百姓斗志非常昂扬。他们显露出的态度是从未有过的坚定。上周的空中激战极大地增强了他们对战争的信心，这是自然的。有关海、空军基地的事，你提出的方案是租借九十九年，我非常愿意接受，对我们而言，相比于买断，我们更倾向这种方法。我深信只要我们在原则问题上达成共识，小问题的改进我们自可慢慢商量。有关纽芬兰基地一事，我们一定要同纽芬兰和加拿大政府协商，那些地方也会影响到加拿大。我们会马上求得他们的认可。

总统先生，我必须再次对你给我们的援助和鼓励表示感谢，这对我们影响极大。

这封复电的用词，罗希恩觉得非常得当，他表示眼下刚好有个让总统能够不通过立法程序，就将这五十艘驱逐舰给我们的机会。虽然还不能保证一定能成，但他相信我们应该马上向哈利法克斯和白鬃大派驻英国驱逐舰的水兵。想象一下，美国若是已经备好驱逐舰，却发现英国还没准备好驾驶它们横渡大西洋的水兵，会给美国多么糟糕的感受。除此之外，美国也会因为我方水兵已经在等待这件事本身，而生出事态紧急之感。

总统 8 月 16 日在记者会上宣布："美国政府正在和英国政府就为守卫西半球——尤其是巴拿马运河——而得到海、空军基地的问题协商。另外，在西半球的防守问题上，美国政府和加拿大政府也在磋商之中。"

随后，总统声明，美国会用某些东西和大不列颠换，但到底用什么换，他还不清楚。他曾经再三强调，有关空军基地的磋商完全不关驱逐舰的事。他说，驱逐舰是不包括在未来的计划里的。

＊   ＊   ＊

美国国会和海军部门的主张，总统自然不能轻忽，因此必须尽可能地告诉他的民众这笔买卖极为划算：只是拿出几支旧驱逐舰船队，美国在这个紧要关头就能得到无尽的安全。事实确实如此，可这种论调对我而言却不太妥当。这些地方成为我们的领土已经有了很多年的历史，对其中任意一个地方进行租借的意见，都会造成议会和政府极大的愤怒；要是告诉英国人，这完全是一笔用英国土地换五十艘驱逐舰的买卖，那势必会引起强烈抵制。所以，在评判这笔交易时，我必须想办法将其提高到最高的标准上，事实也确实是这样，它揭示了英语世界利益永远一致，也维系了这一点。

8月20日，在得到总统的认可后，我将此事呈送给议会，我那时发表的言论的价值或许不会随着时间的流逝而消失：

我们最近得到消息，美国也对自己大西洋海岸的海上和空中防御不太放心，罗斯福总统近日曾经明确表态，他愿意和我们及加拿大政府就在纽芬兰和西印度群岛完善美国海军、空军设施一事，同纽芬兰展开协商。自然，这里面完全不涉及交换主权的事——这种事我们从未谈及，而在相关殖民地不知情或者反对的情况下，也不会采取任何措施，但是，就我们这边而言，英王陛下政府确实希望以九十九年的租借为基础，将防御设施交给美国，我们可以肯定，相比于他们，这么做，我们的获益并没有少，而且对殖民地自身以及加拿大和纽芬兰来说，也有好处。这些措施非常重要。这些举动无疑代表了大英帝国和美国这两个英语世界的强大的民主国，为了彼此的一致利益，将在它们的一些事务上团结一心。遥望未来，我个人相信并不需要为此种举措感到忧心。就算我想要阻挠，也无能为力，这一行动任何人都无法阻挠。它会像密西西比河一般滔滔不息。让它奔涌吧！让这股势不可挡的滚烫的浪涛勇往直前，一直奔向更加辽阔的田野和更加美丽的生活。

前海军人员致总统 1940 年 8 月 22 日

1. 对于你为我们做的所有的事，我万分感激。我从没觉得我们之间会发生比如协议、争论价钱、买卖这种事。在内阁会议中，我们决议将大西洋海岸的海、空军设施交给你，没有一星半点儿以你提供驱逐舰和别的支援作为前提，事实就是如此。我们以为我们是两个共患难的朋友，互相应该尽全力彼此帮助。所以，我们甘愿让出以上设施，什么要求都不提。若是明天你觉得实在无法提供驱逐舰等，这个提议我们也不会撤销，因为我觉得这件事对我们两方都有好处。

2. 在我看来，在我沟通的信件中，现在提议或者以一切形式申明你之所以为我们提供军火是为了回报以上海、空军设施，都极不合适，甚至非常危险。一旦认同了此种观点，两方的民众就会精心比较付出与回报。他们会以金钱为基础衡量这些武器值多少钱，然后拿它和这些军事设施的价值来比较，一些人或许会觉得合适，但另一些人或许就会觉得不合适。

3. 再者，总统先生，每个岛、每个地方的情况都不一样，这你非常清楚。举个例子，那里要是只有一个港口或者一个基地，怎么分，怎么共享它的好处？在这样的地方，我们可以不讨价还价，不计较利益得失，将我们想到的对两方都最有好处的意见告诉你们。

4. 为了让你能在大西洋彼岸感到安全，我们将用上能让你们获得安全的所有设施，我们想要做的事就是这个。自然，你只有拿到长时间租用的切实承诺，才能为大力改进而加大投入。所以我愿意继续坚持昨天我在议会上做出的总结性演说，以明确这件事和舰队的未来。你若能列一份更加清晰的清单，明示你想要什么，我们会马上告诉你，哪些是你们可以实现的，之后我们会有专门人员在技术和法律上给出必要的布置。另一边，这些事——你觉得能在武器上给我们什么援助，全看你的决断以及美国民众的意思。这完全是根据美国对于这场世界战争的看法，这场战争对美国的自身利益的影响，还有要捍卫的东西，而自行决定的事。

5. 这些天，空袭确实越来越少，我们的实力在很多层面上也越来越强，但我相信那个暴徒的拳头并未彻底挥出。眼下我们去往大海的定期航路只有西北航路一条，可这条航路上却有大量商船被袭，所以，如果你那五十艘驱逐舰能马上运抵，会帮上很大的忙。

罗希恩此时发电过来说，萨默·威尔斯先生曾经和他说，在宪法上所处的地位使总统只能将这些驱逐舰当作"交换条件"交给英国，而当成主动送出的礼物"绝无可能"。海军参谋长和海军总部都无法根据当前的法律，拿出证据证明这些船舰对国防影响不大，可若是拿不出此种证据，那么想使供给具有合法性，就只能使用某种具体的手段向他们证明这对美国安全有利。总统不是没想过寻找别的出路，可是找不到。

前海军人员致总统　　　　　　　　　　　　　　　　1940 年 8 月 25 日

1. 法律和宪法上的困境，让你期望能够签订一份表现在书面上的正式合约，这我完全明白，可是请恕我无礼，我得向你解释清楚，我预料这一步骤将遇到的麻烦，甚至险情。为了得到之前我们就自己紧急需要的武器所列的清单上的物品，我们接到你的要求，把"根据美国的判断而提出的"自纽芬兰到英属圭亚那的所有岛屿和地区的使用权都交给美国使用，而且不予限制。你方专家提出的所有需求，我们都得答应，否则，我们恐怕会受到指控，说我们拿了好处却破坏了协议。你担负的责任不多，可我担负的却无穷无尽。尽管我们急需这些驱逐舰，可是宁可冒着和美国产生误会的风险，或者和美国发生激烈争执，也要得到它们这种事，我们是不会做的。这件事若是落在协议上，那肯定得明确双方义务，相比与之前，得更加清楚地标明我们的职责，可如此一来，就得延误一些时候了。

我已经说过很多次了，从现在到我们新制造的船舰抵达英国以前这段时间，我们的船舰存在短缺，我们会要这些驱逐舰，基本是为了补充这个空缺，我们自战争伊始就开始制造新的船舰了。我们生产的船舰数量极大，例如，到2月末，我们将核收的驱逐舰和新的中型驱逐舰二十艘、适合在海战里追逐潜艇的轻型驱潜快艇六十艘、摩托鱼雷艇三十七艘、摩托反潜艇二十五艘、"费尔迈"式木制反潜巡逻艇一百零四艘，还有长七十二英尺的汽艇二十九艘。在之后的六个月里，会有更多船舰建造完成。你那五十艘驱逐舰最有价值的时间段，就是9月开始直至2月末，这些正制造的新船舰即将下水的这段时间。等拿到这批船舰，我们就能降低西北航线上的船舰损耗量，也能在地中海以更硬气的策略对付墨索里尼，所以时间至关重要。可是在此种情形下，若只是因为要撑过这段船舰不足的时期，就开出一张空白支票，答应能够随心所欲地使用我们大西洋一切属地，并不合适。在这期间，尽管危机和险情少不了，可是我们希望我们不管怎样都能自己努力克服。我已经坦坦荡荡地讲明了我们的难处，我相信你肯定能谅解。

2. 不知道以下步骤行不行得通。我马上提出一些界定得非常清楚的设施，以此指明我们预备给出的区域，两方的专家可以针对这些设施或者其余可能增加或是减少的设备展开讨论，而对于提供的设施，我们有最终决定权。所有这些我们都将完全放手去做，而美国民众愿不愿意帮我们一把，就全看他们的大方和善良。但是向你提供可信且有力的设施，以保证你的大西洋海岸这一方针，英王陛下政府已经确定，只要你需要，就会马上送到你手上。我已经让海军部和空军部拟定了我们预备供应的基本设施，还为你的专家留下了别的选择空间。我的意见是，两三天之内将我们的初步意见交给你，并在时机合适的时候公之于众。如此，就不会出现争端，而美国人民看到我们是在为世界的公义战斗，对他们的安危和利益也有很大影响，将会对我们更加热情。

3. 若是你们的法律条文或者海军指明，不和英国进行"交换买卖"，你就不能提供支援给我，那我觉得英国政府就没理由一定这么做了。英国这份大礼，美国若是不用某种办法予以回报——让海军把从英国得到的和回报给英国的这两件事联系到一起——你会觉得受之有愧。你是这样想的吧？

4. 你素来是我们的好朋友，这我很清楚，对于你不知疲倦的努力，我非常感激，很抱歉加重了你的担子。

前海军人员致总统　　　　　　　　　　　　　　1940 年 8 月 27 日

1. 你们需要的设施，罗希恩勋爵已经发电报大体和我们说了。我方的海、空军专家，从你们的立场出发，对此事进行了研究，所得结论基本相同，除了这些，他们还觉得可以将安提瓜变作飞艇基地。我们也期待你们启用安提瓜。我们的一贯政策是，"确定无疑"地保证美国大西洋海岸的安全，说"确定无疑"这句话的人是谁，你或许还没忘记。[①]

2. 按照这一宗旨，我们将马上提一个积极的意见给你。自然，有关具体事宜，还得讨论，可是因为在上一封电报里指明的原因，若出现矛盾，我们希望不要用仲裁的形式处理。身为礼物的提供者，在礼物的内容方面，我们一定要对出让设施的整体范围，留有最终决定权，而且从头到尾坚持让美国的期望获得最大限度的满足。

3. 我绝对赞成罗希恩勋爵草拟的那两封给国务卿的信。我们之所

---

①　威尔逊总统 1917 年所说。——原注

以反对公布第二封信，原因只有一个，就是我觉得将来舰队投降，或者主动凿沉舰队和剩余舰队的事，落到德国政府身上的可能性更大。就像你知道的，这种事他们已经做过了。你应该没忘，几个月前，我曾以个人的名义发了封电报给你，我在里面说我们觉得胆小鬼才会做这种事，我们所有人都这么看。

4. 等我们出让了设施给你们，你们若是觉得可以将之前提及的"设备"①或者你觉得合适的别的东西提供给我们，这件事就可以被视为对我们在美国的安全上帮了忙的认可，而非对我们的弥补或是援助。

5. 总统先生，此事已经十分紧急，想想墨索里尼近来对希腊的胁迫吧。在处理这件事时，我们若怀着伟大的善心高瞻远瞩，我们现在还有机会从敌人的入侵和占领中，将这个有着悠久历史的小国家救下来。就连未来的四十八小时也极为紧要。

首相致伊斯梅将军　　　　　　　　　　　　1940 年 8 月 27 日

如果将罗希恩勋爵代为传达的罗斯福总统的条件，用我们的名号公之于众，眼下就一定要用第一人称。例如："英王陛下政府提出以下提议给美国总统：'我们怀揣友情与善心预备马上接见你方代表，探讨在以下岛屿上出租可发挥作用的海、空军基地一事。'"等。

请以此为参照，草拟一份稿件给我，让我能够口述一份电报。今天上午一定要把草稿送过来。

我随后发出了以下电报：

英王陛下政府提出以下提议给美国总统：

我们怀揣友情与善心预备马上接见你方代表，探讨在以下岛屿上

---

① 同样是威尔逊所说。——原注

租借可以发挥作用的海、空军基地一事。这些地点为：

纽芬兰	安提瓜
百慕大	圣卢西亚
巴哈马群岛	特立尼达
牙买加	英属圭亚那

相关细节，之后讨论……

与此同时，我提议公布时采用如下这份来自美国总统的电文原文，这是他为了让我做出他需要的承诺而发给我的。

据说，1940年6月4日，大不列颠首相曾经正式对议会声明，在大不列颠和大英帝国殖民地参与的这场战争中，英国舰队若是保不住英伦三岛附近水域，英国舰队也绝不会投降或者主动凿沉船舰，而会开赴海外，捍卫国家其他区域。

美国政府严正询问，英国政府是否将以上宣言作为既定政策。

总统用了这份电报，因此我发了如下已经得到双方认可的回复。

总统先生，你问1940年6月4日我在向议会发布的有关英国舰队绝不投降，也不主动凿沉的宣言是不是"代表英王陛下政府的既定政策"。答案自然是肯定的。不过，此种假定的万一，我相信我们的舰队是不会遇到的，而是更可能发生在德国舰队或者德国舰队的剩余力量上。

所有事就这样让人满意地解决了。9月5日，我以严谨的言辞正式告知下院，下院并未拒绝——事实上，得到了他们的一致通过：

上次我在议会发言时，就已经想到英国和美国之间会发生一件大事，这件事现已完成。我认为此事的实现，不仅得到了英国和美国民众的广泛欢迎，也振奋了整个世界的朋友的心。过度研究官方的意见往来，挖掘超出字面意思之外的东西是错误的。我们发起的此种互换，完全是两个友好国以信赖、同情和友善为原则而采取的彼此照应的举措。这些举措融合到一起，变成了一份正式的条约。务必完全根据这些举措体现出来的这种意义来考虑。只要没愚蠢到一定程度，是不会觉得美国给英国驱逐舰违背了国际法，或者至少让美国的未交战状态发生了改变的。

在我看来，此次驱逐舰的提供，希特勒先生是不会高兴的，并且我也认为，他得只要到机会，肯定会拿美国泄愤，因此美国海军、陆军、空军战线已经顺着一条广阔的弧线延伸至大西洋，让他们得以在距离本国领土数百英里之外的地方将危险掐灭，这是我极乐于见到的。海军部也曾经告诉我们，为了能让自己非常顺利地撑过船舰短缺的这段时间，他们非常希望能得到这五十艘驱逐舰，以前我曾经在本院说过，在按战时计划制造的大量船舰能够投入使用以前，这段船舰不足的时期是肯定要经历的。

明年我们海上的实力会远远强过现在，这点我相信议会已经意识到了，说来，即使是现在，我们的实力也足以克服当前的苦难。美国的驱逐舰，应该加到现在正服役的舰队里，不要有半分拖延，英国水兵事实上已经在各个交接口岸候着了。你们可以说这是准备好的巧合。我现在确实不需要对这整件事补充什么了。虽然现在并不是玩弄辞令的时候，可我要严肃地对议会说一句忠告：在获得了你想要的东西之后，就不要刨根问底，听之任之就好。

就这样，美国给了我们五十艘驱逐舰。我们将在西印度群岛和纽芬兰划出的海、空军基地，租借给美国九十九年。之后，我对自己有关英国舰队绝对不会凿沉或者投降的发言，向总统保证。我将所有这些视为并行的赠送，是一种善举，依照的不是它们的价格，而是它们的用途。总统认为以相互关联的整体的形式将它们提交给国会，更容易获批。我们两个国家都觉得合适，相互之间没有分歧。这件事对欧洲造成了非常大影响。

第六章 埃及和中东

1940 年 6—8 月

墨索里尼准备进攻埃及——两边都让我们担心——意大利在北非的军力——向埃及边疆聚拢的部队——一串珠子——我方护卫部队更占上风——我因军力分散而感到不满——肯尼亚战线——巴勒斯坦——地中海的捷径——运输坦克必须绕路好望角——从海上切断意大利海岸公路的计划——内阁的中东委员会——韦维尔将军返国协商——和他展开严肃且激烈的争论——8 月 16 日发布的指令——尼罗河军团集结——这一军团所用战术——索马里的插曲——一次让人烦闷的失败——意大利派兵支援阿尔巴尼亚——我将整体形势告知澳大利亚和新西兰总理

墨索里尼或许会因为法国不再参战及英国正在本国进行殊死战斗而觉得，他掌控地中海和重塑古罗马帝国的美梦就快变成现实了。突尼斯那些法国人既已不需要防备，那他自然能增加为攻打埃及而召集的大批兵力。整个世界都在关注英伦三岛的命运，留心德国侵略部队的聚集和夺取制空权的战斗。这些事，自然也是我们最为重视的。不少国家觉得我们已经奄奄一息。我们镇定而果决的态度得到了我们的友人们的敬佩，可在他们看来，撑起这种态度的基础并不坚实。尽管如此，从国内关键战事中省下来的所有人员、物资，战时内阁仍决议将其全都用到对抗攻打埃及之敌上。海军部表示，甚至连军事运输舰队都因为空袭威胁而无法穿越地中海，形势因此变得愈发严峻。一切船舰都只能从好望角绕路。如此，就很可能造成这样一种结果：既损伤了不列颠的战役，又帮不上埃及战役。真奇怪，那时所有相关人员看上去都非常从容、愉快，然而等事情结束，记述这段时间历史时，却觉得不寒而栗。

＊　　　＊　　　＊

英国情报部门在意大利 1940 年 6 月 10 日宣战时推断，意大利派兵驻守的城市，除了阿比西尼亚、厄立特里亚和索马里之外，还有北非各个沿海城市，有二十一万五千人驻守在那儿——如今我们知道，那时的推断并无错误。部署情况如下：有六个正规师和两个民兵师分布在的黎波里达尼亚，有两个正规师和两个民兵师在昔兰尼加，另外，还有等同于三个师的边防军，一共是十五个师。在埃及，英国的军力是：第七装甲师，三分之二的第四印度师，三分之一的新西兰师，另外，还有十四个英国营和两个皇家炮兵团（还没加入等级更高的编制单位），总计大概五万人。守护西部边疆和维持埃及国内秩序的军力，都得从以上单位调取，所以，我们在战场上的兵力比敌人少，并且我们的飞机也远没有意大利的多。

意大利七八月份在很多地方活动频繁。来自卡萨拉那边的危险延伸至西边的喀土穆。肯尼亚全国忧心忡忡，生怕意大利的远征部队自阿比西尼亚朝南推进四百英里，进逼塔纳河和内罗毕。大量意大利部队进驻英属索马里，可是，相比于意大利对埃及的进攻，这一切担忧都不值一提，显而易见，意大利正打算以最大的力量攻打埃及。墨索里尼近来曾经持续向东边的埃及调派部队。甚至在开战以前，就顺着海岸建造了一条宽广的公路，自的黎波里的主要基地起，穿越的黎波里达尼亚和昔兰尼加一直到埃及边疆。沿这条公路进行的军事运输，这几个月都非常频密。渐渐地，班加西、德尔纳、图卜鲁格、拜尔迪耶和塞卢姆都建起了军火库，里面装满了武器。这条公路有一千多英里长，一路都是意大利的军营和物资站，就像一串珠子。

意大利悄无声息地在这条公路靠近埃及疆界那边，逐渐聚集和布置了一支配备了大批现代化武器的七八万人的部队。埃及就是这支部队面前夺目的争夺目标。在它身后延伸的，是回的黎波里的长长的公路，再往后就是海洋！这支用了很长时间慢慢集结而来的大军，若能继续向东挺进，打败每一支试图拦截的部队，那么它的前途会十分美好。它若能夺取三角洲的丰饶地区，就不需要再顺着那条极长的道路返回了。但它若是运气不好，那么恐怕生还的机会不大。及至秋天，野战部队加上沿海岸的一连串大型物资站，起码有三十万意大利人，若向西撤离，就算我们不插手，也得零零星星、三三两两地进行。这不花费几个月是做不到的。若在埃及疆界上战败，若前线瓦解，若得不到喘息的时间，那除了全军覆没、死于战场，或者变成我们的战俘，就没有别的路走了，然而到底谁会在这场战斗中取胜，1940 年 7 月的时候，还不清楚。

我们当时最前沿的防守基地是马特鲁港的军营据点。那里，向西有一条不错的通向希迪拜拉尼的公路，可是，从这儿到塞卢姆的边境，却少了一条能够维系大量部队长时间在边境附近驻守的公路。我们部分最出色的正规部队——第七轻骑兵团（装备轻型坦克）、第十一轻骑兵团（装备装甲车），和来自第六十来复枪旅的两个汽车营、一个来复枪旅，还有来自皇家摩托化骑炮兵的两个团——构成了一支小型机械化护卫大军。他们已经接到了只要开战，就立即攻打位于意大利边境的前方哨岗基地的命令，所以，第十一轻骑兵团不出二十四个小时，就穿过边境，趁其不备对还没得到开战消息的意大利部队发动了攻击，并俘虏了一些意大利将士。第二天晚上，即 6 月 12 日，他们又赢得了一样的胜利。6 月 14 日，卡普措和玛达雷纳边境上的堡垒被他们和第七轻骑兵团，还有第六十来复枪旅的一个连攻占，还俘获了二百二十个意大利战士。16日，他们进一步发起攻击，摧毁了十二辆坦克，拦下了图卜鲁格—拜尔迪耶公路上的运输队，并抓到了一个将军。

这场战役虽然不大，但非常激烈，我们的部队发觉他们在这场战事中居于上风，并且很快就发现，他们即将把沙漠收入囊中。在他们没遭遇敌方主力或者设置防御基地以前，他们所向披靡，随心所欲地想去哪儿都可以，而且在不期而遇的激烈对战中，得到了不少战利品。可等双方的大军相遇，情况就发生了天翻地覆的变化，一边拥有的仅仅是他们当前夺取的或者站脚的地方，可另一边却掌握了剩下的所有地方。这种情形，我在波尔战争中已经遇到过了，在那儿，我们只有军营和军营火力网所及的一小片地方，除此之外，我们什么都没有，可波尔人却能横冲直撞，随心所欲地想去哪儿都可以。

此时，敌人自西方抽调了越来越多的兵力过来，及至7月中旬，凭借两个师和另外两个师的部分兵力，他们夺回了自己的疆界。我们的护卫大军在8月初被第七装甲师中的援军所替，这一援军包含第三康斯特瑞姆警卫队、第六十来复枪旅的第一团、第二来复枪旅、第十一轻骑兵团、第六皇家坦克营的一支分遣队和两支来自皇家骑炮兵的机械化炮兵中队，其中一支中队装备了反坦克炮。这支小规模的部队分散于一条六十英里长的战线上，和敌人继续战斗，获得的战果不断增加。在战争的前三个月，据意大利方面披露，近乎有三千五百人死伤，包括被我们俘虏的七百人，而我们这边只伤亡了一百五十多人。如此，在意大利向英国宣战的最开始的时期，局势就对我们有利。

*　　*　　*

对于意大利的攻击，以韦维尔将军为代表的中东指挥部提议，在马特鲁港的堡垒据点周边静候。我们需要集结一支军队，这一目标尚未达成，在此之前，似乎只能这么做了。因此，我做出了如下安排：首先，为了阻止意大利入侵，尽可能筹集最多军力。即使要在很多地方冒险，我们也要实现这一目标。军事部门居然反对集中兵力，这让我感到难过。增兵喀土穆和钦尼罗河，对意大利夺取的阿比西尼亚边界进行防范，这无可厚非，可让南非联邦旅和西非两支精锐旅，共两万五千人的部队，在肯尼亚空置，有什么价值吗？我曾经在1907年末去塔纳河以北的一些地方游历，那是个景色优美，但食物短缺的草原。这种看法——觉得意大利打算让装备着大炮和现代化武器的一万五千到两万名的远征将士，进行四五百英里的跋山涉水，赴达内罗毕——显得有些好笑。乌干达的宽轨铁道就在肯尼亚前线的后方。我们已经掌控了大海，而且能够通过海上运输和铁路运输来回调集部队，敌人的陆路运输远不如这个方便。考虑到我们在运输上的便利，我们在和意大利远征军战斗的时候，要尽量临近内罗毕和宽轨铁路，所以不用在那布置大量兵力，埃及三角洲才更需要这些部队。我的一部分主张得到了实现，可是这样的结果也是和全线防御这种模糊的概念做了长时间激辩才实现的。

我曾经尽量想办法自新加坡调集部队，而且让已经开赴新加坡的澳大利亚师先去印度进行训练，之后再去西非沙漠地区。巴勒斯坦的情形就不一样了。我们有不少精兵分散在巴勒斯坦：一个澳大利亚师，一个新西兰旅，还有我们自身出色的义勇骑兵师，这些军队全都装备或者将要装备装甲车辆；还有近卫骑兵，他们虽还在骑马，却渴望能配备现代化武器；除此，还有大量行政人员。我打算将特拉维夫的犹太人武装起来，他们只要拿到趁手的武器，就会勇猛地对抗所有来犯之敌。我准备向他们发放武器，但遭遇了重重阻挠。解决脆弱的意大利人和重大的空中威胁，确保地中海的通行自由，进而让马耳他岛坚如磐石，是悬在我心里的第二件事。我认为让军用运输舰队，尤其是护送坦克和大炮的船舰，不用从好望角绕路，直接从地中海航行，最为关键。只要能实现这一目标，值得冒很多险。让一个师从英国绕经好望角开赴埃及，三个月之内，这个师都去不了任何地方参战，可是，这三个月是非常珍贵的，何况我们也没有多少个师。最后，我们本岛也面临着被直接进攻的危险。为了守住中东，我们到底能从我们国内和总部基地调出多少军力？

*　　*　　*

就像我在电报和备忘录里说的，中东的形势从 1940 年 7 月起就让我越来越忧心。我心里始终想着那条沿海岸的漫长的公路。我总希望有支强大的部队，能轻装简行，自海上登陆，将那条路截断。但我们那时缺少合适的坦克登陆艇，可是我们难道就研制不出一种适合此种武装行动的工具吗？若是能在大战期间采取行动，分散敌人在战场上的军力，这对我们来说，是极有好处的。

首相致伊斯梅将军　　　　　　　　　　　　　1940 年 7 月 10 日

请将如下事宜呈送参谋长委员会：

从利比亚调集部队赶往埃及边境，斩断敌人运送各种物资所主要依赖的沿海公路的计划，拟定好没有？若只用空袭或者从海上轰炸，并不足以实现这个目标。但是，如果我们以若干精锐旅夺取敌人运输线上的某些城镇，或者别的合适的堡垒，再加上海军的援助，就能长时间袭扰敌军，使敌人调集众多兵力来处理此事，只要他们来，我们就撤，去攻打别的地方。自然，想让这种行动有效果，得等到敌人大多数力量过了拦截点才行。或许沙漠本身就有利于敌人自由运送物资，但我觉得未必真是这样，要是真的，意大利人就不必倾尽全力修这么一条漫长的公路了。

我到今天也不知道，为什么没能拟定一个完备的方案。实际上，在中东或者突尼斯的我方将领从未被说服去做此种努力，可是巴顿将军在 1943 年夺取西西里的战事中，曾经顺利地进行过若干次此种性质的迂回行动，而且成效显著。而我直至 1944 年，才总算在安济奥尝试了一次。这次的规模自然要大很多。不过，虽然我方顺利登陆，却没能发挥我们想要的关键性作用。但这就是另外一个问题了。

*　　*　　*

我极希望一些战争经验丰富，并且非常重视这场战事的大臣们，能够就中东的战争形势展开热切的讨论。

首相致爱德华·布瑞奇斯爵士　　　　　　　　　1940 年 7 月 10 日

我认为，最好让陆军大臣〔艾登先生〕、印度事务大臣〔埃默里先生〕和殖民地事务大臣〔劳埃德勋爵〕，建立一个大臣级别的小型常备委员会，一起就中东之战的调度（这三个人和这件事都有紧密的联系）进行磋商，并告诉我，身为国防大臣，我应该同内阁提哪些意见。针对这件事，请做出合适的布置。陆军大臣已经答应出任主席之职。

艾登先生把中东兵力不足，在武器和供应品上也存在短缺的事，报告给了该委员会，帝国参谋总长也为此忧心忡忡。该委员会敦促将已驻扎到埃及、力量却远未达到标准的装甲师全面武装起来，并且建议如果本土能抽出军队的话，应及早派第二个装甲师过去。这个说法得到了参谋长委员会的认可，帝国总参谋长觉得一定要在本土日趋安全，但国外日趋危险的情形下，选出调集部队时机。7 月 31 日，艾登先生觉得用不了几周，我们就能自国内抽出一部分坦克，若预备在 9 月末运抵中东，那这些坦克和别的装备只能走地中海这条路。虽然德国入侵我国的形势越来越严峻，我仍旧全盘接受了这一切主张，并且我也多次将这个让人为难的选择呈送给内阁。

对于中东那边其他的事宜，我也非常重视。

首相致伊斯梅将军   1940 年 7 月 23 日

南非联邦旅那一万人在哪儿呢？它为什么不去中东参战？我们今天已经同意再派一些"旋风"式和别的新型飞机去援助南非空军。中东之战的配合情况怎样？近日我下令组建了大臣级别的中东委员会，他们在做什么呢？眼下既已预备在地中海发动大型海战，就更需要用种种办法推动、配合攻击阿比西尼亚战场的意大利部队了。为了让我能在周四早上进行研究，有关这个地区形势的报告，请一定送来给我。

有关利比亚沙漠地区急需解决的重要事宜，我认为必须尽快和韦维尔将军本人进行研究。这个卓越且肩负着如此重责的将领，我之前尚未见过，我同陆军大臣说，找个合适的时机让他回国，用一周的时间展开讨论。8 月 8 日，他在抵达之后，和参谋们进行了多次协商，还和我、艾登先生长谈了几次。当时，中东指挥部的工作怪异地夹杂了很多非常繁杂的军事、政治、外交和行政等事宜。我和我的同事耗时一年多，历经各种阻挠才意识到：想将供给事宜解决好，首先得分清楚总指挥、国务大臣和殖民地行政长官分别在中东负责什么工作。对于供应物资，韦维尔将军享有拥有权和分配权，我虽然不完全认可他对这些权力的运用，但我觉得这些权力最好还是由他掌控。我敬佩他出色的人品，也为人们对他的信赖所触动。

这几次讨论——口头上的也好，书面上的也罢——全都严正肃穆。一如平时一般，我将自己的看法落到了纸上。

首相致伊斯梅将军转呈韦维尔将军   1940 年 8 月 10 日

你对我做的有关埃及和索马里局势的详细介绍，我十分感谢。我们也必须讨论一下肯尼亚和阿比西尼亚的情形。你在肯尼亚统领的那支由六千名南非白人构成的联邦旅，是一支非常强悍的部队，我已经说了，他们或许是眼下唯一适合在广阔的草原上战斗的精兵；还有人数必定在两千以上的东非移民大军，他们已经充分习惯了那里的水土；还有共计六千人的两个西非旅，从西海岸运送他们过去时，克服了多少难关；除此，最少还有隶属于英王陛下的两支非洲来复枪旅。总计起码两万人，或许更多。现在亚历山大或者苏伊士运河的战事决定了中东的将来和众多其他事项的结果，为何把他们白白留在肯尼亚，在那儿眼看着意大利从阿比西尼亚走过种种险途南下入侵，或者让我们的部队也预备途经此种险途袭击阿比西尼亚，如此延误时间，是为了什么呢？

自然，当地的实际情况如何，我并不清楚，不过，我觉得应该这样布置：派东非移民大军和英王陛下的非洲来复枪旅在肯尼亚驻扎，牵制南下入侵的意大利部队。意大利部队走的是陆路，说到底远不如我们自海上运送军队容易，所以我们能够一直出其不意地快速驰援。如此安排能让南非联邦旅和两个西非旅马上赶往埃及三角洲，让你在重要战场、在紧要关头能得到非常珍贵的支援。若是不在一个战场和另一个战场之间往返运送部队，那要制海权做什么？我认为，我能说服史默兹将军批准如此调动南非联邦旅。有鉴于时间这样紧张，你或许明晚能告诉我你对这件事的看法。

首相致伊斯梅将军转韦维尔将军　　　　　　　　　1940 年 8 月 12 日

1. 我极不赞成让南非联邦旅和西非旅待在肯尼亚。从眼下的布置来看，这些军队在当前埃及、喀土穆和索马里遭遇的紧急进攻中，完全帮不上忙。别的地方正在一决雌雄，却有大量军队无所事事，这种行为不论何时都会被当作武装行动的致命伤。有消息说，南非联邦旅不能参战，因为他们没受过训练，在尚未得到别的情报以前，我是不会承认这种推测的。在战争开始之前，我们英国国内防卫队经受的训练还没有纳塔尔卡宾枪队受的好，而且他们似乎是宣战之后才调集到一起的。我无法理解，南非联邦旅整体来说怎么就比不上国内的防卫队了。不管怎样，他们已经足以用来对抗意大利人了。我已经在搜集关于两者调集和训练的具体资料。

2. 在我看来，巴勒斯坦的大量军队并没得到充分的运用。为了在需要的时候，能让有限的英国部队在短时间内撑起巴勒斯坦的所有防御工作，当前局势的重点应该是对殖民地地区的犹太人进行武装，让他们获得足以扛起自身防御工作的能力。应当提议马上抽调含义勇骑兵师在内的大部分守军。我无法理解，截至目前已经在巴勒斯坦起码训练了六个月的澳大利亚和新西兰大军，为什么只能调出一个旅去埃及战斗。他们在那儿的人数是多少，训练情况怎么样？为了将这些人从澳大利亚运去巴勒斯坦，选作开赴欧洲战斗的首批义勇军，付出了多大的代价。其中不少人早就接受过军事训练，何况战争开始之后，又训练了近一年的时间。这支重要的部队，我们若是因为分配不合理，致使能够参加守卫埃及的关键战斗的人只有一个旅，那会是一种极大的耻辱。

3. 肯定能通过苏丹港运两个西非旅去喀土穆，这毋庸置疑。将从各个地方过来的当地军队融合到一起是个巧妙的策略，因为这能让一群人督促另一群人守纪。为了让印度师抵达后能马上在埃及或者索马里投入使用，应立即派这两个旅去苏丹。若仅仅是想让这两个旅在肯尼亚防守，那我不明白为何要让它们离开西非。

4. 请告诉我肯尼亚当地有多少白种移民到了服兵役的年纪。他们尚未组建任何能够捍卫自己领地的当地部队，我们可以这么理解吗？若还没有，那最好尽早让他们明白自己的所处的环境。目前肯尼亚不应该留有移民和英王的非洲来复枪旅之外的任何军队。我们因为要支援埃及，连国内的危机和困境都顾不上了，在这样一个极为紧急的关头，要是不尽可能地使用当地的军队，那谁都不会答应。

5. 请告诉我在埃及三角洲驻守的两个英国师的具体情况。在这个地方，仅靠师的数量来判断情况，是会出错的。也别以这些出色的正规军尚未装备妥当为借口而将他们搁置不用。

6. 关于敌人的装甲兵团和装甲车能在沙漠上自如行动，能像在沿岸的公路上一般，我们自然得进行深入研究。这或许指的是有履带的车，但是这种车若是长时间在有很多石头、土质松软的沙漠上行驶，是会严重受损的。不管怎样，若是没安装沙漠专用的加宽型特殊印度橡胶轮胎，车辆很难在沙漠中前进。意大利的车是这么配置的吗？装备的强度怎么样？

7. 在让我们自身不需要的水井或者水源长时间处于"混浊"状态方面，做了哪些部署？为了在即将舍弃的道路上铺设地雷，准备好足够的延时爆炸信管了吗？一定要让首批开赴埃及的船运送延时时间最长的信管，也就是起码能延时十四天（不过我希望可以更久）的信管。在我们舍弃柏油路的时候，能用重石油的化学作用或者别的解决方案损毁沥青路面吗？请予以探讨。

8. 请送一份包括波兰和法国志愿军，还有到达的将士在内的，关于中东一切部队的周密而准确的报告。

关于以上各条，我希望能在今天晚上讨论。

* * *

8 月 10 日，蒂尔在参谋们磋商过以后，在艾登的强烈支持下，写信告诉我，陆军部正在安排马上派如下各部队开赴埃及：一支配备五十二辆坦克的巡逻坦克营、一支轻坦克团（配备五十二辆坦克）和一支配备五十辆坦克的步兵坦克营，除此，还有反坦克炮四十八门、轻型双筒自动高射炮二十门、发射炮弹重量为二十五磅的野战炮四十八门、轻机枪五百挺、反坦克来复枪二百五十支和相应的弹药。一装备好，就马上出发。只有一件事需要考虑，就是从好望角绕路，还是走地中海冒一下险。我强烈要求海军部（请参照下一章）直接从地中海运输。关于后者，曾经进行过很多争论。此时，这支装甲兵团登船起航，也得到了内阁的允许，而选择哪条航路，则要等船队开到直布罗陀附近再最终确定。在 8 月 26 日之前，我们还能有做出选择的权利，意大利在各地的进攻有多急迫，到那时我们会有更加深入的认识。不可以拖延下去了。在我们振作精神试图解决一场关乎生死的危机时，这种决断当即显得至关重要，且合情合理。所有人都果断起来。

*　　*　　*

　　如下指令，是我们一起商定的，最终由我起草，内阁和参谋长委员会看法相同，完全未做改动就通过了。

首相致陆军大臣及帝国总参谋长　　　　　　　　　　1940 年 8 月 16 日

致中东总司令的总指令

第一部分

　　1. 目前一定要想到，敌人任何时刻都能自利比亚大规模攻击埃及。所以，应该尽量将最大的那支部队聚集和部署在西部边疆及其周边地区。应当让所有政治和行政上的事宜合理地服从这一布置。

　　2. 我们眼下受敌人所迫撤离了索马里，可这在战略上是有益的。原本驻守在索马里或者预备调往索马里的军队，应当酌情全部调去亚丁，或者从苏丹港调去苏丹，或者调去埃及。

　　3. 相比于守卫肯尼亚，守卫苏丹更加重要。等埃及和苏丹安稳下来，自然有时间在意大利任意一支远征军主力抵达塔纳河之前，自海上和铁路向肯尼亚增兵。相比于意大利从阿比西尼亚或者意属索马里调部队过去，我们对肯尼亚的支援自然会更快。

4. 所以，应该让那两个西非旅或英王的那两个非洲来复枪旅马上赶赴喀土穆。我正让史默兹将军同意将南非联邦旅或者大部分南非联邦旅调去苏伊士运河区和埃及三角洲，维持当地秩序。应当安排他们继续训练。我正让海军部给我写一份针对印度洋和红海运输的可行性报告。

5. 考虑到意大利夺取英属索马里之后，或许会加大空袭红海的力度，所以增强我方驻守在亚丁的空军就成了当务之急。

6. 为了给其他后备军的调集扫除巴勒斯坦的交通障碍，使等他们一装备好，就能投入战场后勤工作，或者为维持地区稳定而进行的召集工作完成时，就能开始调度，现在应该马上让那两支在巴勒斯坦待命的正规军旅和澳大利亚旅，奔赴埃及三角洲。

7. 不管怎样，为了能让苏伊士运河地区的三个正规营成为三角洲野战集团军总后备队，那里必备的防务工作应该交给三四个没有马匹的英国骑兵团来做。

8. 所以，在巴勒斯坦驻守的那六个营的其他澳大利亚军，〔也〕能在收到命令后，不出五天即开赴三角洲，承担维持当地秩序的任务或者别的紧急工作。那个波兰旅和法国义勇军部队若没什么阻碍，也应该自巴勒斯坦开赴三角洲，投身总后备队。

9. 眼下正在上船或者正在运输之中的印度师应该尽可能加快运送的速度。如果不是真的觉得那部分从索马里撤离，可亚丁又用不上的部队和从肯尼亚过来的援军不够用来支援苏丹，那么，这整个师自然可以因其他地方的紧急需要而马上开赴苏伊士，加入三角洲集团军〔后来改名为尼罗河集团军〕。此外，起码应该有三个英国炮兵营——虽然是马拉的——马上自印度上船开抵苏伊士。海军部会准备好船。

10. 以上调动大多数应该在 9 月 15 日到 10 月 1 日之间做完，在此基础上，三角洲集团军应当包含以下军队：

（1）在埃及的英国装甲军。

（2）四个在马特鲁港的英国营、两个在亚历山大的营和两个在开罗的营，一共八个营。

（3）三个从运河地区来的营。

（4）从巴勒斯坦来的英国后备旅，其中包括十四个英国正规步兵营。

（5）新西兰旅。

（6）从巴勒斯坦来的澳大利亚旅。

（7）波兰旅。

（8）部分从东非来的联邦旅。

（9）目前在马特鲁港后方的第四印度师。

（10）正在运送途中的新印度师。

（11）那一万一千名将要抵达苏伊士，加入特别行动队的人。

（12）目前就在中东或者已经自印度出发过来的所有炮队（大炮一百五十门）。

（13）迄今可以参战的埃及部队。

11. 以上军队，最晚也该在 10 月 1 日之前编成三十九个营，算上装甲兵团，一共五万六千人，二百一十二门大炮。维系地区秩序的军队不在其中。

第二部分

12. 自英国抽出的那个含有三个坦克团的装甲旅，望海军部从地中海将其送去中东。若实现不了，那希望他们可以在 10 月的前两周绕经好望角抵达。要知道，这支军队急需在 9 月抵达，所以就算冒极大风险也在所不惜。

第三部分

对以上部队的战术运用：

13. 务必将彻底强化马特鲁港阵地的速度提到最高。让三个英国营代替三个埃及营来防御扇形区，让部队统一。就算埃及政府准备撤走这三个营手里的大炮，也得这么做。应该和地中海舰队总指挥探究：敌人若经过马特鲁港攻击三角洲，我们要不要自海上增援马特鲁港，并将敌人的航路斩断。如若不然，还有个办法不错，那就是攻击塞卢姆的运输线或者某些更西面的地方。

14. 从马特鲁港至亚历山大战线的所有水源，务必使之全部"浑浊①"。另有一份专门的文件谈及此事。千万不要试图留下少量士兵保护这一地区的近海水井。如有需要，应该从海上撤走第四印度师，或者撤到亚历山大。若要放弃从塞卢姆到马特鲁港的公路，特别是自马特鲁港到亚历山大的柏油路，应当以延时爆炸的地雷或者化学手段对沥青路面进行处理，让其无法使用。

15. 务必从亚历山大顺着耕种区的边线和三角洲的浇灌渠，预备（事实上，早应该备好的）一条首要防线，至于防御工作，则交给全体三角洲部队和合理部署的后备队。为实现这一目标，应该从海岸到耕种区和首要的浇灌渠中间，修建或者备好最坚实的混凝土、沙袋和掩体防御工事。这条防线前方的管道最好及早铺设完成。再没有什么地方比三角洲地区更能有力地阻挡各类坦克了，它用沙袋掩体就能轻松御敌，为守卫埃及和亚历山大防线构建了一条十分坚实的、延展的侧翼。可以借助尼罗河的洪水制造一条宽达四五英里的水浸区，在阿斯旺对水位进行调控。在这一区域中间或者后边，

---

① 那时用这个不好的词汇来表示"不能喝"，我非常抱歉。——原注

可以构建一连串坚实的，装备大炮的据点。

16. 面对意大利的进犯，三角洲集团军摆出此种架势静候。可以预料，敌人会发动大规模进攻，水和汽油的供给是他们所承受的仅有的限制，但这一限制的影响极大。为了围攻或者打退我方实力不足的部队，敌人必定会在右翼布置大量装甲兵团，除非及时从英国抽调装甲部队增援。就算他们无法进攻，也可以影响马特鲁港。可是，我们若倾尽全力强化三角洲的主要防御工事，且绝不屈服，他们就只能分散兵力，如此一来，水、粮食和弹药的供给都成了难题。只要敌人分散兵力，并且陷入激战，我们就能自马特鲁港发动攻击，从海上进行炮击，攻打塞卢姆，甚至更西的地方，毁坏敌军运输线。对他们来说，这种损失是致命的。

17. 所以，坚守三角洲一战的部署如下：坚守自亚历山大至内陆的左翼，向外延伸右翼，并且用海军破坏敌军运输线。与此同时，望〔活动于〕马耳他岛的〔我方〕援军，能够阻挡敌人接连自欧洲调集援军开赴非洲、意大利或者德国。

18. 若时间充足，所有这些事，我们 10 月 1 日之前就能彻底准备好。如若不然，我们也只能干多少是多少了。不管有没有完全准备好，一切受过训的军队或者正规军都要投身到守卫三角洲的行动中。至于一切获得武器装备的白人或者其余国家军队，则必须参与到维持内部秩序的行动中。在支援三角洲战线的战斗中，务必让埃及部队发挥作用，如此，埃及自身只要解决好动乱的民众即可。

请按以上各点部署，并在 8 月 16 日下午 4 点半与我详谈。

在 8 月的第三周，韦维尔将军带着这一训令返回开罗。

*　　*　　*

在军事方面，有个插曲我现在必须要讲一下，虽不是什么大事，但那时却让人非常恼火。意大利凭借远多过我们的军力，将我们驱逐出索马里。这件事的过程需要予以记述。

我们对战意大利的策略直至 1939 年 12 月还是撤离索马里，可是，帝国总参谋长埃恩萨伊德将军在那个月表示，要将守住这一地区当成我方的保底招数，并且柏培拉也不能失守。我们预备修建防御工事守护特格阿琴峡谷——它横贯整个丘陵地区。8 月初已经备好了一个英国营（"苏格兰高地人团"）、两个印度营和两个东非营，以及索马里的骆驼队，还有一个非洲轻炮兵中队和反坦克炮及高射炮部队的分遣队等。7 月 21 日，韦维尔将军致电陆军部，说打都没打就先行撤退，对我们的威名有害，并且在将来发动进攻时，索马里将成为一个有用的据点。他还没离开伦敦，战斗就打响了，因此，他和内阁中东委员会说，虽然战略上索马里的丢失无关大局，可是会损害到我们的威信。

意大利的三个步兵营、十四个殖民地步兵营、两支山炮部队，以及若干支装备了中型坦克、轻坦克和装甲车辆的分遣队于 8 月 3 日进驻英属索马里。8 月 10 日，这支大军开始攻击我们，11 日晚，新上任的英国司令官戈德温—奥斯汀将军抵达战场。他接到的指令是："你的使命是，将意大利人拦在主要阵地之外。……如有需要，可以启用相应的撤离步骤。"12 日和 13 日均有战斗发生，在敌人激烈的炮火中，我们四个主要据点中的一个被攻陷了。戈德温—奥斯汀将军 15 日晚决意撤离。他说："我们若不想输得非常惨烈或者被剿灭，就非如此不可。"中东司令部同意撤离，而且在强大的后卫"苏格兰高地人团"的保护下成功达成。

这件事让我十分恼火，在我们和意大利的战斗中，只有这场仗是作为败仗写进历史的。这完全不会损害这个保护领[①]的英国部队和索马里部队的

---

① 保护领，一种殖民地形式，指的是由较强国家或者宗主国控制和保护的国家或者地区，又名保护国、受保护国、被保护国、受保护领地。——译注

将士，他们以自己持有的武器，做了自己能做的一切，而且听从了自己接到的指令。意大利欢声雷动，墨索里尼认为尼罗河肯定会成为他的囊中之物，并为此满心欢喜，可是，韦维尔却替那里的指挥官辩解，说战事极其激烈。

考虑到我们将要一起完成的伟业，我放弃了将自己的主张强加给陆军部或者韦维尔将军。

*　　*　　*

我们的情报此时显示，阿尔巴尼亚的意军在迅速增多，威胁到了希腊。为了攻打英国，德国准备工作的规模越来越大，痕迹也越来越明显，因此我们势必无法减缓对德国和荷兰河口，还有法国港口的轰炸，因为那里聚集了大量驳船。至于自国内调集轰炸机中队之事，我尚未考虑清楚。不管怎样，制订出周密的计划才是明智之举。真奇怪，在所有军种里，空军是最不灵便的军种——除非在天上。一个中队不用几个小时就能飞到目标地点，可是它需要的设备、库房、燃油、零件和装配车间，没个几周甚至几月都布置不完。

（即日行动）

首相致空军参谋长和伊斯梅将军　　　　　　　　　1940 年 8 月 28 日

针对在计划调集的军力以外，起码再派四个重轰炸机中队去埃及的问题，请交一份计划给我。希腊若因意大利的恫吓不得不参与作战，这些中队应该尽可能在方便战斗的情形下自希腊前线动身参战。在对意大利发动空袭之前，可以在那儿加油。除了意大利舰队，还有很多最佳目标，均极易攻击。马耳他没有防御工事，若希腊参战的话，相比于从这里出发战斗，从希腊出发更好。报告不要太长，简要介绍一下方法、难题和目标，并配上日程表即可。策略之事由内阁国防委员会确定，不需要谈论。尽量拟定最佳方案不代表空军部或者任意其他人必须使用这一方案，不过其间的难题，则应该竭尽所能予以克服。

＊　　　＊　　　＊

8月，我给澳大利亚和新西兰总理发了一份分析形势的报告，以此作为本章的结尾最为合适，相对于我6月16日的电报，这份报告是一种补充。

首相致澳大利亚和新西兰总理　　　　　　　　　　1940年8月11日

关于太平洋的局势，联合参谋部正在起草文件，不过请允许我冒昧地先就这一问题简要地同你们谈一谈。我们尽量想办法不和日本对战，在那些或许会和日本闹翻的问题上做出退让，而在不会带来危险的事情上，例如〔日本人〕抓人的问题，我们又有自己的立场。我个人认为，在德国顺利夺取英国之前，日本是不会宣战的。在我看来，日本只要看见德国失利或者没胆量进攻英国，太平洋的局势就会得到改善。在我们强忍心中怒火，对日本的恫吓采取妥协之策时，我们一直在顾全你们的利益与安危。

日本若非对我们开战不可，那荷兰属东印度群岛将是它在黄海之外的首个目标。美国明显不愿意让日本这么做。我们无法推断，美国会如何行动。他们没说会提供援助，可是日本海军肯定非常忌惮他们在太平洋的主力舰队。在英日战争的第一阶段，我们自然要守卫新加坡，它若是遭到进攻——看上去还没到这个程度——应当抵挡得住敌人长时间的围攻。我们自然还得抽调一艘战列舰和一艘快速航空母舰去锡兰驻守，面对敌军巡洋舰的攻击，这些船舰，加上日后会回到你们那儿的全部澳大利亚和新西兰巡洋舰、驱逐舰，将是一支非常强悍的力量。

我们会以更多的一级战舰来提升东地中海舰队的力量。当然，不管是途径苏伊士运河开赴印度洋，还是去援助新加坡，这支舰队都能随时去做。但我们不愿意这么做，就算日本宣战，也不愿意，除非我们发觉你们的安全受到极大威胁，否则是不会这样做的。这种调动会让中东彻底落到敌人手里，而在地中海战胜意大利的希望也将与之一起消散。用不了多久，埃及就会遭到猛攻，得让东地中海舰队过去帮忙打退敌军，这是我们必须要预感到的。敌人的攻击若取胜，那我们东地中海舰队就只能自苏伊士运河或者直布罗陀撤出地中海。在这两种情形下，你们就可以得到很大一部分舰队的保护。可是，我们不想离开埃及，而且希望东地中海舰队在英日战争（如果战争爆发的话）的前期能留在亚历山大。以后会发生什么事，谁都无法预料，我们能做的，只是一天一天地推算事情的走向，让我们现有的人员、物资发挥最大的效力。

最后一个问题是：日本会在宣战后大举进攻澳大利亚或者新西兰吗？我们觉得不会，第一，日本眼下正忙于和中国交战；第二，它想在荷兰属东印度群岛搜刮钱财；第三，将主力舰队调去遥远的南方，让美国舰队横在其舰队和本土中间，它没有这样的胆量。日本若真的不顾自身利益，鲁莽地大规模入侵澳大利亚和新西兰，我向你们承诺，到时，我们将无视地中海的安危，不惜所有代价——除了保证英国本岛（我们的一切都有赖于这个岛）的防御和给养——及时调一支舰队过去支援你们，这支舰队可以攻击一切进入澳大利亚海域的日本船舰，而且可以拦截一切入侵部队，或者必定能将进犯军队和日本之间的航路斩断。这一承诺是经内阁批准了的。

不管怎样，我们是不希望事情如此发展的。以拖延来对付日本人，或许能撑过眼下危险的形势。和5月我发电报给你们的时候相比，眼下我们本土的实力已经得到了极大的提升。我们有了一支配置日趋完备的巨型部队。我们已经增强了沿岸的防御体系。我们已经有了一支强有力的机动后备队，含有我们的正规军和澳大利亚及新西兰和加拿大的分支部队，还有几支准备就绪的装甲师或者旅，一切顺利登陆的敌军都将受到他们的猛烈进攻。我们已经运来了美国提供给我们的大批武器，大概有大炮一千门、来复枪六十万支和足够的弹药。没有了守护法国的压力，我们的部队一日强过一日，武器也越来越多。不仅如此，我们的国民自卫军还有一百五十万人，其中有不少是退伍兵，大部分都配备了来复枪或者别的武器。

在个人技术上，皇家空军比敌人出色的这一优势还在继续显露，就像我在 6 月 16 日发给你们的电文里说的，我非常期待他们赢得胜利。英吉利海峡昨天发生的那场大型的空战显示，我们可以以一比三的比例打败敌人，而且我们每失去一架飞机，就能换来敌人三架半飞机。在生产最优异的飞机上，比弗布鲁克勋爵再次获得了不俗的成绩。和我前一次发电报给你们的时候相比，我们当前拥有的战斗机和轰炸机的实力，是那时的两倍，并且手里还有大量飞机储备。在我看来，不管是在数量上，还是在质量上，德国空军都无法瓦解我们的空防。

海军的实力也每个月都有提高，我们宣战时订制的大量船舰，眼下已经开始核收。我们的舰队从 1940 年 6 月开始到 12 月，将收到大大小小五百余艘船舰，其中还有不少重要舰只。和过去相比，现在德国的海军是最脆弱的时候。受损的"沙恩霍斯特"号和"歌奈森诺"号都在船坞泊着，"俾斯麦"号尚未试航，而相比于"俾斯麦"号的完工时间，"提尔皮茨"号还要再晚三个月。当前这两周非常重要，以后敌人想登陆就太迟了，可是在这个关键时刻，敌人却仅有袖珍战舰一艘、装备八英寸口径炮的"希佩尔"号两艘、轻巡洋舰两艘，可能还有驱逐舰二十余艘。敌人若想顺利登陆，就得想办法运送大批部队，可是，迎着我们的海军和空军，在近乎没有护卫舰队的情形下，妄图送大批军队漂洋过海，这种做法实在是荒谬绝伦，他们肯定会受到我们岸上强劲的武装力量的迎头痛击，而维系这么一支大军队，供应武器和物资给登陆据点，难度就更大了。另外，若是在天气发生巨变之前，希特勒都无法登陆，并且夺取不列颠，那就代表他遭遇了首次失败，而且有可能会因此走向毁灭。

我们的内心因此而变得镇定，越发坚信我们能捍卫住我们自身的力量，而且在一年到两年的时间里，我们会成功熬过去，而最终的胜利，也将属于我们。

第七章　取道地中海

新局势——法国退出，意大利加入——坎宁安海军上将在亚历山大——卡拉布里亚临近的海战取胜——海军的担子越来越重——取道地中海有太多顾忌——我 7 月 12 日的备忘录和第一海务大臣的回复——我 7 月 15 日的备忘录——坎宁安海军上将对于从地中海进行支援的意见——第一海务大臣 7 月 23 日的备忘录——"帽子"战斗计划——我尽可能想办法从地中海运送坦克——我 8 月 13 日的备忘录——海军部没有被我说动——"帽子"战斗计划的推进——冒险成功——9 月 8 日我致坎宁安海军上将的电报——为支援马耳他岛的空防而做出的极大努力——萨默维尔海军上将的长途押运——通向埃及的塔科拉迪路线打通——慢慢地积少成多——马耳他始终占据最重要的地位

英国和法国舰队在法国未瓦解之前共同掌控着地中海。我们派一支配备巡洋舰和驱逐舰的小型舰队驻守直布罗陀，守护着海峡。我们的地中海舰队，以亚历山大港为据点，布署在东地中海。今年年初，我们在意大利摆出强硬的姿态时，对这支舰队进行了强化，总计为它配备了四艘战列舰、七艘巡洋舰、二十二艘驱逐舰、一艘航空母舰、十二艘潜艇。法国的地中海舰队则共有五艘战列舰、一艘航空母舰、十四艘巡洋舰和不少小船舰。现在，法国撤出了地中海，意大利加入了进来。意大利舰队数量非常可观，

有六艘军舰，其中有两艘（"李特利奥"号）是最新型的，装备了十五英寸口径大炮，可是，旧军舰中有两艘正在改造，无法立即投入使用。此外，意大利舰队还有十九艘现代化的巡洋舰，其中配备了八英寸口径大炮的有七艘，还有一百二十艘驱逐舰和鱼雷艇，潜艇超过一百艘。

另外，我们还要面对一支强劲的意大利空军。在6月末，局势看上去极难应对，海军部甚至开始想要舍弃东地中海，把力量聚集在直布罗陀。尽管以意大利舰队明面上的实力来看，这么做无可厚非，可是这和我印象里的战斗能力有差异，所以我不赞成这一想法，并且，若真的使用了这个策略，那和宣告马耳他岛完了没什么两样。因此我们下定决心，两边都继续战斗。参谋长委员会7月3日起草了一份关于地中海的文件，在文件里，他们对中东战场的价值进行了强调，但是又指出目前我们应该以防守作为总体策略。务必想到德国入侵埃及的可能，但除非这支舰队离开东地中海，否则无论哪种局部攻击，以我们当前的军队都足够应付。

"H"舰队是如何在萨默维尔海军上将的统领下，在6月末在直布罗陀建立起来的，我们已经说过了。这支舰队包括"胡德"号、"坚定"号、"勇敢"号和"皇家方舟"号航空母舰及巡洋舰两艘、驱逐舰十一艘。我们曾经在奥兰凭借这支舰队达成目标。[①] 在东地中海上，我们发觉坎宁安海军上将不仅人品出众，还非常勇敢。意大利刚一宣战，他就拔锚出海追寻敌军。皇家空军进攻图卜鲁格，并且打沉了意大利"圣乔治"号旧巡洋舰。我方舰队自海上炮轰拜尔迪耶。两方的潜艇均活动频繁，6月之前，敌人有十艘潜艇被我们击毁，而我们也有三艘潜艇因为在深海遇到水雷而被毁。

7月8日，坎宁安海军上将在我方舰队护送一支运输舰从马耳他驶往亚历山大时，发现了强劲的意大利舰队。意大利的空袭非常凶猛，由此可见，敌人明显正进行着一项重大的武装行动，现在我们知道了，那时敌人预备

---

① 见《法国的沦陷》第十一章。——原注

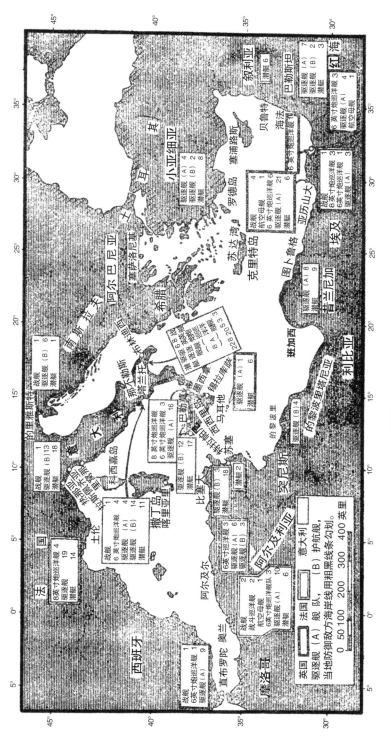

地中海主力舰队的布置

将这个英国海军上将引诱到某一海域，让他遭受意大利空军和潜艇竭尽全力的集中攻击。坎宁安海军上将当即把握机会，率先进攻，他的舰队尽管在数量上有所不足，可他十分勇猛地穿插到了敌军舰队和敌军基地之间。

两方第二天开始交火，长距离互相轰击，英国舰队完全无损，但敌军却有一艘战列舰和两艘巡洋舰被打中。敌人没有胆量继续战斗，逃走了，坎宁安海军上将一直紧追不舍，直至距离意大利大陆不足二十五英里的海域才因敌方速度比较快而没有追上。意大利激烈的空袭在那天和之后两天的时间里始终不曾停歇，可是毫无作用，我们的运输舰队虽然总是受到轰击，可最终平安抵达亚历山大。这场振奋人心的战斗确立了英国舰队在地中海的地位，而意大利的威势却受损于这次挫折，自此一蹶不振。十天以后，在澳大利亚的"悉尼"号巡洋舰和英国驱逐舰队的协作下，一艘意大利巡洋舰被打沉。所以，这场和新对手意大利的首次交战，完全没让我们觉得他们有多厉害。

但是海军部此时肩上的担子，分量极重，他们必须集合大量小型舰队和小型潜艇在英吉利海峡和北海，以防敌人入侵我国本土。8月，敌人就以潜艇在比斯开湾各个港口进行战斗，让我们的大西洋运输船队严重受损，但他们却并未受到多大损害。意大利舰队的实力究竟如何，在这之前，我们从未领教过。此时，我们心里还始终记挂着日本宣战的可能性，以及战争会对我们在东方的殖民地造成的影响。所以，海军部才会如此担心我们将所有战舰放到地中海的这种非常冒险的做法，满心都是在直布罗陀和亚历山大展开严格防守。还有一件事让我无法理解，就是为什么一开始就不让划归地中海的大批船舰很好地发挥作用呢？对于马耳他的支援，只能交由一些空军中队和陆军执行。虽然对一切商运都正确地下令暂停了，而且一切开往埃及的大规模运输船队也必须绕航好望角，但是我还是想不通，为何彻底将这个内陆海关闭。实际上，我反倒指望我们可以凭借若干特种运输舰队的通行，策划和引诱意大利舰队和我们交战。我期待这场战斗，想在德国没插手地中海战场（我一早就在担心这件事了）之前，合理地在马耳他岛上布置兵力防守，并装备飞机和高射炮。针对我们在这一区域的武装行动，我在夏天和秋天的几个月里始终在和海军部进行友好又激烈的磋商。

首相致海军大臣和第一海务大臣　　　　　　　1940 年 7 月 12 日

我觉得应该让"光辉"号到地中海去，取代"皇家方舟"号。如此一来，或许"光辉"号就能将众多"旋风"式飞机送去马耳他了。

我们眼下既然还剩不少"旋风"式飞机，那将它们交给马耳他岛上的"斗士"式飞机的驾驶员使用，又有何不可呢？我们本土的空军实力并不会受此影响。德国人既已掌握了整个法国和比利时的矿区，那攻打〔波罗的海的〕吕勒奥就不那么重要了。务必将重心转移到地中海战场。

你们不是要给我一份有关以具备高续航能力的驱逐舰替代地中海小型舰队的方案吗？望加上替代的时间。

庞德海军上将当天通过海军大臣回复说：

如今，我们已经获得了对西地中海发动空战的经验，等当前在东地中海舰队进行的这场战事结束，我们就能立刻弄清我们在东地中海面临的形势。

对于"H"舰队和东地中海舰队，我们无法像对待北海轰炸区里的船舰一般，以战斗机进行保护，这毋庸置疑，因此两支舰队都得在非常恶劣的环境下战斗。

此时摆在我们面前亟待解决的问题是：不但要运飞机和高射炮去马耳他，还得运送飞机去亚历山大。我无法确定，该不该因为押运一切此类所需物资的船舰自地中海行进太过危险，而宁可选择耽误时间的从好望角绕路。

除此，"光辉"号之事也需要予以考虑，但是，这件事不用马上处理，因为它首先得满载"海燕"式战斗机回国。

目前正筹划以具有较高续航能力的驱逐舰取代直布罗陀的驱逐舰，不过，何时动身大致得看什么时候向它们提供保护。

首相致第一海务大臣   1940 年 7 月 15 日

1. 从我驳回了撤离东地中海、调坎宁安海军上将的舰队去直布罗陀的提案到现在，已经过了三个星期。我希望这个提案我们不会重新提起。我们在地中海中承受的空中轰炸的风险是所有人都看得出来的。有时候，为了充分的目的，我们不得不冒这种危险。战舰原本就是用来战斗的。去年 10 月，我曾想对"君主"级的船舰进行改造，为了装备抵御空袭的厚甲板，不惜影响速度、加大船胴，我的想法那时若能得以施行，我们今天的形势就会大不一样。各个时段出现的难题均让人如此困惑，以致使我的提议受挫，而我们现在得到的成果，也没多过一年之前。我们若是为"君主"级船舰安装了厚甲板，装备了所有的大炮或者部分大炮，我们就能放心大胆地炮轰意大利海岸了。[①] 海军部下属各个部门战前都过于轻视了遭遇空袭的危险，还信誓旦旦地跟议会说了很多军舰足以抵御空袭的话。现在情况又走到了另一个极端，觉得敌人空袭的危险是英王陛下的战舰不该承受的。可除非不和敌方军舰战斗，否则，遭遇敌机轰炸，通常是免不了的……

可以断言的是，地中海的敌方空袭，在德国人抵达时候，肯定会变得更加猛烈。

---

① 《晦暗不明的战争》第四章曾经谈及此事。——原注

2.在马耳他建筑十分坚实的防空掩体、派若干支最出色的战斗机中队驻守这件事至关重要，不能有片刻延误。此事得冒着敌人的炮火执行。请告诉我，在我见到的各个文件里提及的防守能力，它的整体规模如何。炮位务必马上安排好。就我所知，目前已经拿到了一批少量的高射炮和"旋风"式飞机，重要的装备也会与其一起推进。月末有很大可能要从我国国内抽集大量兵力过去。应该将紧急需要的首批军队尽早送往马耳他。为了防止一艘被打中，而全遭损失，应该用几艘船舰分装所需物资。绝不能让这些船舰因为从好望角绕路就耽误很多时间。以马耳他来说，我无法理解，为何为了避开危险就要绕路，在我看来，就算真有危险，相比于从直布罗陀到马耳他，从亚历山大到马耳他并没有更加危险。

3.说说"光辉"号。考虑到我们在北海和大西洋以防守为主，而且将"光辉"号开去多佛尔南边和北边的狭小水域（我们在这儿布置了不错的海岸基地，有飞机驻扎）的这种要求也没人提起，所以，我们领海内部的航空母舰能够在离敌人海岸非常远的地方战斗。可是在地中海对付意大利时，我们一定要主动出去，尤其要让马耳他在紧要关头再次变身海军基地。最好让"皇家方舟"号回到我国领海战斗，而让配备了装甲甲板的"光辉"号去地中海。让"光辉"号参战的筹备工作已经耽误了太长时间，请告诉我，什么时候开始运送"海燕"式〔高速战斗机〕，什么时候才能让"光辉"号取代"皇家方舟"号。

4.若能安排把航行距离远的驱逐舰调去直布罗陀，而让航行距离较短的船舰回到国内，在英吉利海峡驻扎，我会非常开心。

＊　　　＊　　　＊

海军部这段时间又对他们的策略进行了一次非常周密的研究，在7月15日致电地中海舰队总指挥时再次强调，我们希望在东地中海保有强有力的武装力量。电报指明，在东地中海，英国最重要的使命就是瓦解敌方海军，虽然敌方的兵力更多。在西地中海，"H"舰队将掌控地中海西边的出口，并对意大利海岸发动攻击。这种强势的策略，整体而言，我是赞成的。海军部让地中海舰队总指挥指明，这两支舰队所需重型战舰的数量，并请他参详一下，若需要重新分配船舰，那更换船舰时，地中海和好望角两条路线哪条更适合。

他回复时表明，他想要两艘军舰——"勇敢"号和"巴勒姆"号。如此一来，他就有了四艘射得最远、速度最快的战舰，而那艘甲板防御能力低，速度也不快，总是让他担心的"君主"号，他就可以不要了。除此，算上"光辉"号，他还需要两艘航空母舰和两艘配置了八英寸口径炮的巡洋舰。他同意第一海务大臣的看法——西地中海有一支包含"胡德"号、"皇家方舟"号，以及一到两艘"R"级战舰的舰队就够用。他相信，只要用战斗机对马耳他岛严防死守，并在亚历山大港设立物资供应点，这两支舰队完全能够掌控地中海，保证东部海域永远不失。在总结里，他说："以密切配合的行动自地中海支援，应该没什么问题，不过所有的支援工作最好集中在一次。"

所以，我们在海军部的会议上基本达成了共识。我们均认为：一定要给坎宁安海军上将统领的舰队增加一艘军舰、一艘航空母舰和两艘巡洋舰，与此同时，应当把握这一机会，让运送供应品的舰队自亚历山大开赴马耳他。后来，第一海务大臣在 7 月 23 日写给我和海军大臣的备忘录里说：

> 针对能不能取道地中海支援一事，我们曾经进行过周密的研究，支援的船舰除了扩充东地中海舰队所需的战舰，还有商船，后者装满了舰队需要的后备武器、马耳他所需的高射炮以及马耳他和中东所需的飞机。舰队总指挥坚信，在当前的情形下，试图让装满了珍贵物资的商船取道地中海并不合适，如果一艘或者几艘船因为受损而无法保持航速，那么就必须将它们凿沉。我也是这样想的。

所以，在商船的通行上，后来被命名为"帽子"的首要战斗计划并未给出定论。不过，我们还是向中地中海的意大利舰队和空军发起了挑战，这全靠坎宁安海军上将的极力坚持。目前，我对海军部采取的首要方针都非常赞成，而且期望两方能进入决战阶段。所以，所有筹备工作都在积极推进。

几周之后，在战时内阁经参谋长委员会的绝对支持下，启动了这一勇敢又很有价值的行动：面对被进犯的危险，我们一往无前，将我们近一半的最好的坦克送去了埃及。此次行动再次引出地中海通航问题，和之前相比，这次显得尤为突出。我绝对赞成送坦克过去，但我担心若从好望角绕路会耽误时间，以致无法在这场影响埃及前途的战事中发挥作用。第一海务大臣起初准备冒险尝试，可是深入研究过之后，觉得这么做会影响眼下海军部负责的核心任务——"帽子"战斗计划。因为这起码得从直布罗陀调两艘高速摩托运输舰（速度为每小时十六海里）去马耳他，他觉得和取道亚历山大运送比，这个更冒险。因此又造成了新一轮的争论。

首相致伊斯梅将军，转参谋长委员会　　　　　　　1940 年 8 月 11 日

〔途经好望角送坦克去埃及〕这一提议我不赞成，它一方面让我们在最危急的时刻失去了这批珍贵的物资〔五十辆步兵坦克，即"I"式坦克〕，另一方面又无法让中东在急需它们的时候用上。我不得不让海军部重新拟订方案，并且解决各种难题。如果有需要，是不是可以把相关人员分散到各个驱逐舰里——已经自"H"舰队抽调了不少驱逐舰去东地中海——之后像坎宁安海军上将当前做的那般，把六艘驱逐舰开往西地中海，然后再让它们返航？

由于韦维尔将军只要在这段时间内拿到他需要的轻坦克就行，（坦克的）人员配置方面，他可以临时布置，所以我同意经由好望角运送第三轻骑兵团〔一个坦克团的人员〕。如果坦克方面的人员已经

上船，那这五十辆步兵坦克的运送，我预备冒险走地中海这条路。但是，不存在从好望角绕路运送这批坦克和坦克人员的问题，因为从好望角绕路，他们势必在两个月以内完全无法发挥作用。护送那些至关重要的人时，必须取道地中海，而剩下的那些，可以绕道。

请明天（周一）务必将深入的计划交给我。

首相致海军大臣和第一海务大臣　　　　　　　　　　1940 年 8 月 13 日

1. 达尔朗海军上将在法国撤出这场战争的前夕，在完全未装备潜艇探测器的驱逐舰或者飞机的保护下，在白天用大炮轰击了热那亚，而且平安无事地回到了土伦。东地中海舰队曾经三次开进地中海中部，之后返回亚历山大港，仅有"格洛斯特"号这一艘战舰遭到炸弹打击。一支快速运输舰队和一支低速运输舰队几周前曾经自马耳他平安驶抵亚历山大，在它们行进的过程中，遭到意大利飞机轰击的时间仅有两天。

2. 现在，海军部提议自亚历山大调六艘驱逐舰去和"H"舰队会合。很多意大利快速巡洋舰队都停靠于意大利境内的基地里，这几艘驱逐舰肯定要从他们的空袭范围内经过。地中海舰队总指挥和海军部曾经准确推断过意大利海军的目的，因此说此种调动风险极大并非无稽之谈。

3. 我们现在听说，让我们强有力的舰队近期保护两艘速度仅有十五海里每小时的摩托运输舰去东地中海，风险极大。可与此同时，又让我们耗费巨额款项为抵御海军部所说的或许会发生的入侵——一万两千人从奇龙德〔河〕〔或从〕圣那泽尔上船，在完全没有战舰掩护的情况下，开赴目标地点——加固不列颠西海岸的众多区域的防御工事。如果说，敌人能够迎着力量强大的英国海军，不用战舰保护就送一万两千人去爱尔兰或者不列颠西海岸登陆，那么，是不是可以说，这和推测目前地中海危险所用的标准并不相同？

4. 没人知道，对埃及的总攻会在何时何地发起。但是，这种情况的可能性看上去非常大：若德国人进犯大不列颠受阻，或者完全不准备进行此种尝试，那它势必会极力敦促并且帮助意大利攻打埃及。应该将9月视为非常危急的关头。

5. 在此种情形下，完全不该寄希望于从好望角绕路运送装甲旅，因为那么做，将让他们在9月份完全无法发挥防护守卫作用，不管是对英格兰，还是对埃及。

6. 关于起码派两艘摩托运输舰共同支援东地中海舰队之事，我要求重新进行讨论。人员可以让战舰分别运送。以整场战争的形势而言，这些摩托运输舰若是从好望角绕路，很可能会赶不及参战，这种危险比经由地中海运送的危险更大。若是能将人手合理地分派到战舰上，那我可以对装甲车辆可能承受的损失负全部责任。

海军部不肯途经地中海运输装甲旅，连仅仅是运送装甲旅的车也不肯，我对于自己没能劝服他们感到恼火、难过。我和庞德海军上将友谊深厚，我对他的判断力深信不疑，可是这并不妨碍我们从未停止的激烈争辩。他负有专业之责，也是我所有的海军将领同事中最富有冒险精神的。我们一起工作了很长时间。他是唯一有可能进行尝试的人，而也只有我，有劝服他的可能，我若做不到，别人就更做不到了。我没办法对他们或者对我非常重视的老朋友和老同志——庞德或者海军大臣要求得太狠，因为我和海军部太熟了。因为我和海军部关系太好，所以我不采用正式对内阁发出指令的办法，不愿意让这种关系受损。

此事，我终于在8月15日呈送给内阁，我说，我曾想让海军部同意把这两个装甲旅放进"帽子"战斗计划中。若取道地中海运送坦克兵团，那差不多9月5日就能抵达亚历山大。但如果途经好望角运送，那大概得再迟三周才能到。可是帝国总参谋长觉得意大利不会马上发起大规模进攻，韦维尔将军也这么看。在我为了要走近路想尽了所有办法之后，我觉得战时内阁不该驳回指挥官们的决定，所以只能惋惜地被迫接受从好望角绕路这个更长的航程。但是，参谋长委员会也拟定了一个针对近路的备用方案，打算若在"帽子"战斗计划执行之前中东局势突然变差，就采用这一方案。这两艘快速摩托运输舰——运载着巡逻坦克和"I"式坦克——会和舰队一起通过地中海。航路问题，需要在支援船舰通过直布罗陀之前，做出决断。若中东发来的报告显示无须启用这一备用方案，那全体运输舰队会继续从好望角绕路。

　　"帽子"战斗计划自8月30日到9月5日顺利施行，而且完全没有受到损害。8月30日，坎宁安海军上将自亚历山大港起航，他的空军在31日黄昏报告说，前方出现一支敌方舰队向我们逼近，且这支舰队由两艘战舰和七艘巡洋舰组成。他们想和敌人交火，可是意大利人明显不想找事，所以完全没发生争斗。第二天晚上，我们的飞机再次发现敌人，他们这时已经退至塔兰托。从这之后，坎宁安海军上将的船舰就在马耳他东南区域一路畅通，没怎么受到敌机侵扰。除了有一艘船因空袭受损之外，运输舰队平安到达马耳他。与此同时，在萨默维尔海军上将指挥的"H"舰队的保护下，包含"勇敢"号（没改建的"勇敢"号姐妹舰"巴勒姆"号并不在其中）、"光辉"号航空母舰和两艘装备防空装置的巡洋舰在内的支援船舰，也正从直布罗陀驶来。"勇敢"号和巡洋舰将所需的枪炮和武器平安运抵马耳他，之后，在9月3日又跟着坎宁安海军上将开往东边。这支舰队在回亚历山大的路上，曾经对罗德岛和卡尔帕索斯岛发动攻击，并且轻松摆平了一次快速鱼雷艇的进攻。萨默维尔海军上将的舰队平安返回直布罗陀。

　　所有这些事让我坚信，取道马耳他海峡运送我方装甲旅的这个险值得冒，更何况我们已经坚定不移地迎着德军预备进犯的危险，抽调了我们国内的大量装甲兵团，所以更有冒险尝试的价值。若真的冒险从那里运送，或许眼下已经抵达埃及，用不着多花三周的时间了。在这三周里，埃及确实没遇到什么大麻烦。可是，我们也确实因为过于担心意大利空军，而让我们海军的战斗行动受到了影响。那时我觉得事情的发展已经让我的主张得到了的证明，现在我也一样这么看。萨默维尔海军上将带领"H"舰队在 11 月末前后，确实曾经从西方将一支运输舰队送去了马耳他，并且路上，在撒丁岛周边，与逃离塔兰托的一部分意大利舰队发生了一场小型战斗。在这支运输舰队里，有一艘船在增援东地中海的船舰的保护下，和三只从马耳他过来的三只装载物资的船一起，继续开赴亚历山大。自意大利参加战斗开始，这还是商船首次走完地中海航路。在后册书里，读者会看见 1941 年，在德国空军遍布西西里岛时，我国海军怎样在运坦克去埃及时，完成了一项更为凶险任务。

首相致海军大臣　　　　　　　　　　　　　　　　1940 年 9 月 7 日

1. "帽子"战斗计划的推进过程让我坚信，不该放弃经由地中海运送装甲车辆的这一主张。我曾经针对应当选取这一航路的各种理由写过一份备忘录，你若是看过，就会发现我的理由已因新实情的出现变得更有力了。……

首相致海军大臣　　　　　　　　　　　　　　　　1940 年 9 月 7 日

我出任海军大臣时，曾经多次提出应该为"拉米伊"级军舰加厚甲板装甲、增加舰胴体积以抵挡轰炸的要求，你若能将相关情况简练地概括出来告诉我，我会非常高兴。对这些船舰的改造，若是在我再三要求这么做的时候就动手去做，那我们眼下就有工具攻打意大利海岸了，这在政治、军事上很可能产生最大效果。甚至到了今天，仍然有一种倾向——既不想采取这种非常必需的举措，又拿不出替代方案。

因为不想明年也跟今年一般缺少轰击用的船舰，我曾经写过一个备忘录给你，再次提起这个改造方案，可是直到现在你也没做出回应。等读过一些有助于我回忆前事的文件，我将和你讨论此事。

对于新建船舰来说，还有很多别的亟待解决的问题，若是不对它们加以衡量，此事就永远解决不了。我之所以没能得偿所愿，不是因为有原则上的矛盾，而是因为撞到了这个暗礁。

首相致伊斯梅将军　　　　　　　　　　　　　　　1940 年 9 月 8 日

以下这份备忘录，是首相兼国防大臣写给东地中海舰队总司令安德鲁·坎宁安爵士的：

对于你近日在地中海东部和中部打的胜仗，对于你的舰队为我们增加两艘最出色的船舰和别的有用的船舰，请接受我的祝贺。可是，守卫埃及和亚历山大急需的装甲旅想要抵达战场，却还要三周多的时间，就让我觉得非常可惜了。关于海军的局势，望你能按照"帽子"战斗计划推进时和"光辉"号、"勇敢"号到达时得到的经验，再审度一下。除了推断意大利海军明面上的力量，还要推断他们预备抵抗的限度。今秋攻打意大利这一行动十分重要，因为时间过得越久，德国人强有力的手就越能掌控意大利的作战机构，到了那个时候，形势就截然不同了。我们预备竭尽全力增强马耳他岛的防空工事，并且很快会有一种新型武器运过去测试，我对这批武器期望很高。我认为马耳他在1941年4月之前，是能够作为我方舰队临时停靠的安全据点的。你这段时间之内，若有任何有关进攻的想法，都可以送往海军部。我们的陆军和空军打算对意大利在利比亚的运输线发动攻击，这个行动如果选对时机，就能让意大利完全无法大举进攻埃及，你若能协助该计划，我会非常高兴。抢占先机，明显大有好处。我期望大家已经对"海燕"式（总算在我们的航空母舰上安装的快速战斗机）有了不错的观感。

这段时间，抢占制空权的争斗仍旧如火如荼地进行着，可我们坚信我们一定会取得最终胜利。

空军对我们掌控地中海来说至关重要，对于这点，英国政府及其专职顾问没能在战前有更明确的意识，确实让人吃惊。不管怎样，我们在空军竞赛里已经比德国人差了这么多，却仍在很大程度上要由我们在数量上已经处于下风的空军肩负起捍卫不列颠的使命。除非不列颠之战已经获得关键性的胜利，否则一切以飞机增援地中海和埃及的行动都是无奈之举。就算是冬天那几个月，在我们自觉已经能够在白天掌控本国领空的时候，我们想迎着闪击战的重大危险将战斗机送去马耳他或者埃及，也有极高的难度。从受到轰炸的城镇、重要港口和军火工厂将那些用来对抗敌机的高射炮和炮弹，不管是从好望角绕路送往埃及，还是冒着重大的风险直接送去马耳他，都是一件让人十分不舍的事。

虽然挫败、损失不断，可是马耳他以往被忽视的防空体系仍旧慢慢强劲起来。萨默维尔海军上将统领的舰队在直布罗陀的众多任务中，有一个任务就是用一艘航空母舰把战斗机送到可以飞抵马耳他的航程范围内。8月初，他们进行了首次努力，那时"阿尔戈斯"号航空母舰送飞了十二架"旋风"式飞机去马耳他岛。在它们没抵达以前，只有三架"斗士"式飞机负责该岛的空防，那里的人非常亲密地叫这三架飞机"信心""希望"和"仁爱"。11月，我们进行了第二次努力，可惜是场惨剧。在该岛西面四百英里处，十四架飞机自"阿尔戈斯"号航空母舰起飞，可由于风向的变化，其中九架飞机燃油耗尽，最后和飞机上忠心耿耿的飞行员一起沉入海底。在这之后，为这一行程的航空安全所留有的空间，再也不掐得那么紧了，因此，虽然后来相似的行动有不少，可这种事故却再没发生。

*　　*　　*

与此同时，还必须想办法送飞机去中东，不仅要避开地中海的险境，还不能因为从好望角绕路而耽搁太长时间。途经西非陆运的方案或许能省下不少珍贵的时间和部分船舰。飞机要么自航空母舰起飞，飞去岸上，要么拆散、分箱装运，之后再在某个港口重新组装、起飞。拉各斯和塔科拉迪都是可选口岸。

经过仔细分析，我们选择了塔科拉迪，并且 1940 年 8 月 21 日就有工作组到这儿了。这条先后经过卡诺、喀土穆，最后到达开罗的路，总计三千七百英里长。塔科拉迪必须建造很多维修间和各种设施，还要在路上设立各种加油站和休息站。十二架装箱的"旋风"式和"伯伦翰"式飞机 9 月 5 日自海路运抵，第二天，又有三十架"旋风"式飞机自"阿尔戈斯"号航空母舰飞过来。9 月 20 日，首批空运自塔科拉迪启程，四天后抵达喀土穆。及至年末，以此种聚少成多的办法慢慢送抵埃及的飞机已有一百零七架。

这条路起步虽快，可想筹备好，没有几个月的努力是不行的。拆箱组装飞机的工人因为塔科拉迪的天气和那里肆虐的疟疾而饱受折磨。别的迫在眉睫的需求也制约了对航空母舰的使用。天气状况也对空中运输不利。路上堆积了不少因为短缺零件而无法装配使用的飞机。穿越大片蛮荒沙漠的飞行使得引擎损耗极大，进而伤及飞机的寿命。工作启动时有很多亟待解决的难题。此种运送飞机的办法在 1940 年尚未看到成效，不过我们若没及时开始，1941 年，尼罗河集团军和这支军队的所有险行都会被各种各样的悲惨经历打倒。

* * *

及至 1940 年末，英国海军又一次在地中海站稳了脚跟。萨默维尔上将千里迢迢送往马耳他的高射炮和别的装置，也让马耳他的防御体系得到了极大的增强。坎宁安海军上将在东地中海的进攻方案也成果显著。意大利的空军确实不弱，但不管是哪个方面，主动权都掌握在我们手里，马耳他岛所占据的主要地位并没有因局势的变化而发生改变，在对意大利和驻意大利的非洲部队间的运输线发动攻击时，这座岛还是一处进军据点。

第八章　九月危局

空战最激烈的时刻——战斗机飞行员疲惫不堪——即将进攻的迹象——对敌军集结的驳船的轰炸结果让人沮丧——英国如临大敌——军需政策——我下达的总体指令——有关1941年军需用品的审查——一个时限为8个月的计划——10月，我下达的有关优先权的备忘录——关于"过时武器"——英国本土和埃及进入了最紧张的时期——雾的危害——对德·王尔德制造厂的弹药的需求——飞机制造部的成绩——贯彻设立突击队政策——格拉齐亚尼元帅的军队9月13日向前进军——他们在希迪拜拉尼停顿——马耳他危机——担心的灾难并未发生

在统领不列颠战事的人的眼里，9月也是个捉襟见肘、非常紧迫的时段，和6月并无不同。之前已经说了，空战是一切胜负的关键，眼下空战仍打得极为激烈，并且渐渐步入高潮。现在回想从前，会发现皇家空军9月15日的成功是个关键拐点。但那时看不太出来，而且我们也无法确定，空袭什么时候停止，会不会更猛。明媚的天气有利于在日间发起大规模空袭。迄今为止，我们对空战始终心存期待，可是在9月的第三周，我去第十一战斗机大队指挥部访问空军少将帕克时，我发现此种期待空战的心态出现了一种尽管非常微小，但十分明显的变化。我问天气情况如何，他们同我说，

估计几天内天气状况都还可以。但人们不像月初那般期待好天气了。我明显觉得，天气状况若是忽然变差，大家也不会将其视为坏事。

正当我和几个将领正在帕克的办公室坐着时，一个军官送来了一份空军部的通告，上面说，德·王尔德制造厂的所有弹药都用光了。战斗机飞行员最喜欢用该厂的弹药。制造弹药的工厂遭到了轰炸。对帕克来说，这是一记重击，这我看得出来。但他深吸一口气，沉默一会儿后，硬气地说："既然我们以前没有这种弹药时也打过仗，那眼下没有，也一样能打。"

周末的时候，空军中将道丁经常会从阿克斯布里奇开车来契克斯。我和他交谈时明显感觉到，空战指挥部现在的情况非常糟糕。我对每周的统计报告都十分重视，从报告中可以看出，在敌人不加大空袭力度的情况下，我们的飞机是够用的。但图表并未指明飞行员精神和身体方面的紧张程度。他们有崇高的献身精神，时常以一当五或者当六地战胜敌人；他们知道自己成功了很多次，已经让敌人遭受了重创，使自己处于上风，这都不假，可人的承受能力终究不是没有止境的。精神也好，身体也罢，总有精力耗尽的时候。我感受到了惠灵顿在滑铁卢之战那天下午的心情："今夜，望上帝降临或者让布吕歇尔抵达。"不过这次，我们不用布吕歇尔来。

德国即将进犯的迹象在这一时期越来越多。我方航拍的影像显示，起码有三千只自动推进的驳船在荷兰、比利时和法国的港口及河口聚集。虽然眼下此海和基尔运河仍旧畅通无阻，但我们无法断言，在莱茵河口或波罗的海没有更大的后备船舰聚集。在分析德国进犯事宜时，我已经为证明此种论断——我们只要在他们入侵时予以猛烈还击，他们就不会深入，只会继续等待机会——罗列过理由。可是，当每周航拍的影像和情报人员的汇报告诉我，敌人正紧锣密鼓地准备进攻时，我却无法遏制恐惧的心情。人会慢慢被这种心情控制。德国人除非有必胜的信心，且已经按照严密的思考制定了方案，否则，恐怖的敌人并不会过来。他们这次会不会也发起一次突袭呢？他们有坦克登陆艇或是别的更有效的应急手段吗？他们还差什么？我们夜间的一切轰炸都聚集在德国人预备进犯的出发口岸，他们好像每晚都在那儿利用驳船和别的船舰练习上船、下船。我们对那些聚集在港口或者停靠码头周边的大量驳船进行的轰击的效果，可以从空中拍摄的照片上看出来，有好几次我都很不满意。

首相致空军大臣   1940 年 9 月 23 日

　　这些影像让我觉得：轰炸机明显没有打中那些大批聚集的驳船的能力。在我看来，对于那些排成长方形的船队，只要顺着方向接连扔几颗炸弹下去，就能造成一场大规模的混乱。可我发现，所有驳船都平安无事、井井有条，只有港口入口的地方有几艘驳船明显受损，这确实让人非常失望。

　　难不成真的无法改善？

　　我曾经说过，对于德国很快就会侵略我们这件事，参谋长委员会一直深信不疑，可我却心存疑虑，并给出了不同的看法。但这不表示我能遏制因为长时间权衡大事而在心里生出的激动之情。确实，我们所有的神经都紧绷着。我们的指挥官在处理事情时非常谨慎、极为聪明，我们现在强有力的军队处于高度戒备状态，我们全国的民众都意气风发，临危不惧，这一切让我们在所有方面、所有细节上准备就绪。

＊　　　＊　　　＊

　　眼下，我们应该从这一角度——英国不在欧洲大陆内部——来重新衡量我们全部的战时生产工作和它的优先地位。我们针对此项工作一再和军需大臣以及别的相关人员讨论。在这个月月初，为了对我们 1941 年的军需工作进行引导，我帮内阁制定了一份有关军用物资的总训令，我周围有几个人为此付出了很多努力，并认真做了审核。

军需情况
首相备忘录

1940 年 9 月 3 日

1. 能击败敌军的只有空军，海军或许会让我们战败。所以，我们务必竭尽全力赢得绝对的空中优势。战斗机能拯救我们，但我们想要取胜却必须通过轰炸机才行。所以为了运送数量越来越多的炸弹去德国，彻底瓦解敌人战斗行动和经贸活动所仰仗的一切工业和科学部门，同时将敌人拦在合适的距离之外，让它无法靠近我国本土，我们必须增强空中实力。我们现在不能期望以别的办法打败德国强劲的武装力量，就算德国把军队送往非洲战场或者东方战场，我们也无法遏制德国，让其不再收获战果。所以只要没有违背后边谈及的条件，空军和空军的大型行动就应最为优先，排在海军和陆军之上。

2. 德国已经夺取了大片区域，能够强迫被攻占的国家或者民众为其的利益劳作，所以封锁的办法已经过时，无法对德国起效了。目前，没有任何特定供应品是只要予以限制，就能左右德国的战斗行动的。现在海军在推进维持运输线通畅的工作时，已经觉得有些力不从心，可是因为海军部采用了新办法，美国的驱逐舰也到了，我们的船舶制造厂生产的潜艇也越来越多，所以情况有希望发生明显改善。海军部应该将注意力放在进攻方案上，放在轰击敌人或者敌人夺取的海岸上，尤其是地中海海岸。在没收到其他指令之前，应以最快的速度，一丝不苟地制造反潜艇船舰。海军的计划对空军影响不大，而且应该让出一部分装甲板去制造坦克。

3. 好像不需要重新考量有关及早将陆军的军力增至五十五个师的决定。这其中包括十个装甲师，春天建五个，夏天增加到七个，等到 1941 年末达到十个。我们的武器制造厂应该竭尽全力，以便这些武器供应方案得以施行。军需大臣〔赫伯特·莫里森先生〕有关军需问题的解决方案，原则上我是认同的，并且相信，1917—1918 年的那种大炮轰击强度是不能用在本场战争中的。

4. 一定要尽全力实现对我国本土和中东部队的武装。坦克和轻武器的弹药，特别是特定种类的弹药；反坦克炮和反坦克枪，特别是它们的弹药；迫击炮，特别是它的炮弹；来复枪——这些都是最大的劣势所在。关于来复枪，我们原本指望能从美国再得到二十五万支，可惜听说，1941 年末之前最多也只能再生产五十万支。自然，在我方正规军大量开赴海外的过程中，为了护卫我国本土，国民自卫军和禁卫军的人数势必会远多于现在。使来复枪的制造能力得到大幅提高非常重要。

5. 冬日的降临并不会消解进犯的危险，德国明年攻打我们时，或许会采取截然不同的措施。敌人在战争发展过程中，会越发觉得需要战胜我们。他们或许会研制出当前尚未见过的各式航海工具。应该相信，我们从未摆脱遭受侵略的危险，可是，在本岛有大批兵力驻守的情况下，这种危险不一定能变成现实。在此之外，中东是可以推测出的 1940—1941 年仅有的主战场。我们必须在海上运输和当地供应能力可及的范围内，尽可能地派英国、澳大利亚和印度部队去那儿。我们应该能够想到，这些地方——埃及和苏丹，土耳其、叙利亚或者巴勒斯坦——会变成我们的战场，伊拉克和波斯也有此可能。应该给这些战场预备十五个英国师、六个大洋洲师及起码六个印度师，不过，这些师并不是在数量上对上面说的那五十五个师的扩充。武器上的支出即将达到上一次大战的程度，这恐怕出乎大家预料。主要因素是空军和机械化军队。

6. 我们或许可以对敌人以及敌人在欧洲或者北非夺取的区域实施两栖战。但此种战斗要用的军火和供应品则应该自上述的军火和供应品中调拨。

7.考虑到德国陆军和空军武装程度极大,正像军需大臣所正确告诫我们的那般,我们的工作的难度确实非常大,可是此次战争绝非一场互相以大量人手投掷大批炮弹的战斗。面对在数量上更占优势的敌人,我们想要在对抗中占据优势,只能研制新型武器,特别是要依照科学的引导。例如,为了能无视视力情况,在空中或者地面发现并打中敌方飞机,眼下正进行着一系列的研究。这些研究成果若能达成我们的愿望,那战略局势和军需情况都将得到极大改善。投掷非旋转炮弹的武器若能得到弹药、导向器和别的辅助设备,让命中率变成当前的三到四倍,那么自地面重新夺取天空的任务就朝前迈了很大一步。海军将再次拥有原本强大的行动自由和实力去发起攻击。陆军不会遭遇"纳姆索斯"之险,[①] 能在很多地方登陆。所以,我们一定要如同优先看重空军一般,看重无线电测向器〔雷达〕——它拥有很多精密仪器,将大有作为——的所有领域,实际上,它是空军的一个重要部分。我们应该率先考虑和推进的工作就是增加高级科研人员的数量,以及培训操作此种新型武器的人和进行相关研究的人。尽管现在就更改计划还太早,但是可以预见,这会极大地减少高射炮和弹药的消耗量。

8.除了敌人看上去未必会实行的大规模入侵外,还看不出在1941年春天之前哪里会耗费大量经费或者武器。尽管中东任何时刻都有发生关键性激战的可能,可运输援军和军用物资的难度制约了士兵和经费的消耗量。所以,若没受到干扰,我们对军备生产进行大举改进的时间将有八个月,在这个时段中,有望稳定且快速地累积军用物资。务必将我们所有的贷款和原材料来源都用在这个事情上,特别是技术人员。

---

① 在纳姆索斯,面对敌人的空袭全无还手之力。——原注

这一策略得到了我所有同事的一致认可，各部也马上照此策略行动起来。

＊　　＊　　＊

10月，我发现各部对优先权的争抢非常激烈，每个部都竭尽所能想占据优先地位，所以，我必须再写一份关于优先权的备忘录。

优先权
首相的备忘录

1940 年 10 月 15 日

1. 我们谈及的无线电部门应该在人力物力上享有最高的优先权。这个部门需要科学家、无线电专家、各个级别的熟手和好材料。这一方面的成果在很大程度上决定了我们战斗的成败和我们日后的战略，尤其是海军战略。为了更好地保护我们的战舰和口岸，我们一定要让高射炮的准确性得到极大的提升。我们不但要信心满满地全方位推动研发、试验工作，还得竭力生产，经历过几次失败之后，我们肯定能取得成功。

2. 应该让飞机的制造获得至高无上的优先权，以便推进已经得到允准的目标方案。相关部门要避免滥用此种优先权，或是对别的重要机构造成原本可以避免的阻碍，这是这些工作人员的责任。为了这一目标，他们应该每个季度，甚至每个月——若他们的能力允许的话——先把需要的人员、物资计算出来，好让剩下的部分都能马上供应到别的地方。飞机生产享有优先权，但不要生出一切有限物资的供给都归飞机制造所有的想法。若发生此种情况——已经得到允准的飞机制造部的需求量会耗尽全部供给，那么，即使会损害到飞机的制造，也必须专门调拨一些出来，以满足别的部门或者别的方面的最低需求。这种调拨若是引发争议，就呈送内阁裁定。

3.我们现在要建五个装甲师和多于三个装甲旅。不仅如此,在人数上,我们是比不过敌人的,所以,我们一定要给他们配备大量装甲车。我们要在1941年末组建十个装甲师。所以,陆军应当认真核实自己在摩托车上的需求量,并从美国大量买入。守卫本国的护卫队既然已经享有种种非常发达的交通便利,那在外战斗的各个师所使用的交通工具,他们就用不着了。他们应当适时地随机应变。一个参谋人员若只考虑自己的想法,要求过多,对国家是没有好处的,因为他只会不断提高要求,直至数额巨大,无法实现。请针对摩托车和第一条防线、第二条防线、第三条防线上的以下各英国师,交一份报告上来:

(1)海外战斗部队。

(2)本土防御部队。

(3)海岸驻军。

现在正是物资短缺之时,一切小题大做、制造难题的想法都会损害到我们。

只要可以,英国本土的摩托车短缺都应以马车弥补。我们曾经将我们的不少马匹卖给了德国,这并非明智之举,好在爱尔兰眼下还有不少马。

4.对于"过时武器"的制造,应予以特别扶持,并偶尔提供优先权,在这些武器中,下面两种需要特别指出:

(1)来复枪。

(2)轻武器弹药,尤其是特殊种类的弹药。得让新工厂开工,为此应该主动想些办法出来。这种情况若在年末之前,也就是战争开始后的十六个月里都几乎毫无改进,那就太糟糕了。一个弹药制造厂,十二个月就能建好。我们之所以能免于此种错误引发的最坏的结果,是因为部队没像预计的那般投入战场。

尤其让人失望的是迫击炮炮弹和反坦克炮弹的出产情况,一定要想办法改进。

此种"过时武器"的制造，也是我和生产委员会所得到的周报里的一项内容。

5. 海军应该在小型舰艇和反潜船舰的制造上使用当前持有的优先权。这也可以用在商船和登陆艇的制造上。所有大型船舰，只要无法在1941年完工，就应该得到延时的批准。务必拟订方案，推动所有和优先需求没有矛盾的工序和零件的制造。钢板和装甲板尽可能向美国购买。

被进犯的危险到了9月中旬好像眼看着就要发生了，因此不能再派重要部队去东方，更何况他们只能从好望角绕路。多佛尔地区的局势非常危急，去那里巡视过之后，我决定数周之内暂不将新西兰部队和剩下的两个坦克营调去中东。与此同时，为了能在危急时刻穿过地中海，我还控制着三艘快速运输船——人们称之为"格伦〔公司〕船"。

首相致伊斯梅将军转参谋长委员会　　　　　　　1940年9月17日

　　不论发生什么事情，新西兰旅都不能撤出多佛尔海角的战场。那两个巡逻战车营也不能走。暂时先别送澳大利亚部队走，等到10月的第三周再让整个运输舰队动身更合适。总而言之，让军队从好望角绕路是无法按时抵达的，对剑拔弩张的埃及战争一点儿帮助也没有。但他们在这儿，却能发挥极大的效力。或许等到10月的第三周，海军部准备冒一次大险了。无论如何，谁都无法接受，新西兰军和这几个坦克营在整个10月一个战场都没参与。

首相致伊斯梅将军　　　　　　　　　　　　　1940年9月19日

　　留心别让"格伦船"离开，要不然，当出现紧急需要，有冒险尝试价值时，就没办法经地中海运送支援的装甲兵团了。我可不想到时候有人告诉我，没有能用的船舰。

我想知道，我们若决议在10月的第三周让一支运输舰队自地中海西部开赴东部，有没有别的船舰可用？

这个9月确实阳光明媚，但我仍旧担心会出现大雾天。

首相致雅各布上校   1940年9月16日

请将第一海务大臣提交的这份（有关敌人在雾天登陆的）报告抄送参谋长委员会，转呈本土防御部队的总指挥，并且对其做此种补充："在我看来，雾会妨碍空战，对我方的炮队有害，影响我们的海军进行有组织的轰炸，同时，有益于敌人使用潜行战术，设立登陆据点。所以没有比它更危险的了。一旦下雾，就一定要以最强的火力在敌人预备发起攻击的出发口岸上空，投掷炸弹。请告诉我，海军在如下天气状况时，预备以小型舰队在晚上和清晨发起怎样的行动：（1）若是英吉利海峡上方的雾，英国这边浓，法国那边淡；（2）若两边的雾浓度相同。

"我们需要做出让无线电帮忙引路的提议吗？

"面对持续的轰炸，长时间的等待会让敌人失去力气。但雾气仍然是我们的敌人。"

虽然存在这么多危险，但也别让战士太过劳累。

首相致伊斯梅将军   1940年9月18日

因为天气太差，能视情况将一级警报降低到二级警报吗？请就此问问参谋长委员会的意思，并交一份报告给我。

首相致伊斯梅将军　　　　　　　　　　　　　1940 年 9 月 18 日

请问问，是否有办法在敌人预备进攻的一个或者几个启程口岸，撒一层容易着火的燃油？火烧战舰不是什么新招儿，在西班牙无敌舰队时期已经在敦刻尔克尝试过了，只是进行一下现代化的改进。海军部肯定能想到一些办法。

首相致军需大臣　　　　　　　　　　　　　　1940 年 9 月 18 日

德·王尔德制造厂的弹药至关重要。显而易见，第十一战斗机大队觉得制造厂被炸是一记重创。你离开沃尔维奇去休养那周，产量为什么降到了三万八千发，原因我很清楚，我相信产量会回到原来的高度。请告诉我，对于未来的四周，你对产量的预计值。倘若产量有机会恢复，那我们储备的物资是可以稍微动用一些的。

首相致军需大臣　　　　　　　　　　　　　　1940 年 9 月 25 日

现附上我对统计局就轻武器弹药近期产量所做的统计报表的看法。表上的数字让我非常担心。尤其是德·王尔德厂的弹药，它们是最有用的，但也是受损最重的。你的难处我非常了解，但我认为除了第七号和第八号子弹的所有区域，在德·王尔德制造厂的弹药和穿甲弹这边，也应竭尽全力。在哪些方面你有难题，需要我帮你解决，望告知。

对于我下边的这份备忘录，望读者多多谅解。

首相致海军大臣　　　　　　　　　　　　　　1940 年 9 月 18 日

买一面新的海军军旗？你当然可以这么做。脏掉的那个东西，我每天早上看到它就觉得难受。

*　　　*　　　*

新建的飞机制造部所赢得的成绩，让我放下心来。

首相致比弗布鲁克勋爵　　　　　　　　　　　1940 年 9 月 21 日

你呈报的各式战斗机在 5 月 10 日到 8 月 30 日期间大幅提升的产量数字，让人极为振奋。你若能对即将来临的 9 月 30 日做出相同的数字规划并交给我，那我就可以放弃传阅的办法，直接向内阁宣读。不过 9 月的数字表格若是得等到 10 月才能编制好，那我会〔将手里的这份〕读给内阁。

你和你领导的部门为国家做出了极大的贡献。

首相致比弗布鲁克勋爵　　　　　　　　　　　1940 年 9 月 25 日

对于你负责的飞机制造部在日趋艰难的环境中仍旧取得了如此惊人的成绩，我必须请你向你的部转达英王陛下政府最诚挚的谢意和祝贺。

*　　　*　　　*

在突击队或者冲锋队一事上，陆军大臣与陆军部和陆军的偏见发生了矛盾。我在整个夏天和秋天都在想方设法帮陆军大臣处理此事。

首相致陆军大臣　　　　　　　　　　　　　　1940 年 8 月 25 日

我不停地思索我们那晚开诚布公的谈话，而且觉得我应该写封信给你，因为我听说有人不认同突击部队的整体地位。有人同我们说"已不再征召新成员了"，并且突击部队前程未卜，所以，我认为我应当给你写信让你知道，我对德国不管是前一次大战还是这一次大战都曾对突击队进行了正确运用，感触颇深。

1918 年突击队打的那场渗透战对我们危害极大，并且那年的最后四个月，扛起守卫德国之责的多是部署合理、英勇奋战的机关枪阵地的士兵。这一切要素在此次战争中更是得到强化。数量非常有限的装备精良的德国精锐——这让人难以相信——的先头作战让法国战败，之后，大量德国陆军在它后边接收、占领攻下的土地。我们若想在1941年展开作战行动——其性质只能是水陆合作——势必会有不少小仗要打，所有这些都得仰仗轻装简行、灵活机动的军队出乎意料的登陆，他们要能像一群猎犬一般潜行，而非如正规军一般大规模行进。眼下已经变得组织非常严密、装备十分庞杂、运输装置极其巨大的正规部队，是难以应用到一切时间有限的战斗中的。

所以，因为各种原因，我必须将建立冲锋队或者突击队的想法变成现实。我已经提出，调派五千伞兵过来，另外我们还需要这种可以施行闪电行动的小规模"兄弟团"，人数最少也要一万人。只有采用此种办法，才能先夺取某些阵地，之后让训练有素的正规军获得大举进攻的机会。

所以，对于之前采取的策略或者招募的所有志愿者，在你采取任意行动将其拉入骑虎难下的旋涡前，我希望你给我一个和你讨论此事的机会。

陆军部强烈抗议，态度坚决，而且军衔越低，越是反对。那些一辈子都在进行现役部队常规训练的将士，只要想起那些穿着便服、闲散恣意的大量"非正规军"，傲慢地轻视正规军的能力和英勇，就气愤不已。我们不少最出色的团长都非常恼火。"他们所做的事，我的营全都能做到。这个计划导致整个陆军的威望和最出色的将士都流失了。既然1918年我们没这么做，现在为什么又要做？"对于此种想法，就算不同情，也不难理解。陆军部接受了他们的抗议，可我却不肯妥协。

首相致陆军大臣   1940 年 9 月 8 日

　　你跟我说，我对这些特种部队的看法，你绝对赞成，而且你还要让他们的地位确定下来。可惜直到现在，这些军队还不清楚他们会被怎样安排，还不清楚我们预备将他们解散的想法，他们真是不走运。尽管申请者都列在了名录上，可是已经中止了一切征召工作，甚至不让那些已经获批的人被招进来。尽管这些军队的成员都是我们饱受训练的最出色的将士，可眼下他们只配备了来复枪，若让他们参加抗击入侵的混战，那无疑是种极大的浪费。你能确保你发布的命令，能在第一时间推进吗？我希望你能。或者，你能告诉我，妨碍你的命令得以执行的原因到底是什么。我在军事机构任职的时间不短，经验告诉我，通常遇到这种情况，只要是和部队的偏见相反的事，都将受到这一机构下层将领的阻碍或耽搁。这种事的应对方案只有一个，那就是杀鸡儆猴。等下属看到此种情形，你就能得心应手地指挥了。

　　你今天晚上若能和我共进晚餐，或许可以和我说一说这件事。

首相致陆军大臣   1940 年 9 月 21 日

　　突击队的配备情况，让我有些失望。不为他们提供足够的训练设施，和浪费出众的人才有什么区别？何况为他们提供的战斗用的装备更少。

　　请务必针对以下各点交一份报告给我：

　　1. 已经给突击队提供的装备有哪些？

　　2. 这些军队需要多少武器装备？

　　3. 能够马上为他们提供的训练用的装备有哪些？

　　针对各突击队的配备情况，请每周交一份详尽的统计报表给我。

有关德国预备如何进犯我们绵长的海岸线的消息，我们经常会听到，听说他们预备以二十五万人登陆，之后还要建立登陆基地，这对他们之后的行动很有帮助。我们的海岸防御体系看上去布置得十分合理，足以应对敌军的这种进攻。一个海岛面对来自海上的进攻，难题通常出现在敌军将优势兵力聚集于一点。可是，敌人若过于分散兵力，那么，就算大部分敌军成功登陆，他们也将遭遇分散在海岸各处的相同或者更多的部队的反抗。如此，形势就变成了一条脆弱的战线和另一条脆弱的战线的僵持。我们既然马上就能猜到，敌人会集结军力向前进攻，之后以主力部队对我们脆弱的防线进行冲击，那么在我看来，敌人就不会以众多小分队登陆——其中任意一个小分队的力量都不足以撕裂我方结构紧密的海岸防线——那没什么用。他们若为了过海牺牲十万人，另外十五万人却被拦在岸边，那此种登陆形式付出的代价就太大了，我们的后备部队还没参战，敌人就损失惨重。所以，敌人若真的预备执行传言中的这个登陆方案，我倒觉得很符合我们的意愿。他们若以大批军力攻打某些选好的地点，反倒对我们危险多了。

你应该愿意等我们下次见面时聊聊这事吧。

＊　　　＊　　　＊

现在再看，相比于我们对意大利进犯埃及的忧虑，指挥此次进攻的格拉齐亚尼元帅的忧虑更重。在日记中，齐亚诺写道：

1940年8月8日。格拉齐亚尼前来拜访，从他的话中可以看出，他将攻打埃及看成一件非常严峻的事，他说我们眼下的筹备工作还差得很远。他指责巴多格里奥没能遏制首领的野心——此事表明"作为一个了解非洲的人，他肯定是优柔寡断的，或者说得严重一些，他没安好心。那里如此缺水。我们不会成功的，在沙漠里，只要失败就肯定会造成迅即且全线的溃败"。

由于领袖上次和格拉齐亚尼谈话时，得到的印象是，后者似乎几天之内，就会发起攻击，所以当我将此事告诉领袖时，他非常烦躁。可格拉齐亚尼并未和我谈及日期。他完全不想发起进攻，或者至少要等到两三个月后。在谈话结束时，墨索里尼说："格拉齐亚尼一心只想保住自己的元帅之位，所以这个工作应该交给想要将官位起码提升一级的人。"[1]

元帅一个月后，请求要再推迟一个月，可是墨索里尼回复说，他若不想被撤换下来，就必须在一周之内发起攻击。元帅只得接受命令。齐亚诺说："没有哪场战事是在指挥官如此抗拒的情况下展开的。"

意大利主力部队在9月13日启动了这个盼望已久的行动，穿越埃及疆界向前进发。他们的部队共计有六个步兵师和八个坦克营。我方由三个步兵营、一个坦克营、三个炮兵中队和两个装甲车队进行掩护。他们接到指令边打边撤——因为自身条件和适应沙漠的优点，他们适合采用此种战斗模式。意大利军此次攻击始于对我方塞卢姆这个边境城镇周边据点的激烈轰炸。等硝烟和尘土落尽，可以看到意大利部队的军容十分严整。前方有摩托车大军在严阵以待，轻坦克和数排摩托车在后方跟着。按照一个英国上校的说法，这个场景，就像"在奥尔德谢特的长形山谷里举办的生日会"[2]。第三科尔德斯特里姆警卫队在此种盛大的阵势面前，慢慢后撤，与此同时，面对这般恢宏大度地摆在自己面前的数不尽的靶子，我方炮兵进行了猛烈的轰击。

---

① 摘自《齐亚诺日记》。——原注

② 这里指的是庆祝英王诞生的庆典。——译注

再往南，两支敌人的纵队向连绵不绝的高山以南的沙漠移动，这条山脉与海岸平行，而想穿过这片沙漠，出路只有一条——"地狱的火山口"哈尔法亚，此地在之后我们的每场战斗中都有所贡献。每支意大利纵队都有数百辆车，还有坦克、反坦克炮，炮兵走在前，中间是坐着卡车的步兵。这种他们经常使用的行军阵容，被我们称作"刺猬"。我们的部队面对这支大军，边后撤边抓住所有机会对这些行事怪异、犹豫不决的敌人进行攻击。格拉齐亚尼后来说，原计划是在沙漠中进行包抄围攻，但他最后决定不这么做，改成"将所有兵力集结到左翼，好顺着海岸疾速抵达希迪拜拉尼"。所以这支巨大的意大利部队就慢慢地以两条平行的线路顺着岸边公路向前进发。他们让坐着卡车的步兵，一批一批地——一批五十辆——发动攻击。科尔德斯特里姆警卫队在四天之内灵活地从塞卢姆退至彼此相连的战线上，而且在这一过程中让敌人蒙受了重大损失。

意大利部队在 17 日抵达希迪拜拉尼。我方牺牲的人数是四十人，但敌方损失的人数是我们的十倍，除此，还有一百五十辆车被毁。意大利部队此间的运输线延伸了六十英里，他们因为打算在这儿驻扎三个月，所以停了下来。他们接连遭受我们的小型机动部队的攻击，物资供给难以为继。齐亚诺说，一开始墨索里尼"喜出望外，他已经承担了此次进攻的所有职权，而且自豪地说自己是对的"，可是他的热情在辗转过了数个月之后，就慢慢消散了。但是，我们从伦敦的角度看，觉得不出两三个月，肯定有一支所集兵力远多过我们的意大利部队，再次发起攻击，妄图夺取埃及三角洲。除此之外，在任何时刻，德军都有可能会在战场上出现。我们自然相信，格拉齐亚尼既已发兵，就不会长时间的按兵束甲。我们有理由推测马特鲁港将有一场大仗要打。我们紧急需要的装甲兵团在之前数周已从好望角绕路抵达，并未因延误造成恶果。

首相致陆军大臣　　　　　　　　　　　　　　1940 年 9 月 14 日

　　我希望装甲旅不会迟到。我曾坚信从地中海走能让这支装甲旅平安抵达，因此并不担心它有迟到的危险。但别忘了，海军、陆军、空军几位总司令的声明——就埃及的局势而言，这种险不值得冒，韦维尔将军对此表示支持。要不是因为此项声明，海军部的不同意见我已驳回了，若非如此，我肯定会毫不犹豫地驳回的。

（即日行动）

首相致陆军大臣　　　　　　　　　　　　　　1940 年 9 月 19 日

　　（请伊斯梅将军一阅。）

　　目前，前来支援的装甲兵团已经抵达亚丁湾。我们坚信，为及早让他们投身战场，韦维尔将军已经部署好了所有的事。我希望是这样。可惜的是，没有人如同比弗布鲁克勋爵一般，为了送他们去战场而在港口静候。我们一定要竭尽全力。下面这种更为妥当的办法，不知道有没有考量过：将这些车辆通过苏伊士运河运抵亚历山大，并且在靠近战场的地方将它们卸下来，或是，在苏伊士征集专列和车皮、起重机，还有别的装置。应当让这边对这两个备选方案进行审核。在这之前，先写一份电报，查探对这两种方案的看法和韦维尔将军已经做出的部署。在这件事上，每天甚至每小时都该尽心竭力。

　　马耳他岛看起来一点儿防御能力都没有，我的心因它一直悬着。

首相致伊斯梅将军转帝国参谋总长　　　　　　1940 年 9 月 21 日

　　我对马耳他的担忧在这份〔马耳他总督和守军总指挥发来的〕电报中得到了证实。不仅每个营平均要守十五英里海岸防线，甚至连可以称道的能进行反攻的储备力量都没有，最后面对敌人的登陆大军，这座岛屿竟然毫无办法。你别忘了，马耳他周边海域并不在我们的掌控之中。所以，看上去危险非常大。我原本觉得得用四个营，可既然运输舰在西地中海难以航行，那眼下只好满足于两个营也可以。我们找的那两个营一定要是精锐。很明显，在调度上没有无法解决的难题。

*　　　*　　　*

在回想所有这些担忧时，我想到了一个老人的故事，当他即将死亡时，他躺在床上说，他这辈子曾经担心过很多事，可这些事大部分都没发生。1940 年 9 月，我过的确实就是这种日子。德国没能在空战中打败不列颠。他们也没尝试穿洋过海进犯不列颠。实际上，希特勒的视线此时已经转到了东方。意大利没有紧锣密鼓地攻打埃及。从好望角绕路运送的坦克旅也及时抵达，事实上，马特鲁港 9 月的防御战并没有用上它们，它们用在了之后对我们更有助益的一次战事里。我们在马耳他遭受猛烈空袭之前已经找到了支援的办法，并且无论何时，不管是谁，都没有胆量尝试在这个要塞岛屿登陆。就这样，9 月过去了。

第九章 达喀尔

增援戴高乐的重要性——解放达喀尔的计划——应该声援"自由法国"部队——1940 年 8 月 8 日我发出的备忘录——"恫吓"战斗计划得到了战时内阁的认可——延误和泄密的危险——来自"雅克"的消息——我们的第二条线索——找到法国巡洋舰——在白厅的失败——已经太晚了——我提议战时内阁废弃这一计划——指挥官们急于发动攻击——戴高乐将军的坚持——指挥官从战时内阁手中得到见机行事之权——我致史默兹将军和罗斯福总统的电报——攻打达喀尔——战舰对炮台——法国维希政府坚决反抗——我方海军遭受重创——内阁和各指挥官答应停手——内阁和战地指挥官的意见不断变化——帮各位指挥官说明缘由——议会表示不必申辩

　　为了将法国的非洲属地和殖民地，尤其是大西洋沿岸的属地和殖民地划归到英国名下，英王陛下政府这段时间十分看重对戴高乐和"自由法国"的支持。我们听说这些地方的大多数法国将领、官员和商人并未放弃希望。虽然祖国忽然落败让他们大吃一惊，可是，因为希特勒的部队和贝当的伪政权并未抓到他们，所以他们也没打算屈服。戴高乐在他们眼里，如同黑夜里一颗发着光的星星。因为距离，他们获得了时间，而时间又让他们得到了机会。

一确定我们的军力无法触及卡萨布兰卡，我就想到了达喀尔，这是理所当然的。在筹谋这件事时，以我私人法国事务顾问机构的身份建立起来的那个小型工作组，不仅信心十足，还非常主动。1940年8月3日晚，我针对送法军去西非登陆的这一提议，已经在契克斯下发了同意书。戴高乐将军、斯皮尔斯少将和莫顿少校已经拟定了一份计划纲要，目的是让"自由法国"的旗帜在西非飘扬，夺取达喀尔，进而帮戴高乐把法属西非和赤道非洲的殖民地凝聚到一起，然后再拉拢北非的法国殖民地。喀特鲁将军打算从印度支那前来英国，预备在法属北非殖民地被解放后，出任这一地区的指挥官。

关于联合计划委员会周密制定的方案，参谋长委员会8月4日对其进行了详细的分析，并交了一份报告给战时内阁。以下三个条件是参谋长委员会所拟定的方案的基石：一、为了能在任意一个法属西非港口登陆，这些部队一定要完全准备好，用船运送；二、除了运兵船和别的护卫战舰，这支远征军应该全是来自"自由法国"部队，一个英国人都不能有；三、为了保证远征军登陆时不会遭遇激烈反抗，在处理这件事时应该将其视为法国人的内务。

"自由法国"部队的力量大概是两千五百人，含有两个营、一个坦克连、几个炮兵排和工兵排、一个轰炸机小队和一个战斗机小队，我们应该提供"旋风"式飞机给这个战斗机小队。8月10日，在奥尔德谢特，这支部队将完成准备工作，预计8月13日运输船舰和给养船舰就能自利物浦启程，至于运兵船起航的时间，则在19日到23日之间，然后于28日到达达喀尔，或者是在几天后抵达科纳克里、杜阿拉之类的港口。在8月5日的会议上，内阁通过了这些方案。

事情很快清晰起来：参谋长委员会所推测的支援，没有戴高乐想要的多。所以，他们告诉我，这会让我们担负起比之前料想的更多的责任，时间也会更久。并且这支远征军的"自由法国"的色彩也会变得不那么鲜明。我方在人员、物资上的供给此时已经十分紧张，所以这种更进一步的要求，我们不能草率接受。但是，我和戴高乐将军在 8 月 6 日谈了一次，8 月 7 日晚 11 点又召集参谋长委员会开会对这一方案进行研究。所有人都同意达喀尔是"自由法国"部队最合适的登陆点。我表示，英国部队应该全力援助这支远征军，以便它能得偿所愿，我让他们按照这一原则拟定一个大型的方案。对我们改善同维希的关系和我方引导法国殖民地对抗德国的裨益之间的矛盾，三军参谋长进行了周密的讨论。他们说戴高乐的行为，或许会造成既要和法国本土打，又要和法国殖民地打的局面。尽管如此，若"自由法国"在本土的情报人员和我们自身在那里的大使报告都觉得局势有利，他们就支持远征军过去。所以，8 月 8 日午夜，我下达了以下指令：

首相致伊斯梅将军，转参谋长委员会　　　　　　　　1940 年 8 月 8 日

1. 尼日利亚总督发电报过来，说德国在维希政府的默认或支持下，或许很快就会威胁到法属西非殖民地。我们若不迅速采取有力措施，德国空军扶持的强有力的潜艇基地很快就会像在欧洲西海岸一般，布满西非海岸地区，让我们无法靠近，只有德国人能用。

2. 从内阁强烈要求在卡萨布兰卡行动，并且派了达夫·库伯先生和戈特勋爵过去到现在，已有六周，可是一点儿进展都没有。那里的法国人把我们视作敌人。参谋长委员会又什么好建议都没有，形势已经明显变糟了。

3. 从英国的利益出发，让戴高乐将军尽快夺取达喀尔至关重要。他的密使若报告说，这里能够和平夺取，这种情况最好不过。若正好相反，那就应该派出人数充足的波兰部队和英国部队，并让海军提供充足的保护。行动只要启动，就一定要坚持到最后。戴高乐应该能为这次行动赋予法国性质，若是成功，这一区域自然应该由他的政府掌控，不过，此次行动缺少的那部分军力，我们一定要补足。

4. 参谋长委员会应该就夺取达喀尔拟定一个计划。他们在拟定方

案时，应该将下列各条视为已经达成的前提：（1）戴高乐的部队和全部可以征集到的法国战舰；（2）强有力的英国海军不仅能掌控周边的法国战舰，还能为登陆提供掩护；（3）一支拥有完善装备的波兰旅；（4）皇家海军陆战旅，原本打算将这支旅用在大西洋岛屿上，不过先用来帮戴高乐的部队登陆也没问题，或者自罗杰·凯斯爵士的部队中抽突击队出来；（5）让飞机——可以从航空母舰或者英属西非殖民地起飞——在空中提供适宜的援助。

5.马上拟定一个方案，至于时间，和地中海的武装行动配合着安排。

6.等夺取达喀尔之后，派驻当地的部队不应包括英国军队。戴高乐政府将告成立，并且必须独自维持，英国的支援不会过多，同时还要遏制德国在法国建立的傀儡政权自海上入侵。戴高乐若是无法长时间抵抗空袭和空降部队，我们会毁掉港口的所有设施，并带他离开。自然，不管发生什么事，挂着法国国旗的军舰"黎歇留"号，我们都会将其抢回、修好。为了安全，法国政府在签署停战协议前运去了非洲的黄金，波兰人和比利时人可以拿回去。

7.想让这个计划变成现实，争得时间是最关键的事，我们已经耗费了太多时间。除非不便如此，否则无论何时都可以用英国船舰进行运输，但是要挂法国国旗。在英国运输舰挂法国国旗这件事上，不用等枢密院的指令，也不用走立法程序。

8.至于法国宣战的可能和应不应该对其进行拉拢之事，交给内阁处理。

* * *

我8月13日对内阁说起此事，指明这个原本纯属于法国远征军的计划，现在已经越界了。我的同事们对如下细节进行了核实：为了分散守军兵力，清晨，我们将以六个小分队分别在达喀尔周边的六处海岸登陆。战时内阁通过了这一计划，不过要求外交大臣对维希法国宣战的可能进行评估。我在自己的能力范围内评估过局势之后，认为这种情况并不会发生。此时我已经下定了冒险一试的决心。让约翰·坎宁安海军中将和欧文陆军少将出任这支远征军指挥官，我是赞成的。8 月 12 日晚，他们来契克斯看我，我们从各个角度对这个无法预料成败的复杂事件进行了充分的研究。他们接到的指令是我亲自制定的。

所以，我对这个代号为"恫吓"的达喀尔远征行动的启动和推进，负有极大的责任。我们不会事事如意，这我自然清楚，并且也的确有悲剧发生，但我从未觉得后悔。达喀尔这个地方是值得为之一战的，而争取法兰西殖民帝国的意义更加深远。我们有很大机会兵不血刃就能得到这些，我坚信维希法国不会宣战。法国人因为英国不屈的抗争和美国坚定的立场，再次点燃了心中的希望。我们若是取胜，维希政府一点儿办法都没有。我们若是落败，他们会以自己抗争有力为名跟德国主子邀功。最大的危险在于战争时间延长。然而，就是再大的危险，这段时间我们在自己的日常生活中还见得少吗？我发觉我们的人员、物资，就算已经紧张到只剩最后一点儿，也还是可以勉强支撑的。即使是德国对我国本土的侵略日益加剧的情况下，我们都能非常豪爽地让韦维尔拿走半数的坦克去守卫埃及。和那次相比，这次实在是微不足道。代表我国全体民众意愿的战时内阁、保守党、工党和自由党之人，全都坚忍不拔，日益支持以主动出击来争取成功。因此，下达了一切与之相关的指令后，在令行禁止的情形下，所有的事都在发展之中。

延误和泄密是我们眼下面临的两种危险，而后者的危险还会因前者变得更强。此时在英国的"自由法国"部队是一群勇者，他们在外流亡，以武力对抗当前在其国内进行统治的政府。就算对自己的同胞开枪，他们也在所不惜，他们愿意以英国的大炮打沉法国的战舰。他们的领袖承受着死亡的威胁。他们的神经绷得紧紧的，以至于难免行动有些鲁莽，可这也怪不得他们。战时内阁的命令只要让几位指挥官和参谋长委员会里的人知道即可，其他的人就不用知道了。不过，和戴高乐将军一起的那群豪迈的法国人，戴高乐将军一定要劝说他们答应和他一起干。因此，整件事肯定有不少人知道。达喀尔已经成了法国部队里的共同话题。一些在利物浦一处饭店宴饮的法国将领，敬酒时会高呼"达喀尔！"。一定要用拖车将用于攻击的我方登陆艇，从朴茨茅斯周边穿越英格兰送往利物浦，并且押运者要有一身热带装备。我们全都处在战争前期。和后来那两个最关键的作战计划——"火炬"和"霸王"所采用的保密措施相比，国内此时的保密措施简直不值一提。

另外，延误也是一个问题。我们原计划的攻击日期是9月8日，可眼下看，主力部队必须先去弗里敦添加燃料，并进行最后整顿。原本拟定计划时，我们认为运输船将以每小时十二海里前进，不出十六天即可抵达达喀尔。可现在才发觉，运载摩托车的船舰每小时只能行进八九海里，这种情形直至装船时才发觉，呈报给上级，此时再调快船也要耗费时间，于事无补。和原计划的时间相比，势必共计要有十天的延迟。其中，错估船速损耗五天，意料之外的装船难题损耗三天，为了去弗里敦添加燃油损耗两天。现在，我们只能延迟至9月18日了。

8月20日晚10点30分，我曾经召开了一次会议，三军各参谋长和戴高乐将军均有出席，我参照会议记录，将此次计划概述如下：

早上，英法舰队将抵达达喀尔，飞机会在这座城市的上方扔下标语和传单，英国船队的分遣队会在远处停靠，由法国船舰开赴港口。至于开入港内的那艘侦查船，则挂有一面法国国旗和一面白旗，船上的使臣带着一封写给当地总督的信函，告诉他戴高乐和他的"自由法国"部队已经到了。信里，戴高乐将军会强调，德国即将攻打达喀尔，自己是为了救援而来，还为那里的守军和民众带了粮食与支援。那位总督如果归顺，自然没什么可说；如若不肯，并且海岸的守军还准备开火，那英国舰队的分遣队就会向此港进军。如果抵抗并未停止，那英国战舰就会轰击法国炮兵阵地，但是这种情况要尽量避免。如若对方抵抗激烈，那英国部队将想方设法瓦解此种反抗。重要的是，黄昏时分战事必须终了，让达喀尔落到戴高乐手中。

对此，戴高乐将军并无异议。

外交大臣在我们 22 日再次会面时，给我读了一封有关泄密的信件。没人清楚，此次机密外泄的影响究竟有多大。海军发起进攻的优势在于，一开始行动，没人可以准确判断它会攻击的地点。大海辽阔，大洋更加无边无际。能从热带装备这条线索推断出的，也仅仅是会去非洲。一个在利物浦的法国人，他的妻子有与维希来往的嫌疑，听说，她觉得在默尔西河聚集的运输舰，目标地点是地中海。就算"达喀尔"三个字不小心泄露出去，对方也无法从中推测出什么。等我们慢慢经验丰富、谨慎机警起来，这种"保密"的手段就演化到了极为严密的程度。我们因为时间的延误而非常担心，却极难找到办法解决。而机密到底有没有外泄，没人清楚。无论如何，8 月 27 日，内阁最终达成一致，选定了 9 月 19 日这天行动。

*　　　*　　　*

英国驻丹吉尔的总领事 9 月 9 日下午 6 点 24 分致电北大西洋战区司令诺斯海军上将，说直布罗陀有场海滩会面，这件事他又报告给了外交部：

> 以下消息来自"雅克"。法国舰队的分遣队或许想开过海峡，去西边某个未知的地方。估计此事发生的时间会是之后的七十二小时之内。

这位上将并不是攻打达喀尔这一计划的知情人，因此没有专门针对此事采取措施。与此同时，10 日上午 7 时 50 分，外交部也从丹吉尔那边收到了一封一样的电报。此时，伦敦正承受着近乎持续不断的轰炸。空袭使工作一再中断，密码机构攒了很多电文没有译制。等翻译好，分发到各处时已经是 9 月 14 日了，海军部这时才拿到。

可是在此之外，我们还有一条线索。9 月 10 日下午 6 点，法国海军部才正式告知在马德里驻守的英国海军将领，已经有三艘驱逐舰和三艘"乔治·瑞格"式法国巡洋舰驶离土伦，预备 11 日黎明时分穿过直布罗陀海峡。那时维希政府已经认可了此种行为，这是一种常规程序，也是他们在最后一刻做出的谨慎之举。这位将领马上将消息汇报给海军部和在直布罗陀驻守的诺斯海军上将。9 月 10 日晚 11 点 50 分，海军部接到这一消息。电报在翻译好之后，交给了当值的上校，他又将其交到了（海外）战斗司司长手里。此次远征达喀尔，这位将领是知道的，所以这封电文有多要紧，他本该一看即知。可他却没有马上采取措施，仅仅依照平时的程序，将这份电文和第一海务大臣的电报一块儿送走了。他的上级们因为他的这一失误都非常生气。

好在 9 月 11 日上午 5 时 15 分，驱逐舰"刚烈"号巡视地中海时，在直布罗陀以东五十英里的海面上看到了这些法国船舰，并马上汇报给了诺斯海军上将。而在马德里驻守的将领午夜 0 时 8 分送出的消息，以直布罗陀为据点的"H"舰队的指挥官萨默维尔海军上将在当天早上也接到了。早上 7 点，他下令"威慑"号一小时之内做好升火出发的准备，静候海军部命令。因为战斗司司长的失误，还有驻丹吉尔总领事另外那份电文在外交部的延误，第一海务大臣接到"刚烈"号驱逐舰针对法国战舰踪迹发来的报告时，三军各参谋长已经在内阁开上会了。他马上给海军部打电话，下令"威慑"号及其统领的驱逐舰点火准备起航。它们已经这样做了。随后，他就去了战时内阁。可是，驻丹吉尔的总领事和驻马德里的海军将领分别发来的这两封电文恰巧都被耽搁了，而且没引起任何一个部门的重视，因此，不管做什么都为时已晚。若是这个总领事将前一封电文附上"加急"二字；或是尽管两位驻守直布罗陀的海军上将并不知道内情，但其中一人却感觉到了异样；或是外交部的工作没有出现任何失误；或是战斗司司长及早呈送第二封电文，让第一海务大臣予以留意，马上查看，那"威慑"号应该能够拦住这支法国舰队，让它先不去谈判，等候确切的指令。战时内阁肯定会有确切的指令下来，或者我会在召开内阁会议之前先下达指令。

我们的部署最后全部落空，11 日上午 8 点 35 分，法国三艘巡洋舰、三艘驱逐舰以最快的速度（每小时二十五海里）开过直布罗陀海峡，驶向南边的非洲海岸。得到消息之后，战时内阁当即指示第一海务大臣，让他命令"威慑"号联系法国战舰，查问它们的目标地点，并指明，严禁它们去一切德国攻占的口岸。对方若回答行进的方向是南边，则应该告诉他们必须开去卡萨布兰卡，并且在此种情形下，要对它们展开追踪。它们若想开过卡萨布兰卡，驶向达喀尔，则应该予以拦截。可是最终也没能发现它们的踪影。12 日和 13 日这两天，卡萨布兰卡被雾气笼罩。英国的一架侦察机被打落，有关其他战舰开进卡萨布兰卡港的汇报又彼此矛盾。此时为了拦住这支法国舰队的分遣队，"威慑"号和别的驱逐舰正不分昼夜地在卡萨布兰卡南边海域巡查。"威慑"号 13 日下午 4 点 20 分收到无线电消息，说没有巡洋舰出现在卡萨布兰卡。事实上，它们早就向南开出了很远的距离，正开足马力驶向达喀尔。

但是，好像还有一个机会。眼下，我们的远征军和它强有力的护航舰队已经开抵达喀尔南面，马上就要到达弗里敦了。海军部 9 月 14 日上午 12 点 16 分告诉约翰·坎宁安海军上将，说不知何时，法国巡洋舰已经驶离卡萨布兰卡，让他拦住它们，不让它们驶入达喀尔。他应该动用包括"坎伯兰"号在内的所有能用的船舰。如果需要，就算没有驱逐舰保护，"皇家方舟"号也该派出它上面的飞机参战。所以为了在达喀尔北面建立一条巡逻线，"德文郡"号、"澳大利亚"号和"坎伯兰"号及"皇家方舟"号均掉头，全速回航。直至 9 月 14 日晚，它们才抵达巡查海域。那支法国舰队的分遣队船只此时早已在达喀尔港下锚，把甲板上的篷布打开了。

这一段意外的事情决定了远征达喀尔的命运。我坚信应该放弃此次远征。这支法国舰队分遣队的抵达，看上去已经让这整个计划——兵不血刃地登陆，让戴高乐将军掌控达喀尔——落空了。为增强当地总督的信心，迷惑守军，并且掌控炮台，它们多半会带着援军、出色的炮手和冷血的维希政府官员一起过去。现在对我们来说，威望是至关重要的，幸好我们能放弃这一计划，不会让其受损，并且实际上这件事还没人知晓。可以让这支远征军去杜阿拉，为戴高乐将军武力夺取法属喀麦隆的行动提供掩护，之后将这些船舰和运输舰解散或调回国内。

因此，9月16日中午，我在战时内阁会议上对夺取达喀尔这一计划的整个过程进行了总结，介绍了对原计划9月13日行动予以推迟导致的恶果，谈及了各个层面的信息外泄和任由法国战舰溜过直布罗陀海峡而带来的遗憾，之后我宣布，整体局势已经发生变化，所以这个计划必须终止。内阁接受了我的意见，并于当日下午2点对达喀尔的远征军下达了如下指令：

英王陛下政府决议，我们夺取达喀尔的计划因法国巡洋舰抵达达喀尔已经不能施行。这里曾经讨论过替代方案。考虑到去博马科路途艰难，部队缺少交通工具，而达喀尔的敌人又有率先出手的可能，所以，看上去很难在科纳克里顺利登陆。此外，就海军当前的实力而言，对达喀尔进行严格的海面封锁并不现实，因此就算戴高乐的部队抵达博马科，也不会让达喀尔的局势发生很大变化。看上去，最佳方案是让戴高乐将军的部队在杜阿拉登陆，增强对喀麦隆、赤道非洲和乍得的控制，并将他的力量延伸到利伯维尔。当前，远征军里的英军应该留在弗里敦。

对于后一种方案，只要戴高乐将军没有激烈反对，就应马上推进。

* * *

9月17日，远征军抵达弗里敦。每个将领都强烈要求继续推进夺取达喀尔的计划。坎宁安海军上将和欧文将军觉得，维希巡洋舰抵达达喀尔到底让那里的人斗志昂扬到什么地步，我们并不清楚，没道理觉得它们一到那儿，之前的海军形势就会发生天翻地覆的变化。有消息说，那些巡洋舰现在已经把甲板上的篷布打开了，其中两艘的停泊位置，充分表明它们一点儿战斗力都没有，是轰炸的好目标。

这是当时局势的又一个拐点。在战争的这一时期，现场的指挥官一心想要冒险一试，这种情况非常罕见。一般来说，要求冒险的压力都是国内给的。此次，这位将领，即欧文将军，在动身之前曾经将自己的所有担忧都在纸上列了出来。所以，他们现在斗志昂扬地想尝试这个繁杂的、涉及政治的战斗计划，这让我觉得非常振奋。既然在场的将士觉得这时应该大干一场，也有大干一场的胆量，我们自然应当让他们放开手脚勇往直前，因此，9月16日下午11点52分，我发出了如下电文：

> 对于整个局势，你们有绝对的做出个人判断的自由，请和戴高乐协商，无论你们提出何种意见，我都会认真考虑。

戴高乐将军很快发来了一封言辞激烈的抗议信，他不想放弃之前的计划。他说："如果英国政府坚持它近日放弃自海上直接攻击达喀尔的计划的决定，我要求起码让这里的英国海军和空军马上予以配合，为这场由我亲自指挥、以我自己的部队从内陆攻击达喀尔的战事提供援助和掩护。"[1]

我们的指挥官此时汇报说：[2]

> 戴高乐在今天的会议上仍认为应该尽早攻打达喀尔。……有人跟他说，若派特工去达喀尔造势，不让应当采取的措施耽误太久，并让

---

[1] 1940年9月17日上午11点55分接到的。——原注

[2] 海军部1940年9月18日上午7点56分接到的。——原注

行动不至于带有太多英国色彩，那他有很大机会得到达喀尔的强力支持。他的特工已经在巴瑟斯特做好了准备，并且也收到了命令。戴高乐提议，继续推进之前拟定的兵不血刃进驻达喀尔口岸的计划，若没能成功，"自由法国"部队将尝试在吕菲斯克登陆，遇必要时可以让海空军提供援助，之后从那儿朝达喀尔挺进。除非已经建好桥头阵地，并且非英军帮忙不可，否则，英军不需要登陆。……

我们认真衡量过所有因素后，觉得不应放弃这一计划，虽然这三艘巡洋舰抵达了达喀尔，可我们素来愿意承担的风险并未因此加剧很多。所以，对于戴高乐的新提议，我们建议接受，他若是没能成功，那英国部队就应该准备登陆，如之前计划的那般，尽量扶他上位。我们觉得，不管怎样，最重要的是增强〔我方〕海军的力量。

行动方案的启动时间，应该是接获陛下政府决议后的四天之内。

结果，欧文少将致电帝国总参谋长，说：

我在此次战斗计划中曾经担负了各种风险，而这些风险，若只从军事角度来看，原本不该草率承担，这你清楚。刚收到的消息显示，这些风险有变大的趋势，可是考虑到最终明显有机会成功，因此我觉得有冒险尝试的价值。戴高乐也曾承诺，如果需要，他会和英国部队合作到最后，而且，在法国人内部作战是他的职责，他不会推卸。

17日下午9点，战时内阁再次召开会议。大家全都同意指挥官可以见机行事。因为知道行动大概一周之后才能启动，不会耽误时间，所以直至第二天中午才做出最后决断。应内阁之邀，我拟定了如下电文发给达喀尔远征军的指挥官：

因为我们无法在这里判断出每个方案的优劣，所以为达成此次远征的原本目标，我们赋予你们随机应变的一切权力，你们可以采用你们所认为的最佳方案。具体情况，请及时向我们汇报。

这份电文发出的时间是 9 月 18 日下午 1 点 20 分。

*　　*　　*

眼下，除了静候结果，也做不了什么了。第一海务大臣 19 日报告说，法国舰队的分遣队或者它的一部分正驶离达喀尔，朝南进发。此事无疑表明，这支舰队曾经往达喀尔护送过维希军队、技术人员和政府官员。随着新增兵力的抵达，遭受激烈反抗的可能越来越高。一场激战在所难免。我那些坚忍不拔，又擅长见机行事的同事们（在战争中就该这样）只听汇报，不说意见，他们全都拥有和我一样的天赋才能，静待事态自行演变。

庞德海军上将 20 日同我们说，我们的"康沃尔"号和"德里"号已经把"普里莫格"号法国巡洋舰截了下来，这艘巡洋舰答应开赴卡萨布兰卡，所以目前已被押去了那里。"澳大利亚"号之前看到的那三艘法国战舰是"乔治·莱格"号巡洋舰、"孟卡"号巡洋舰和"荣耀"号巡洋舰。"坎伯兰"号和"澳大利亚"号在 19 日中午会合，之后继续对维希船舰进行追踪，直至黄昏时分。此时，这几艘战舰已经改变了方向，调转向北，而且航速也从十五海里增至了三十一海里。我们马上去追，却没能追上它们。下午 9 点，"荣耀"号有部发动机出现故障，以致航速无法超过十五海里。"澳大利亚"号表示将会将它押回卡萨布兰卡，它的舰长答应了。这两艘战舰估计将于凌晨经过达喀尔。"澳大利亚"号的舰长对"荣耀"号的舰长说，若潜艇来袭，他应该马上将船舰凿沉。这句话，"荣耀"号舰长肯定传达给了达喀尔政府，所以在这儿并未遇到什么麻烦。一场暴风雨阻断了追击其他两艘维希战舰的"坎伯兰"号和这两艘战舰的联系，等后来再次找到它们，"坎伯兰"号却没有开炮轰击，任由它们逃回达喀尔。17 日，"普瓦蒂埃"号遭遇海上挑衅时，就主动将自己凿沉了。

＊　　　＊　　　＊

我和史默兹将军说了所有的事。

首相致史默兹将军　　　　　　　　　　　　　1940年9月22日

我针对达喀尔发的电报，你或许已经看到了。我总是会思索你每次电报中说的应该对非洲予以重视的话。在赤道非洲和喀麦隆，戴高乐已经启动了自己解救法国殖民地的行动。我们不能任由这些法国战舰和维希人员——很可能是受德国之命过来的——毁掉这些切实的成果。达喀尔若是落到了德国手里，变成了潜艇据点，那好望角这条航路将受到严重影响。所以我们已经安排让戴高乐夺取达喀尔，若和平手段可行，就用和平手段，若非动用武装力量不可，就动用武装力量。看上去，眼下即将发起攻击的远征军已经具备该具备的实力了。

当然，和法国水军、部分守军有交战的风险这种事并不是小事。但我觉得，总体来说，由于这个法属殖民地的斗志并不高昂，境况艰难，再加上我们对海洋的掌控，他们肯定会遭遇重创和饥馑，所以他们激烈反抗的可能性不大。但谁都无法在开战之前先断定最终结果。有人说，英国反抗敌人的战事让法国的舆论，甚至是维希政府那边的舆论都偏向了我们，在此时冒这样的险并不合适，而且奥兰事件的再次发生会对我们非常不好，我们曾经因为此种观点而犹豫不决。尽管如此，我们仍旧达成共识，觉得此种不同看法也未必就是对的，不管怎样，相比于这么做，冷眼旁观，任由维希政府打败戴高乐，风险恐怕更大。既然维希政府在奥兰事件发生之后，或者说在我们对它进行封锁之后，都没有宣战，那我觉得就算在达喀尔打了起来，它也不会宣战。至于好处，除了达喀尔的战略价值，戴高乐夺取此港的政治作用，还有之前误放在非洲内陆的六七千万盎司比利时和波兰黄金，以及那艘并未完全损坏的巨型军舰"黎歇留"号。总而言之，事情就这样定下来了。

因为德国正在压制西班牙和西班牙在摩洛哥的利益，所以我们现在还不准备对摩洛哥进行干预。我们对叙利亚的期望很高，下周喀特鲁将军就会过去。现在马特鲁港将有一场大规模的战事，我希望我们的装甲援军不会迟到。

肯尼亚的险情并未让我生出多少忧虑，我们若能坚守后方，且自铁路那边回击，让敌人面临交通难题，就更好办了。我正想办法向这一战场运送合适的坦克，另外，我认为驻守在那里的部队过多，而苏丹和埃及三角洲是需要这些部队的。

这些年我们能顺着我们一致认可的道路携手同行，我非常高兴，也满怀信心。

我发了如下电文给罗斯福总统：

前海军人员致总统　　　　　　　　　　　　1940 年 9 月 23 日

罗希恩勋爵转达的你对达喀尔一事的看法，让我觉得精神一振。德国人若是在那里构筑坚实的潜艇和空军基地，对我们的一致利益来说可不是什么好事。看上去达喀尔或许会发生一场激战，不发生的可能也是存在的。但是，我们已经下达了猛烈冲锋的命令。你若能向蒙罗维亚和弗里敦派几艘美国战舰，我们会非常高兴。我希望那时我们已经夺取了达喀尔，期待你们的到访。但是，现在有件切实要紧的事，就是你是否可以告诉法国政府：在一切与美国相关的问题上，宣战对他们都是极为有害的。维希政府若是宣战，也就和德国没什么不同了，维希政府在西半球的一切权益，都将被视为德国的利益。

你提醒我小心德国进犯我国本土这件事，对此我十分感激。在这件事上，我们已经准备好了。听到关于来复枪的消息，我非常开心。

此间，我不需要对攻击达喀尔那三天所发生的事，进行详细介绍。它们理当在军事历史中拥有自己的地位，与此同时，这也是个表明运气不佳的范例。对于西非海岸的天气状况，空军部的气象学家自然进行过认真的分析。研究完历年累计的记录后，他们得出的结果是，每年的这一季节天气状况都很平稳，天气清朗，通常都是艳阳天。等英法舰队 9 月 23 日在戴高乐及其带领的舰队后方向这一要塞推进时，却是个雾气缭绕的天气。我们原本指望，既然不管是法国人还是当地人，大部分民众都支持我们，那英国船舰只要外围配合就好，等戴高乐指挥的战舰开进港口，自可确定那里的总督的行动。可是没过多久，我们就意识到，维希的爪牙已经掌控了达喀尔。毫无疑问，达喀尔投身"自由法国"运动的所有希望，都已被维希政府的巡洋舰的抵达彻底掐灭了。戴高乐的两架飞机刚一在那里的机场降落，飞行员就马上被抓了。其中一名飞行员身上还带了一份支持"自由法国"的主要拥护者的名录。一艘悬挂着法国国旗和白旗，载着戴高乐的使者的船舰想要过去，居然遭到了拒绝，之后载有其他人员的汽艇驶入港口时，也受到了攻击，还有两个人被射伤了。所有人都下定了决心。此时，英国舰队也在大雾中慢慢驶近，距海岸不过五千码。港口里面的一座炮台在上午十点炮轰我方侧翼的一艘驱逐舰，我们予以回击，因此很快发生激战。"英格菲尔德"号和"先知"号驱逐舰受了伤，好在不重，但"坎伯兰"号的机舱被射中，只能退走。一艘法国潜艇才伸出潜望镜就被飞机打中了，还有一艘法国驱逐舰被烧。

关于战舰和炮台的对战，曾经经年累月地争执了很长时间。纳尔逊曾说，一个六门炮的炮台能够挡得住一队一百门炮的战舰。鲍尔弗 1916 年巡视达达尼尔时曾说："战舰上的大炮的射程若能超过炮台的射程，那对战两方的力量差距或许就没有那么大了。"英国战舰此次若布置合理，在理论上是能够和达喀尔炮台一战的，还能在两万七千码之外发射一些炮弹，将达喀尔炮台上九点四英寸口径的大炮炸掉。可是，维希政府的部队和那艘"黎歇留"号军舰，此时能一起用两门十五英寸口径的大炮进行轰击。英国海军上将绝对不能忽视这点。最糟糕的是有雾。所以，大概在上午 11 时 30 分，大炮的对战彻底停了下来，英国和"自由法国"的所有船舰全部撤离。

戴高乐将军下午的时候，曾经试图让自己的军队在吕菲斯克登陆，可是那时雾气更重，越来越难以判断方向，这个方案也只能舍弃了。各指挥官下午 4 点 30 分决议让部队运输舰撤离，第二天再继续战斗。下午 7 点 19 分，伦敦收到了汇报这一讯息的电文，因此 9 月 23 日 10 点 14 分，我以个人名义发了如下电文给各位指挥官：

> 既已行动，我们就只能坚持到底。不管发生什么事，我们都决不停手。

当晚，我方给达喀尔总督下了最后通牒，他回答说，就算打到最后一人，也不会放弃这个港口。各指挥官回复说，他们预备继续战斗。和昨日相比，24 日的可见度要好一点儿，不过还是看不清楚。岸上的炮台在我方船舰驶近时，对我军开炮，与此同时，"巴勒姆"号和"坚定"号在距海岸一万三千六百码的海面上和"黎歇留"号交火。"德文郡"号和"澳大利亚"号没过多久遇到了一艘巡洋舰和一艘驱逐舰，并打伤了那艘驱逐舰。轰击大概在 10 点前后停了下来，此时，"黎歇留"号已被一枚十五英寸的炮弹打中，曼努尔要塞也被一枚同样规格的炮弹打中，还有一艘轻巡洋舰起火。除此，敌人的一艘潜艇在试图拦击我们时，被我们投掷的深水炸弹逼了出来，船员举手投降。我们所有战舰均未被击中。轰击在下午又进行了一段时间。"巴勒姆"号此次被打中了四次，好在不很严重。这场轰击没有任何效果，仅仅显示出了敌人守备森严，防守的部队抵抗意志坚决。

战斗在 9 月 25 日继续进行。那天天气晴好，在距离海岸两万一千码的海面上，我们的舰队开始开炮，此次不仅岸上的炮台反击精准，"黎歇留"号上的两门口径为十五英寸的大炮也在同时进行轰击。我们的攻击对象因为达喀尔守军司令施放的烟雾而失去了踪影。才过 9 点，维希潜艇发射的一枚鱼雷就打中了军舰"坚定"号。之后，海军上将"考虑到'坚定'号的情况，敌军潜艇继续攻击的威胁和岸上驻军的射击不仅非常精准，反抗之心也非常坚决"，决定撤回海里。

与此同时，国防委员会在上午 10 点召开会议——我并未参加——指出不应该给各指挥官施压，逼他们做出背离自己明智判断的决定。上午 11 点 30 分，内阁召开会议并获悉了今天早上战斗的结果。这结果好像明确显露，我们已经小心谨慎到极致，并将自身人手与物资利用到了极点。有几艘出色的战舰严重受损。对方明显准备死守达喀尔。没有人敢担保，法国的维希政府不会因为持续战斗的激烈情绪而宣战。所以大家在艰难地讨论之后，均认为应该停战。

因此，（9 月 25 日下午 1 点 27 分）我发了如下电文给各指挥官：

我们迄今为止得到的所有消息——"坚定"号受损也在其中——都显示，我们明显会遭遇恶果，所以我们决意舍弃夺取达喀尔的计划。如若你们没有因为我们现在尚未接获的消息而下定决心强行登陆，那么，现在停手吧。你们愿不愿意这么做，请发电告知——标明"最急"，不过在收到我们的回复之前，除非情况变得对我们完全有利，否则，不要真的登陆。

如果舍弃这个计划，我们会尽量让海军保护杜阿拉，至于戴高乐在巴瑟斯特的部队（若他们并未离开那里），我们就帮不上了。眼下我们准备派兵增援弗里敦。一收到你们的回复，我们会马上针对剩余部队的处置，下达指令。

以下是各指挥官的回复：

支持停手。

*　　　*　　　*

前海军人员致罗斯福总统　　　　　　　　　　　1940 年 9 月 25 日

对于我们无奈舍弃夺取达喀尔的计划这件事，我感到非常可惜。相比于我们，维希更早抵达，而且他们借助自己的爪牙和精干的炮手增强了防御体系。所有认同我们的人均遭压制、屠戮。若干艘我方战舰被打中，想想我们已有的负担，你就会明白，若继续借助武力登陆，会让我们承担的重担过多。

*　　　*　　　*

除了"坚定"号受损，数月内无法参战，两艘驱逐舰要回国内船厂进行大规模检修之外，三天的炮火轰击，并没有让任何一艘英国战舰沉没。维希那边，被击沉的潜艇有两艘——其中一艘潜艇的船员被救，起火、搁浅的驱逐舰有两艘，战舰"黎歇留"号被一枚十五英寸的炮弹打中，还有两枚差点儿打中它的二百五十磅的炸弹对其造成了损伤。这艘巨型军舰，在达喀尔自然是修不了的，7 月时，它就曾经因为受伤而失去过航行能力，现在我们可以确定，它已经不能和我们对战了。

战时内阁和几位指挥官在此次远征计划里的意见不断改变，聊聊这种变化还是很有意思的。开始的时候，几位指挥官不太热情，欧文将军为自己留了后路，他交了一份非常长的备忘录给帝国副总参谋长，陈述了各种原因，对所有难处进行重点说明。等远征军通过加那利群岛南面时，法国巡洋舰和增援的维希爪牙仗着法兰西共和国精神和物质方面的威势，悄无声息地穿过了直布罗陀海峡。我至此就已经清楚，局势变了。因为我的提议以及参谋长委员会的认可，战时内阁达成共识，即为了不让人知道我们的计划失利，现趁着还来得及，而且也没发生损失，放弃行动。

此时身处战场的几位指挥官却挺身而出，极力主张继续行动，战时内阁觉得——我也非常赞成——应该由各指挥官自己做出判断，认可了他们行动上的自由。所以，我方开始尝试登陆，达喀尔马上以坚定强劲的反抗告诉战时内阁，战时内阁自身的看法和它接受的意见并无错误。

虽然达喀尔之战打得比我们想的激烈，可是在维希政府不会向英国宣战这件事上，我们的推断是对的。他们的报复仅仅是让北非的空军轰击直布罗陀。他们曾经在 9 月 24 日和 25 日这两天不间断地对直布罗陀的港口和船厂进行空袭。第一次，他们投了一百五十颗炸弹到港口；第二次，他们派出了大概一百架飞机，投掷的炸弹数量是第一次的两倍。法国驾驶员看上去有些散漫，大部分炸弹被扔进了海里。虽然有些损失，但没多少死伤。我方高射炮队打下了三架敌机。达喀尔一战，最终以维希政府获胜告终，此事就这样暗中"了结"了。

我们完全不曾指责过相关的英国海军和陆军指挥官，他们一直工作到战争终了，而那位海军上将，甚至赢得了最高荣耀。我行事的一个原则就是，因错估敌情而发生的失误，不予重责。若现场的情形告诉他们任务可以达成，那他们积极尝试就非常理所应当。他们小看了法国巡洋舰和增援部队的抵达对维希守军产生的影响，这绝对不是他们的错。至于戴高乐将军，我曾经在下议院说过，相比于之前，他此次的行事和表现让我更相信他了。

在很大程度上，达喀尔插曲的过程不仅显示了出乎意料的突发事件对战争会产生怎样的影响，还显示出政治、军事力量的相互作用，以及协同战斗的难度，尤其是在盟军参与的时候，难度更大，所以，达喀尔插曲的过程是有仔细分析的必要的。在普通人眼里，它好像是个判断失误、布置混乱、遇事懦弱和迷糊的典型范例。由于达喀尔临近美洲，美国人对它非常重视，所以在美国引发了一股猛烈的抨击浪潮。澳大利亚政府也觉得担心。英国国内也是一片对战争指挥不力的控诉声。可是，我决定完全不做争辩，议会也赞成了我的意思。[①]

＊　　　＊　　　＊

在回想此事时，或许应该选取某种较为理性的视角。海军历史的研究者会非常吃惊地发现，约三百年前，曾经发生过一件和它非常相近的事。克伦威尔 1655 年曾派一支海陆联合远征军，对西印度群岛的圣多明各进行围攻。那次攻击并未取胜，但远征军的指挥官却也不是全无收获，他们随后拿下了牙买加，将落败化为成功。

在达喀尔，我们的确没能成功，可是我们拦住了法国巡洋舰前行的脚步，而且让他们全心挑拨法属赤道非洲守军的图谋变成了泡影。不到两周，戴高乐将军就夺取了杜阿拉和喀麦隆，将它们变成了一个发展"自由法国"事业的据点。在这些地方，"自由法国"的行动发挥了一定的效力，不仅遏制了维希之毒的入侵，因为其掌控了中非，推进了我们之后从塔科拉迪到中东横贯非洲大陆的航空线路的发展。

---

① 见附录三我和孟席斯先生的信件往来。——原注

第十章 艾登先生的任务

1940 年 10 月

**张伯伦先生退休——内阁的人员调动——保守党的领导人——我为
何决定接任保守党的领导人——再次开通滇缅公路——致电罗斯福
总统——我方增强了沙漠战场的实力——我指责中东军政当局——
对马耳他岛的担心——艾登先生坐飞机出访中东——我在 1940 年
10 月 13 日对局势的判断——艾登先生在开罗和各军将领开会——他
的报告和要求——在马特鲁港，我方实力渐渐增强——艾登先生和
史默兹将军计划在喀土穆会面——面对意大利部队，我准备先发制
人——我们在中东的人员、物资应该得到更加充分的运用**

　　张伯伦先生的身体在 9 月末严重恶化。他 7 月曾动过手术，做过检查。
手术过后，他非常坚强地回到了自己的工作岗位。医生们通过检查结果判
断，他患了癌症，外科手术无法治疗他。他这时才知道真相，明白自己再
也无法继续工作了。于是，他向我请辞。因为事情变化得过于紧急，我觉
得必须对政府施行前面已经谈及的人事调动。约翰·安德森爵士兼任枢密
院院长和内阁内政委员会负责人。他的内政大臣和国内安全大臣的职务由
赫伯特·莫里森接任，军需大臣由安德鲁·邓肯爵士出任。10 月 3 日，这
些调动开始起效。

张伯伦先生觉得自己还应当放弃保守党领导人一职，并且提议由我接任。我不得不思考这样一个问题（在这一问题上，或许还有很多其他看法）：我当前出任的由英王和议会授予、由各个党派共同组成且公开承认的政府首相一职，和一个大党领导人这个身份，会不会发生冲突。对于这一问题的答案，我有着绝对的信心。在下院，不管和其他哪个政党比，保守党的席位都占有绝对优势。因为处在战争时期，所以即使存在意见分歧或者出现僵局，也不能以解散议会、召开普选的办法让民众公决。在这个艰难险阻层出不穷的艰苦时期，在这个挫折和失利此起彼伏的悠悠岁月，若我在行动前除了要赢得两个小党派领导人的认可，还得赢得保守党这一大党的认可，那我还怎么指挥作战呢？不管获选的人是谁，不管他自我牺牲的品德多好，他总归要掌控切实的政治权力。而我所负责的，仅仅是行政职权。

这些观点在和平时期自然不适用，然而我相信，要想在战争中顺利攻克难关，就一定要这样做。至于如何应对联合政府中的工党和自由党，身为首相和最大政党的领导人，我并不是只能依赖他们的投票，就算少了他们，我最终也一样能得到议会的认可。所以，在大家的催促下，我接手了保守党领导人一职，我敢说，若不是有了保守党领导人的职务和保守党对自己领导人的忠心支持，在获胜之前，我是无法达成自己的使命的。如果我没有出任，哈利法克斯勋爵就是保守党里另一个最有机会的人，现在他主动提议由我接任，整个党派也全票赞成。

*　　　*　　　*

在这个夏天，我们历尽无数风浪，却越来越相信我们能坚持到最后。在秋天和冬天，我们再次跌进盘根错节的难题之中，虽然危险的程度不如夏天，可更让人摸不着头脑。很明显，德国入侵我国本土的危险明显已经变小。我们改变了德国的射束。我们国内的部队和国民自卫军已经十分强劲。英吉利海峡和爱尔兰海被 10 月秋天的狂风搅得巨浪滔天，危机重重。之前我聊以自慰的各种观点，都逐一得到证实，具有了更高的可信性。日本在远东宣战的可能性看上去已经没那么大了。他们原本想等着，看看德国进犯我国本土的情况，可是德国并没有发动攻击。日本军阀想要找到最佳方案，可是战争中几乎没什么方案是最佳的，既然7月的时候，他们都觉得对我们开战意义不大，那眼下，在大英帝国的光芒更加耀眼、世界形势对日本来说更加险恶的时候，他们没道理会和我们宣战。在滇缅公路关闭满三个月之后，我们自觉有充足的力量再次开通它了。日本人海战经验丰富，对于海战，他们的观点或许和英国海军部的并无不同，可是，在我们决定重新开通滇缅公路，供应物资给中国时，我们也不是完全不担心。此次对未知数进行的一般推断，我们猜对了——这已经得到了证明。

我想发电报给总统，将我认为能让他和美国民众觉得欣喜的消息告诉他。

前海军人员致罗斯福总统 　　　　　　　　　　　　1940年10月4日

滇缅公路限时三个月的封锁期10月17日就要到头了，经过长时间的对各种相关问题的分析研究，今天，我们已经做出了重新开通的决定。我和外交大臣将在周二，也就是8日，将此事告知议会。我预备说，我们原本指望日本能和中国和解，现在这个希望已经破灭，1939年的《反共产国际公约》已经因为三国条约被重新启动，它具有鲜明的针对美国的特点。不管让你发表什么宣言，都很难让美国承担起太平洋的责任，采取假设的行动原则。这我是清楚的。可是，请恕我失礼，我要说：相比于嘴上说，现在恐怕做出小小的实际行动更合适。让一支美国舰队去新加坡进行一次友好访问，你应该可以做到，这支舰队最好大一些。新加坡那边会采取绝对正规且合适的模式迎接他们。要是愿意，还可以借此次访问之机，在技术方面对新加坡和菲律宾海域的海军、陆军相关事宜进行讨论，还可以请荷兰人一起。在这件事上，只要稍稍有所行动，日本就会因为受到震慑失去因为重新开通滇缅公路而想要对我们宣战的胆量。由于这对限制战火肆虐效果极佳，所以你若是考虑在这几方面有所行动，我会非常感激。

我们在达喀尔确实完全没能成功，可维希政府却仍然在想方设法要和我们取得联系，这充分证明了法国本土的形势，表明他们已经意识到了德国的压力，已经看到了我们自保无虞的能力。

我们的空中地位都在逐渐增强，跟敌军相比，地位也越来越高，可我们对于飞机的需求仍十分紧迫。几处首要工厂受损严重，还被空袭影响了产量。另外，由于战场在我们自己的国家上方，我方的飞机大多数都能平安着陆，或者只是稍微有些损伤，所以我方飞行员的死伤人数比料想的要少。我曾和你指派过来的官员重点讨论过飞行员的事。现在我们开始相信，在即将到来的将来，真正使我们受限的因素是飞机。

我不能说我国本土已经脱离了被侵略的威胁。那位先生已经脱下了外衣，换上了浴袍，可是水在不断变冷，空气中也飘荡着秋日的寒风。我们的警戒心仍然保持在最高水平。

＊　　　＊　　　＊

这些振奋人心的事情正在世界的另一边上演，它帮我们扫清道路，让我们得以在中东行动得更加强硬。意大利的动作慢于我的预期，我们要专心致志地应付意大利。韦维尔将军那边已经得到了强有力的援军。两个坦克团已经抵达沙漠。梅特兰·威尔逊将军指挥的军队现在被叫作"尼罗河集团军"，他对"马蒂尔德"——部队给步兵坦克也就是"I"式坦克起的外号——的潜在力量有着很高的评价。我们此时在马特鲁港的防御工事已经得到了极大的提高（那时我还不清楚这一情况），中东指挥部里的参谋和筹划者，已经开始准备新计划了。接下来我们的首要工作，明显是从英国和印度调兵，强化我们的中东军队，特别是西非沙漠军队的实力。

至于想让军事运输舰走地中海航线之事，我仍在和海军部力争。我说："现在你们看明白了吧，那时我们是应该尝试一下的。"可他们却说："不用如此心急。"中东眼下的兵力布置让我十分恼火，而且，我认为物资供应跟军队作战能力也极不匹配。马耳他岛令我忧心忡忡。我不仅直接提醒过韦维尔将军和陆军大臣这些问题，还迂回地让参谋长委员会帮忙提醒他们。我写了封信给艾登先生：

首相致陆军大臣   1940 年 9 月 24 日

原则上，我们看法一致，可是在利用原则时，我们却在很多小地方产生了矛盾。最典型的例子就是，现在我国本土被入侵的危险将至，却仍要抽调守卫我国本土的军队到别处去。与此同时，参谋部一再提出要调集中东的部队，例如将澳大利亚第七师调去马来半岛防守。为了防止或许会发生的和日本的交战，还有可能性更低的日本对新加坡的围攻，我们现打算将那两个印度旅调去这些热带丛林里。那些关于印度援军的文件，我昨天晚上曾经和参谋长们一起研究过。从报告里，你会发现，1941 年能向外调派的印度援军都被调派出去了，一个师去了马来亚，另一个师去了巴士拉，还有一个军去了伊拉克。在地理上如此布置或分散我方军队，这显示出了眼下的主体方针——就战略价值而言——毫无正确性可言，可是他们告诉我，虽然以前已经为这些军队选定了战区，可是若是需要，全部调去中东也并非不可。所以，我支持在这份文件里添加文字来说明这一点。尽管如此，可有一点让我觉得非常糟糕，那就是在调动这些师的那个条款里，有关战争需要的内容一个字都没有。

除了这最重要的一点外，我们也不能忽视对兵力的浪费。肯尼亚那边这种浪费越来越严重，巴勒斯坦那边也一样。不过，巴勒斯坦那边的情形已经有所改善，肯尼亚那边则恰恰相反，又有一个山地炮队被调去了那里，但真正需要炮队的是苏丹。我怕史默兹将军到了那里，会因那里的状况感到困扰。不过，我准备通过电报和他沟通。

此外，在苏伊士运河一带，在开罗和亚历山大，英国正规军的工作仅仅是完成警察的职责，这也是一种浪费，而在尽量为战争集结最大兵力，同时平衡物资供应和作战能力两件事上，中东指挥部也做得懒懒散散，成效甚微。我曾经要求针对此事上交数据报告，可直到现在也没有半点儿回应。

我和你看法相同，都希望在最近几个月内在中东集结最大兵力，我在别的文件里也曾经说起过我期望能在那儿聚集多少师，可是，照我看，最重要的是，陆军部和埃及指挥部应该将自己已经拥有的兵力运用到极致，为了这些军队，我们已经耗费了极庞大的资金。

再有，马耳他的情况也让我非常担心。现在，大家已经答应派两个营的部队进行支援，可是在执行时却总是犹豫不决、讨价还价，还找了各种理由，说什么人员太多，这个岛装不下。多比将军估算过那里的情形，他汇报说，他指挥的各个营，每个营要坚守的防线有十五英里长，储备部队一个没剩，全都派去驻守机场了，你看过他的这份报告没有？在马耳他岛，我们并未掌控海权，意大利随时都能派两三万远征军，在其海军的配合下向马耳他岛发动攻击，这种情况你看到了吗？我们确实已经掌控大西洋，敌人没办法攻打弗里敦，可是，我仍建议向那里调两个营去增强那里的一个旅。虽然我提出的这些问题显露出的某些趋向和你心里的战斗计划有些差异，但我坚信，你并不会对我心生芥蒂。

首相致伊斯梅将军 　　　　　　　　　　　　　　1940 年 10 月 6 日

舰队无论何时从亚历山大开赴地中海中部，都应该把援军送去马耳他，在我看来，这座岛屿现在正处在极大的危险里。可以从运河一带的守军中抽调出若干营来对这些援军进行支援，至于留下的防御工作，可以交给眼下在巴勒斯坦驻守的不骑马的义勇骑兵队，或者由澳大利亚分遣队接替，再不然交给即将撤离肯尼亚的军队。你对这些方面有什么看法，请务必告知，而且下次起码要派一个营去马耳他。让正规营来维持埃及本土的秩序，太浪费了，我们不能这么做。若是他们真被要求去打仗，我们自然不该抽调，可是他们眼下并未在战场上打仗。

*　　*　　*

我和陆军大臣的观点近乎相同，而且深感不该没完没了地通过电报去说，应该实地阐述我们的观点，所以那时我问陆军大臣愿不愿意去中东实地考察一番。他十分愿意，而且马上就出发了。他对整个战场进行了普遍的巡视。他外出的这段时间，陆军部由我兼顾。

此时，我也据自己所见的情况，将我对整个战争形势的看法告诉了三军参谋长委员会。

首相致伊斯梅将军，转参谋长委员会　　　　　　　　1940 年 10 月 13 日

1. 声援马耳他是眼下第一要紧之事：

（1）尽可能想办法向这座岛屿调更多的"旋风"式飞机。

（2）用现在正在筹备的运输舰队装运尽量多的营及炮队过去，还有防空装备——听说另一艘军用运输舰就要准备好了。

（3）在苏伊士运河一带或者巴勒斯坦地区从事警察工作的军队中抽一个营出来，两个更好，等下次舰队从亚历山大驶向马耳他时，将他们运过去。近来多比将军对当地状况的推断已经证明，在增加守军实力方面需求紧急。因为只要意大利将马耳他当成了自己的绊脚石，就会发兵攻打，所以对于他的需要，我们应该想方设法予以满足。所以不能等意大利发起明显进攻之后再调兵支援。

（4）在马耳他，就算是三辆步兵坦克，也能发挥关键效力，除了切实的防御工作，马耳他有三辆坦克还能震慑敌军，让其有所畏惧。在容易被空中侦察发现的地方，可以放一些模拟坦克。

2. 舰队要等到马耳他的防空实力增强之后才能过去。可是，这一步不仅是最感需要的，还是极为有益的。派舰队去马耳他驻守，就算是轻型舰队，也能马上提高该岛的安全性，所以这个提议我是赞成的。就我所知的计划是，白天该舰队出港巡查，晚上回港停靠。别忘了，相比于轻型战舰，"勇敢"号这种坚实的船舰，更能承受炮弹的轰击，并且，这艘战舰还配备了二十门性能优异的高射炮。如果连轻型舰队都可以在马耳他港驻守，那么装甲坚固、装备精良的舰只，自然也能在此港使用，只是危险性稍高一些。在抵御敌人的俯冲轰炸方面，可用多管非旋转炮弹（火箭的密码代号）作为武器布设的空中布雷网。

在这件事上，望海军部能告诉我更多详情。

整个主力舰队的随时到访，会对敌军的攻击产生极大的威慑力，而且，若敌人没有离开利比亚，也会危及〔敌人〕通向利比亚的运输线。

我想知道已经完成架设的高射炮的数量、新运输舰队〔上面所运的高射炮〕运载量的最大值，以及拟定的完成架设的日期。

3. 和维希的关系上，因为担心维希政府对直布罗陀进行轰炸就听他们摆布，我们无法接受这种态度，如此担心下去，哪还有尽头。有关对直布罗陀海峡的进行封锁的主张，我们必须再次予以强调，要对一切船舰一视同仁，不管有没有舰队护航，不过不要进犯西班牙的领海。为了实现这一目标，一定要及早在直布罗陀集中足够的军力。与此同时，在我们能力所及的范围内，要对达喀尔进行最彻底的封锁，而且为了防范在达喀尔的法国巡洋舰对杜阿拉等地进行攻击，还要对杜阿拉等地予以护卫。如若召开和维希的谈判，在不涉及这些紧急问题的前提下，或许可以达成临时协议。自然，我们若能切实知道，维希政府或者部分维希政府的人真心偏向我们，那我们在对待他们时，是可以极大地放宽要求的。他们好像越来越喜欢遵循我们的意愿采取行动了，我个人认为，对他们施加重压也不会改变这种对我们有益的变化的。维希政府想带领法国和我们战斗，难度已经越来越大了。我们不用太过担心我们会影响这一趋向的发展，现在的总体趋势有益于我们，海上或许会出现的突发情况等组成的局部趋势，根本抵挡不了总体趋势。我相信在我们和法国人之间不会出现冲突，也不会出现任何能够阻碍我方运输舰队马上开赴马耳他的麻烦。机会只是有些渺茫，并非不存在，需要我们去争取。

4. 让"俾斯麦"号和"提尔皮茨"号遭受重创无法参战，是轰炸机司令部最期待的结果。若能让"俾斯麦"号三四个月都无法作战，那"英王乔治五世"号就能开赴地中海东部行动起来，进而在舰队夺取马耳他时发挥关键作用。这会让地中海的战局发生剧烈变化。

5. 敌人若是在10月之后还没发动侵略，那么，我们会在我方舰只可以承受的范围内，从好望角绕路，尽可能地对中东进行支援，原本的计划是，11月将装甲兵团、澳大利亚军和新西兰军运送过去，在圣诞节之前将一支英国师运送过去，1、2、3月再运送起码四个师过去。这些军队并不在必备的分遣队之内。我想知道，以你眼下的海运计划来说，这份工作能配合到什么地步，望告知。

6. 是时候以轰炸机和战斗机对中东进行更多的援助了。请告诉我参谋长委员会的准备工作进行得如何了，要知道，此举尽管存在不小的风险，但是需求巨大。

7. 请把有关在之后的六个月里对地中海舰队进行扩充的计划，交上来给我。到了年末，应该能向东地中海派三个驱逐舰分舰队，向直布罗陀派另一个分舰队。"英王乔治五世"号若必须留下来对"俾斯麦"

号进行监控，那马上让"纳尔逊"号或者"罗德尼"号以及"巴勒姆"号或者"伊丽莎白女王"号开赴亚历山大。用来充实地中海舰队的巡洋舰，你们预备选哪些？能将"敬畏"号（航空母舰）也调过去吗？什么时候能开始？

8. 在调这些师去中东的过程中，对于本土防御部队和国民自卫军的发展也不能落下，要让他们填补空缺。无论何时，在负责海岸防御的军队之外，（本土）起码还应该留十二个机动师的后备部队。

9. 及至9月末，还可以交付六个师的军队——用于两栖战，其中有两个是装甲师。为了善加利用此种军队，现正对各种备选方案进行研究。

＊　　　＊　　　＊

艾登先生此时正在考察的路上。"直布罗陀的防御工事近来发展迅速"，他"对此印象深刻"，他说，他在此项任务上"花费了极大的心力，意志坚决，为抓紧推动想了不少方法"。军队斗志昂扬，在关隘驻守的将士信心满满。他更忧心马耳他的局势，提出起码再派一个营和一支炮队，后者要装备能投掷二十五磅重炮弹的大炮。自然，还要提供持续的空军援助。总督多比将军觉得，考虑到以飞机和高射炮进行支援的各种计划要到1941年4月才能完成，所以在这之前，马耳他应该尽量不要采用能够导致报复行动的进攻策略，此事非常重要。

艾登先生15日抵达开罗。他和韦维尔将军、统领沙漠大军的梅特兰·威尔逊将军，进行了充分的讨论。对于打退意大利部队的进攻，他们信心十足。威尔逊将军觉得，意大利受给养——特别是水——和交通条件所限，攻击马特鲁港时，派出的兵力最多也不会超出三个师。面对意大利部队的攻击，他有第七装甲师和新调来的坦克团、第四印度师、由五个来复枪营构成的在马特鲁港驻守守军、一个机关枪营和八到九支炮队。从巴勒斯坦过来的第十六英国旅团和新西兰旅已经抵达。亚历山大西边有一个澳大利亚旅驻守，还有一个澳大利亚旅在向那里推进。除此，还有一支波兰旅。艾登写道，在威尔逊将军看来，空军若承诺将提供足够的支援，那么面对敌人的侵袭，将这些部队聚集起来完全足以应对，并将其打败了。艾登还说，我之前提议的制造水浸区的计划现在已经落实，还针对坦克布设了障碍物。他送了一份详尽的军用物资清单过来，其中飞机大有需要。那时，敌人对伦敦的轰炸已经达到了最猛烈的时候，想要飞机，说起来简单，真进行调拨，难度极大。为了攻打卡萨拉的意大利部队，他强烈要求调派一个步兵坦克连加入 11 月的军事运输舰队，开赴苏丹港。

在开罗，艾登问了一个不错的问题：意大利部队若是按兵束甲，我们的军队要如何应对？面对这一问题，各位军官第一回应是，率先发动进攻。艾登发电报过来说："我们今日的辩论表明，在这一战场的战斗里，步兵坦克〔马蒂尔德〕所发挥的效力，比我们想象的大多了。韦维尔将军想再要一个'I'式坦克营和一个旅部修理排，此事至关重要，这有利于将坦克的使用强度维持在最大值。"

发动攻击的事，陆军大臣发电过来的时候虽然没说，可是已然获悉的这些好消息已让我非常满意，因此我请他继续巡视。

首相致陆军大臣 　　　　　　　　　　　　　　1940 年 10 月 16 日
　　发来的每条消息，我都细细看过，觉得非常有趣，而且我也相信你此次的巡视很有价值。关于你的需求，我们正在讨论如何才能满足。与此同时，望你继续了解当地形势。不用急着回来。

艾登先生安排了一个土耳其的军事代表团对我们的集团军进行访问，还提议史默兹将军和他们在喀土穆相见，探讨整个局势，特别是探讨自苏丹发起攻击的计划，以及我对肯尼亚驻军的众多指责。此次会谈，定于 10 月 28 日召开，这个日期之后变成了一个纪念日。几乎不用我说什么，寻求各种装置的请愿书就像下雪一般飞了过来，其中有一个要求是，援助一万支来复枪，以便帮阿比西尼亚起义，特别是要求提供反坦克炮、反坦克枪、高射炮和空军的增援。此时，为了能尽可能地满足这些需求，我们宁可减少守卫本土的军力。所有人都只有不到一半的需求得到了满足，任何东西，只要给了这个人，那么另一个同样身处险境的人就拿不到，或者无法从他手中抢到。

艾登先生准备先参加喀土穆的会晤，等会晤结束之后，马上坐飞机经拉各斯返回伦敦，对自己的见闻和自己做的所有事，做出详细的口述。这一景象让我极为振奋，进而非常希望能在西非沙漠转守为攻。所以，我发了封电报给他：

1940 年 10 月 26 日

你应该先和各军将领就率先发动攻击的可行性进行一番认真的探讨，之后再走。在这方面，我是完全无法给出意见的，可是，若有别的路走，却非要等到集合、布置好了强大的军队再开始行动，那在战略上，就算不得良策。在我看来，用防御战和反击来击溃敌人的攻击计划，非常合适，可是，敌人若是打算等德国大批部队抵达之后，再对我们动手，那该如何应对？对于这一问题，可以先不回答，等回到英国之后，再详细讨论。

我们的物资能够供应的人数非常大，为了能在这些人中得到比例最高的作战部队和参战人员，望你能对中东陆军战区的情形进行充分的考察。你看看，维持苏伊士运河一带和埃及地区内部秩序的工作，能不能临时从白人分遣队中抽调人手来做。为了能够随时参战，每个英国营都不该失去机动性。我很担忧，中东地区的战斗力和物资供给能力的比例会在各地区中占据最后一位。希望你不要被常规答案所限。就算是部队里的军火处和兵站的人，还有别的技术小分队，也能在自己驻守的区域内维持治安，为了能在遇到突发情况时对他们加以运用，应将他们组织起来。除了最精锐的军队，二级和三级军队也应该有自己的贡献。

就这样，国内和战场上对主要问题的意见就慢慢归于统一了。

第十一章　英国与维希以及西班牙的关系

跟法国联合——美国和加拿大一直与维希有联络——戴高乐将军遇到难题——我于 10 月 21 日通过广播对法国人民讲话——本次广播演讲意义重大——务必坚持采取重要手段——土伦舰队——罗斯福总统从中干预——海军部忧心忡忡——与总统 11 月间的信件来往——用强硬政策应对法国战舰——致戴高乐将军电——贝当向总统承诺——英国与西班牙——驻西大使由塞缪尔·霍尔担任——佛朗哥将军的方针——西班牙将我们当作敌人带来的危险——阿尔赫西拉斯湾和中立区域——西班牙政府灵活应对希特勒——佛朗哥故意延误的战术——苏涅尔的职责——里宾特洛甫于 9 月 19 日拜访罗马——西班牙的要求越来越高——希特勒于 10 月 4 日在伯伦纳山口与墨索里尼会晤——希特勒和佛朗哥于 10 月 23 日在昂代会晤——希特勒于 10 月 24 日在蒙都瓦和贝当会晤——联合应对英国——我于 11 月 14 日发表自己的意见——贝当和莱法尔之间关系破裂——西班牙令希特勒大失所望——佛朗哥对希特勒和墨索里尼口是心非，忘恩负义——我向总统发出电报

尽管法国与德国之间签署了停战协议，尽管我们在奥兰重挫法国舰队，还和维希政府断绝了外交关系，我们依然希望能跟法国联合。法国被敌军摧毁，重要官员遭受各种压迫，没有经历过这种压迫的人，就不要随意评

判他人。这本书不谈论法国烦琐的政治问题。我坚信，如果让法国人民得知事情的真相，他们肯定要致力于推进我们共同的事业。当他们听说脱离眼前的困境，唯一的办法是遵从极有声望的贝当元帅的吩咐时，当他们听说英国只能在有限范围内援助法国，而英国不久后也会被攻克或者投降时，他们根本毫无选择的余地。看到我们满怀斗志地投入战斗，他们最高兴，所以我坚信他们希望最后的赢家是我们。我们首先要做的是，坚定不移地支持戴高乐将军，因为他越挫越勇。我于8月7日和他签署了一项军事协议，这符合实际的需要。法国和别的国家，都从英国广播电台中听到了他发表的鼓舞人心的演讲。他被贝当政府宣布处死，却因此声名鹊起。我们尽可能向他提供帮助，使他的活动区域更大。

　　这段时间，在与"自由法国"保持联系之余，不能和维希之间断绝来往，所以一直以来，我总会尽量利用他们。年终，美国将驻维希大使一职交由一名位高权重的人担任，其地位与莱希海军上将相仿，令我感到欣喜的是，他与总统很相像。蒂皮先生精干、知识丰厚，我多次向麦肯齐·金请求，希望他把蒂皮先生留在维希。找不到通往庭院的道路时，最起码还有一扇打开的窗户。我于7月25日向外交大臣提交一份备忘录，告诉他："我计划在维希政府中发动一次政变，争取把政府内部的一些人赶到北非，同时得到其他人的支持，让北非海岸保持独立，为法国争取更大的利益。为了实现这个目标，我将采用利诱的办法——譬如，利用粮食——和一些明显的理由。"鲁吉安先生声称自己得到贝当元帅的亲自指示，10月，我准备抱着发动政变的决心与他相见。这样做的原因不是我或我的同僚尊敬贝当，而是不放过任何一个接近法国的机会。我们始终坚持一个方针：让维希政府和政府成员感觉到，他们可以随时纠正自己的错误。我们可以不计前嫌，依然与法国患难与共，分享胜利的果实，除非两个国家之间发生了战争，否则便不会受到任何因素的影响。

受到这种方针的影响，戴高乐陷入尴尬的境地：为了在海外高举法国国旗，他甘冒任何风险，却很少有国外人士愿意听他的，绝对算不上第二个有效的法国政府。不过，我们依然要尽量增加他的权力和力量，使他更有威信。处在这种境地，他肯定希望我们与维希之间断绝来往，只听从他一个人的命令。他认为，尽管自己是一个寄人篱下的流亡者，不得不依赖我们的保护，但也要以傲慢的态度来惩戒不够忠心的英国人，只有这样，他才能赢得法国人民的尊重。他要让法国人知道，自己并非英国的傀儡，因此，只得在英国人面前装作蛮横的样子。这是他一贯的方针，实际上他也确实履行了这一方针。一天，他将自己的计谋告诉我，让我明白了他艰难的处境，也展现了他非凡的气魄，对此，我非常敬佩。

*   *   *

我于 10 月 21 日向法国人民发表了一篇简短的无线电广播演讲，由于要用法语，我费了很大的功夫。开始，演讲稿采用直译的方法，但它并未体现我在英语中表达出的精神，因此没能得到我的认可，后来，"自由法国"调派到伦敦的一位名叫蒂歇纳的成员写出一份译文，比原来的翻译好多了。经过反复的演练，我最终在一座新楼房的地下室里发表了演讲，当时正好遇上敌军展开空袭，有爆炸声响起。

致法国民众：

在和平战争中，我已经与你们携手三十几年，如今，我还会继续坚持这一原则。无论你们今天晚上身在何处，遭受什么样的苦难，都请把我的演讲当作在你们的家中与你们交谈。金路易上刻着一句祈祷文："法兰西，希望上帝保佑你。"我反复念这句话。德军的炮火在英国国内燃烧，在这种情况下，我们依然希望与法国团结起来。为了维护欧洲的和平，为了平等对待各国人民的事业，如今我们百折不挠、斗志昂扬地投入战斗。我们拿起武器，与你们协同作战，就是为了实现这个目标。罪恶之徒向善良的人发动进攻，把灾难带给我们，我们应该谨慎处理我们的关系，万不可发生冲突。我们拥有一个共同的敌人，它从没忘记挑拨我们的关系，令人遗憾的是，我们确实上了它的当，发生过许多摩擦。假如类似事情再次发生，我们要想办法制止祸患，将其转化为我们的福祉。

希特勒声称要将伦敦变成一片灰烬，他已经调派飞机对伦敦发动轰炸，但是伦敦的人民却神情自若，没有一点儿畏惧之色。我方空军的实力足以保卫我们，甚至还有富足。敌人早就宣布进攻，但是至今没有执行，我们一直在等待这一时刻，甚至海里的鱼都在等待这一时刻。不过我们觉得，这种局面才刚开始。如今是1940年，我们偶尔会遭到进攻，但是制海权依然被我们牢牢地掌控。制空权到1941年也会被我们掌控。你们千万不要忘记这象征着什么。希特勒和卖国贼相互勾结，动用他的坦克、众多机械化武器以及第五纵队，将欧洲的大部分优秀民族暂时攻克。作为帮凶，意大利紧随其后，妄图分得一些利益，最后身心交瘁，胆小如鼠。这两个国家都想将法国占为己有，像分割一只鸡那样分割法国：你撕走一条腿，我撕走一只翅膀或一块胸脯。这两个无耻之徒计划侵占法兰西帝国，把阿尔萨斯—洛林再次变成德国的奴仆，从法兰西的领土上抢走尼斯、萨瓦和科西嘉（拿破仑出生的地方）。希特勒的志向不只是攻克别的国家的领地，或者将所有领地都并入他的联邦之中，他还想让法兰西民族无法生存，走向覆灭。这就是事情的真相，请你们一定要相信我。愤怒和挫败导致希特勒这个恶棍变成了一个罪大恶极的疯子。他动用各种狡诈、蛮横的手法，妄图把法国的特有文化彻底摧毁，不让法兰西精神传播到世界上。假如他的诡计得逞，德军将侵占整个欧洲，使得各处都遭遇纳粹的剥削、抢夺和欺压。如今不适合委婉地说话，因此我说得很直白，请体谅。德国人不只要打败法国，还要把法国的所有东西都摧毁掉，这必将导致法国受到德国的欺压。在战胜国残暴的军队与无所不为的警察的统治下，法国的陆军、海军、空军、宗教、法律、语言、文化、制度、文学、历史和传统都将不复存在。

法国人应该尽快重新振奋起来。在某场战役之前，拿破仑曾经说过："在耶拿，普鲁士人以三敌一，在蒙米赖，他们以六敌一，如今，他们却这么自大。"我们应该记住这句话。我坚信法兰西的灵魂依然在，它依然是世界大国中的一员。希特勒采取阴谋诡计，犯下这些大罪，这必将使他本人和他的所有同僚都得到惩罚，我们中的许多人都能够活下来并亲眼看到他们遭到报应。事情还没有结束，不过不会等太久了。我们和我们在大西洋彼岸的友人，以及你们在大西洋彼岸的友人都在追踪他。假如他无法将我们彻底摧毁，我们就要展开反击，将他本人和他的同僚一并摧毁，还要摧毁他做出的所有罪孽。所有事情都会好起来，请保持自信和希望。

当前，我们正在战斗，等赢得战争后，我们会和你们分享胜利的果实。在这个艰辛的过程中，我们英国人对你们别无他求，只希望你们向我们施以援手，或者不要阻拦我们。我们是攻打敌军的主要力量，你们应该强化这股力量，希望不久后能够看到这样的局面。我们坚信，当前，法国人已经为我们取得的胜利感到温暖、激动和骄傲，无论这胜利来自空中、海上，还是来自陆地（用不多久，就能取得陆地上的胜利）。

希望你们知道，我们将不辞辛劳，永不停下脚步，更不会后退一步。我国人民已经决定将纳粹赶出欧洲，驱走世界的黑暗。德国将无线电台控制住，声称我们要抢走你们的船只和殖民地。请不要相信这些鬼话，我们只想剥夺希特勒和希特勒主义的生命和灵魂。我们务必要实现这个目标。我们不抢任何一个国家的财物，只想得到他国的尊重。在法国殖民地以及非占领区，法国人任一时刻都可以采取有效的措施。

由于敌军正在监听，我就不详细讲明这一点了。英国人和很多被蛮横的德国人施以重法、压榨和监管的人一条心。我希望那些身在沦陷区的法国人在考虑自己前途的时候，一定要想想法国伟人甘必大于1870年谈起法国的前途和趋势时说的话："要经常想这件事，不过嘴巴不可说出来。"

晚安！请早些休息，积蓄精力迎接明天早上的曙光。晨曦将照耀勇敢、忠诚的人，给饱经苦难的人送来温暖，给与世长辞的人带来慰藉。光辉会紧随黎明而至。法兰西万岁！世界各国人民秉承公正、忠实的传统，向着更宽广、充实的时代前进！

听了这场演讲，千百万法国人深受感动。如今，法国各阶层的人们主动和我说起这件事。为了拯救我们大家的命运，迫于无奈，我做出很多冷血的事情，甚至把他们当成敌对目标，他们却依然对我十分友善。

*　　*　　*

此时，我们一定要采取必要的手段。希特勒控制着欧洲和法国，我们千万不要在这时解除封锁，特别是对法国的封锁。为了满足美国人提出的要求，我们偶尔会调派几艘特定船只，往法国的非占领区输送医药用品，不过，我们对出入法国港口的船只依然果断拦阻，进行搜查。维希的任何做法都不会让我们抛弃戴高乐，也不会制止戴高乐在法国殖民地内不断壮大的势力。法国舰队当前在法国殖民地港口停留，我们绝不允许任何一艘返回法国，这一点至关重要。有时候，海军部忧心忡忡，害怕法国向我们开战，导致我们面对更大的阻碍。我坚信，这种行为违背天道，如果法国人民知道我们将长时间坚持战斗，而且有这方面的实力，就会由衷地反对维希政府的这种行为。此时，法国人民对英国满怀希望，希望与英国并肩作战，而且这种希望一个月比一个月强烈。不久后，莱法尔先生出任贝当元帅外交部长，他也体会到了这一点。

秋天已经过去，冬天到来了，我害怕那两艘法国大型战舰妄图开回土伦，它们没完成的工程可能在土伦竣工。作为罗斯福总统的特使，莱希海军上将与贝当元帅联系紧密。我请罗斯福总统想办法，他最终满足了我的要求。

前海军人员致罗斯福总统　　　　　　　　　　　1940 年 10 月 20 日

据说维希政府为了援助德国，向我们发动进攻，打算动用他们的军舰和殖民地军队。我认为这是虚假报道。不过，必须制止土伦的法国舰队被移交给德国，不然，这将极大地危害到我们的利益。希望总统先生可以态度强硬地警告法国大使，美国定会严厉惩处这种危害民主和自由事业的行为。这种警告可以起到预防作用，是明智之举，一定可以引起维希方面的高度重视。

在西北航道，我们近期的两支军事运输舰队损失惨重，你肯定已经知道了。[①]那时，我们刚好匮乏驱逐舰——我已经向你介绍过这段时间的情况。多亏上帝护佑，你们派来的五十艘驱逐舰已经接连抵达，不久后，就可以往战场上投入一部分。今年年末，我们可以建成大量反潜舰只，形势会变得非常乐观。我们肯定还要度过一段令人焦虑的紧张期，因为必须往英法海峡投放大量抵御入侵的小型舰只，调派大量海军前往地中海，承担大量护航任务。

针对土伦舰队这件事情，总统以私人的名义向贝当政府写了一封信，态度十分强硬。他写道："虽然一个政府被强国征服，但是不能拿这件事情当作借口，为强国卖力，向它曾经的盟国发动进攻。"他强调，贝当元

---

① 在西北航道，共有三十三艘船只在 10 月 17 日、18 日和 19 日被击毁，在这些船只中，英国船有二十二艘，其中有二十艘属于同一支军事运输舰队。——原注

帅曾向他郑重承诺，法国舰队绝不投降。德国人动用法国舰队向英国舰队发动进攻时，假如法国政府不加以制止，就是对美国政府的背叛，这是令人无法忍受的举动。美国和法国两个国家之间的深厚友谊必将受到这种性质的协议的影响。美国将对法国充满怨恨，再也不肯支援法国人民。假如法国实施这一计划，今后，即使美国明明有能力帮法国保留海外殖民地，也不会施以援手。

前海军人员致罗斯福总统　　　　　　　　　　1940 年 10 月 26 日

　　我计划给你发去电报，希望你向贝当致电，但还没来得及发，你就已经向他致电，并严厉地警告了法国人。我很感谢你这种行为，不过，所有的事情尚未可知。我听外交部说，他们已经向你发出电报，其中提起我们近期收到的有关德国提出的条件，听说贝当已经回绝。相比移交舰只产生的危害，移交非洲海岸的空军或潜艇基地产生的危害只会更大。如果任由那些罪恶的人控制大西洋沿岸的基地，必将危害到你们的利益，置我们于绝地。所以我请你警告法国人，你在舰只方面的言论也同样适用于背叛基地的行为。

　　近五个月内，我们一直面临着敌军入侵的威胁和空中袭击，却坚持从好望角绕过，向中东提供支援，往此地调派现代化飞机，以及舰队里的主力舰。我觉得，此时依然面临敌军入侵的危险，不过，要加大向东方地区提供的支援。两个战场都承受着巨大的压力，我们由衷地感谢每一份支援。

　　海军部忧心忡忡，害怕与维希之间的关系破裂，因此小看了那两艘法国战舰返回土伦对我们造成的危害。鉴于此种情况，我发出一封指导性电报。

首相（在火车上）致海军大臣及第一海务大臣　　　1940 年 11 月 2 日

　　自从法国背弃盟约时，我们就下定决心，决不能让"让·巴尔"号和"黎歇留"号被敌人抢去，也不能允许它们开往继续兴建的港口。为此，你们曾经向"黎歇留"号发动进攻，并说已经重创这只战舰。"让·巴尔"号还没有完工。此时，这两艘战舰都停驻在大西洋中的非洲港口，它们不适合在这里作战。我们的方针是，坚决不允许邪恶之徒将这两艘战舰抢走。听说第一海务大臣认为不需要阻拦"让·巴尔"号开往土伦，还声称可以任由它顺利开走，我对此非常惊讶。我们觉得，土伦是一个一直被敌军控制的港口，所以才尽量不让"斯特拉斯堡"号驶向土伦。令人遗憾的是，我们并没有实现这个目标。在我看来，坚持让"让·巴尔"号开往土伦的观点，与坚持拦截逃走的"斯特拉斯堡"号的观点，具有不可调节的矛盾。

　　海军部应该阻止这两艘战舰，不让它们驶向大西洋或地中海的法国港口，进而驶向土伦进行维修，完成余下的工程，之后要么是主动提供给德国，要么是被德国抢走。

首相在火车上致外交大臣　　　　　　　　　　1940 年 11 月 2 日

　　"让·巴尔"号是否就要展开行动，我并不知情，不过我已经向海军部发出通知，提醒它制止这个舰只开往地中海。你应该明确告诉维希政府，假如它准备把这只战舰开到大西洋德国人掌控的港口，或者开到地中海那些可能被攻克的港口，我们就会阻拦这只战舰，甚至把它击沉，这一点至关重要。在伦敦的私人办公室中，我会向你提交一份备忘录的副本，它是写给海军大臣和第一海务大臣的。

前海军人员致罗斯福总统　　　　　　　　　　1940 年 11 月 10 日

　　1. 我们收到很多报告，都说法国政府计划让"让·巴尔"号和"黎歇留"号驶向地中海，继续进行修造，为此，我们十分焦虑。一旦这件事情变成现实，必然会给我们造成很大的危害，而且这更有利于德国人将这两艘舰只占为己有。我们认为有必要想方设法制止这种行为。

2.几天前，我们让马德里大使警告法国政府："这种行为只会增加德国人和意大利人抢走法国舰队的概率。法国政府做出承诺，不会让敌人把法国舰队抢走，我们信任法国政府的诚心，但是不相信他们具有这种能力。为了不让英国海军与法国海军之间出现摩擦，我希望他们打消把这两艘战舰调走的念头。"

3.我已经向法国政府提起过，我们相信他们履行诺言的诚意，只是当这两艘战舰抵达法国的港口或驶入敌人控制的区域时，法国政府还有没有能力履行诺言。开诚布公地说，法国政府为何要把这两艘战舰调派回来？就算可以找到充足的理由，依然让人怀疑其有所图谋。

4.针对这件事情，假如你认为可以再次警告维希，就再好不过了，因为出现纰漏对我们的危害非常大。

*   *   *

我和戴高乐将军联系紧密。

首相致（在利伯维尔的）戴高乐将军   1940 年 11 月 10 日

我特别想和你一起商讨。从你离开那天起，法国和英国之间的关系已经产生了很大的变化。各地的法国人已经意识到一点：我们是不会被打败的，战争还要持续下去，所以，他们对我们充满了同情。美国向维希政府施加压力，这令维希政府十分惊讶。莱法尔和充满报复心的达尔朗却逼迫法国向我们宣战，希望海军之间产生摩擦。非洲的魏刚寄托着我们的希望，假如可以把他拉过来，一定有很大的好处。为降低意外事情发生的概率，我们计划与维希签署一种临时协议，使法国倾向于我们的一部分势力得到发展。我们曾经向他们明确地表明，假如他们向直布罗陀发动进攻，或者采取别的挑衅手段，我们将追踪维希政府，不管它迁到哪个地方，也要将其炸掉。他们至今没有回复我们，因此，你需要到这里一起商讨。请你安排好利伯维尔的各种事情，尽快回来。请把你的计划告诉我。

我在 10 日发出电报，提到"让·巴尔"号和"黎歇留"号也许要开往地中海继续建造，总统于 11 月 13 日给我发来回电。他即刻向美国驻守在维希的代表下发命令，让维希政府说明这件事情是真是假，还告诉维希，美国政府希望这两艘战舰驻守在原先的港口，防止落入别的国家之手，否则，在今后的行动中，法国舰队动用这两艘军舰将危害到美国。法国采取任何此类行动，都将破坏法国和美国之间的关系。他还说，美国希望从法国手中买下这两艘战舰。

总统还对我说，贝当已经向美国代表郑重承诺，包括这两艘战舰在内的法国舰队，绝不会被德国人抢走。贝当元帅说，他已经向美国政府和英国政府，以及向我本人做出过这种承诺。他说："我再次强调，我们会用这些战舰保卫法国的属地和领土。只要不遭到英国的主动进攻，就不动用它们攻击英国。就算我同意，也没办法把这些战舰卖掉。停战协议已经明确规定，禁止出售战舰，即便不禁止，德国人也绝不同意。在德国的统治之下，法国已经丧失自由。假如我有权利做出决定，我非常乐意出售战舰，只是会提出要求，等战争结束之后，把战舰还给我们，以此为法国保全这两艘军舰。我有必要再次强调，我当前没权利出售它们，也没机会出售它们。"贝当元帅以严肃的口吻说这些话，他并没有因为总统的提议而表现出惊讶或愤怒。罗斯福总统再次向代表下发命令，希望他告诉贝当元帅，针对美国提出的与这两艘战舰相关的提议，或者是与法国海军别的战舰相关的提议，可以随时重新协商。

总统于 11 月 23 日再次发电报，对这件事情做出进一步承诺。贝当元帅曾经表示过，他计划将这两艘战舰停泊在达喀尔和卡萨布兰卡这两个港口，假如情况有变，他会提前让总统知道。

＊　　　＊　　　＊

西班牙和维希之间关系紧密，但是，相比维希的态度，西班牙的态度对我们而言更加重要。西班牙可以在很多地方帮助我们，不过更可以对我们危害甚大。我们在失去很多人命的西班牙内战中保持中立。佛朗哥将军几乎没得到我们的支援，却受到轴心国的很多帮助——轴心国甚至可以说是他的救命恩人。他得到过希特勒的支援，也得到过墨索里尼的支援。他对希特勒既讨厌又畏惧，但对墨索里尼，他却很有好感，也不怕他。世界大战刚爆发，他就宣布保持中立，并且一直奉行这个原则到现在。以互利为前提，我们两个国家之间开展贸易，显现出一派繁荣景象，铁矿石从比斯开湾的各个港口运来，这对我们的军需工业起到非常大的作用。此时已经是5月，"晦暗不明的战争"已经结束。整个世界都已经见识到纳粹德国的威力。法国在战场上全面溃败。北方的同盟国军队危机四伏，我此时非常乐意将一个新职位交由曾经的一位同僚担任，他因为内阁改组而失去工作，这个职位与他的才干和脾气非常适合。塞缪尔·霍尔于5月17日被授予西班牙大使一职，这份工作任期五年，细致又至关重要，我坚信他是最适合的人选。如此一来，在马德里，我们就拥有了一位十分好的外交使节，还有一位非常称职的参赞阿瑟·杨肯先生[1]，以及海军武官西尔加斯上校。西尔加斯上校从海军退役后就搬到了马里奥尔加岛居住，由于对西班牙事务非常了解，他又被授予其他职务。

佛朗哥将军在战争的整个过程中一直冷眼旁观，他眼中只有西班牙和西班牙人的利益。他从来没有考虑过要报答希特勒和墨索里尼对他的帮助。我们的左翼政党把他当成敌人，但是他也并没因此恼恨英国。这位暴君心

---

[1]　杨肯先生因飞机失事，于1944年牺牲。——原注

胸狭隘，一心希望他那些精疲力竭的民众不要陷入另一场战争。曾经，他们在自相残杀中失去了一百万人，所以他们对战争早已厌倦。时局艰难，物价居高不下，人民贫苦不堪，这座荒无人烟的半岛变得死气沉沉。西班牙不想要战争，佛朗哥也不想要战争。他就是用这种平淡的态度来了解和应付当时这场世界动荡的。

英王政府极为赞赏这种平庸的观念。我们希望西班牙保持中立，希望与西班牙做生意，不想看到德国和意大利的潜艇使用它的港口。我们希望直布罗陀免受影响，还想让阿尔赫西拉斯的港口可以为我们的舰只所用，想让直布罗陀连接大陆的区域运用于日渐扩大的空军基地。我们要想抵达地中海，需要在很大程度上依赖这些便捷条件。西班牙轻轻松松就可以在阿尔赫西拉斯背后的山上自己部署或者让别人部署十多门重型大炮。他们有权利在任意时间做这件事情，一旦部署好大炮，就可以在任意时间发射，我们的海、空军基地也就没有用武之地了。直布罗陀说到底只是一个悬崖，再次遭遇长时期的围困是很可能的事。在地中海上，英国的所有活动的钥匙都掌控在西班牙手中，西班牙从未给我们设立过障碍，即便在最艰难的情况下，西班牙也允许我们通行。那时危机四伏，我们两年间常常预备一支五千多人的远征军和大量战舰，一旦接到命令，几天内就可以出发，以备西班牙人禁止我们使用直布罗陀港时，可以把加那利群岛抢过来，自空中和海上牵制敌军的潜艇，绕道好望角，和大洋洲保持接触。

佛朗哥政府也可以用一种非常简单的方法，向我们发起致命攻击：放希特勒的军队从半岛穿过，帮他们围攻直布罗陀，他们自己可以乘机去将摩洛哥和法属北非据为己有。法国停战后，1940年6月27日，德国军队向西班牙边境大规模进军，计划和西班牙军队在圣塞瓦斯蒂安和比利牛斯山南面的城镇里举行联欢，为此，我们忧心忡忡。其实，一些德国军队已经向西班牙进军。不过，威灵顿公爵在1820年4月说："西班牙是欧洲国家中最让那些干涉他国内政的人讨不到便宜的国家。西班牙最厌恶、蔑视外国人，与欧洲别的国家具有不同的风俗习惯。"时间过了一百二十年，如今，西班牙的内部战争带来的灾难致使西班牙人心力交瘁。他们已经被吓破了胆，不希望与他人来往。他们不想看到外国军队穿梭于他们国家。西班牙人虽然有纳粹和法西斯主义意识形态，很难对付，不过他们依然不希望外国人介入自己的国家。佛朗哥尤其如此，并利用相当诡谲的方法使这种情绪成为行动。我们非常赞赏他的机智，特别是在对我们有利的情况下。

＊　　＊　　＊

法国瞬间被攻克，英国也存在溃败的危险，这令包括西班牙政府在内的所有人感到震惊。在世界各地，很多人都开始承认"欧洲新秩序""统治民族"等概念。6月，佛朗哥声称要加入战胜国，分享胜利的果实。由于他非常贪婪，老奸巨猾，他明确说出，西班牙的要求很高。然而此时，希特勒认为自己不需要同盟者。跟佛朗哥的想法一样，他也希望在几周、甚至几天后，结束大规模的对抗局面，而英国会祈求停战。所以马德里这样热情地笼络他，他对此兴趣却并不大。

形势在8月转变。可以明确地看出，英国要继续一场旷日持久的战斗。7月19日，希特勒向英国提出停战请求，英国以傲慢的态度给予拒绝，这促使希特勒寻找别的同盟。佛朗哥曾经得到希特勒的援助，近期打算和希特勒站在同一阵营，但是，这位独裁者却因为相同的原因，改变了主意。德国驻马德里大使于8月8日通知柏林，总司令还是原先的想法，只是多了一些要求：直布罗陀、法属摩洛哥和阿尔及利亚包括奥兰在内的部分地区，都归西班牙所有。并且，西属非洲殖民地也要相应扩张一下。另外，西班牙的粮食仅能维持八个月，急需一定的军事支援和经济支援。佛朗哥希望德国人登陆英国之后，西班牙再投入战斗，"否则拉长战斗的时间，将导致西班牙不堪重负，摧毁当前的政权"。佛朗哥向墨索里尼发出信件，再次强调自己的要求，希望能得到他的同意。8月25日，墨索里尼给总司令写信，希望他"不要对欧洲不管不问"。西班牙提出的要求太高，希特勒觉得非常为难，在这些条件里的一部分会导致希特勒与维希再次出现矛盾。将奥兰从法国抢走，势必促使法国在北非成立一个与之为敌的新政府。他一遍又一遍地权衡这件事情的利弊。

时间过了很久，9月，大不列颠看上去足以与德国发起的空中袭击相抗衡。令欧洲各国震撼的是，美国移交了五十艘驱逐舰。西班牙认为，美国正逐渐参与到战争中来。佛朗哥和西班牙人提出十分苛刻的条件，态度强硬地说，一定要先答应他们提出的条件。他们还请求在军需用品上得到帮助，尤其希望得到十五英寸口径的榴弹炮，以便满足直布罗陀炮台的需求。在这段时期内，西班牙为德国人提供一些便捷条件。他们允许德国的情报人员任意穿梭于马德里。每一家西班牙报纸都抵制英国。德国认为西班牙外交部长贝格贝德尔对德国热心不够，为了缓和两个国家之间的紧张局面，维持合作伙伴关系，西班牙任命长枪党的头号领导人塞拉诺·苏涅尔为大使，并让他访问了柏林。希特勒不停地向他灌输西班牙人多么厌恶美国。希特勒认为，这场大战也许会发展成美洲对抗欧洲的洲际大战，因此必须要保证西非沿岸的岛屿防守坚固。里宾特洛甫那天晚些时候提出条件，希望在加那利群岛建立一个军事基地，以供德国使用。亲德长枪党党徒苏涅尔却更趋向于本国的利益，他不肯就以上问题进行探讨，只是不断地说，现代化的武器、粮食和石油都是西班牙急需的，为了保全西班牙的领土，务必牺牲法国的利益。这一切要求都应获得满足，西班牙才能参加战斗。

里宾特洛甫于9月19日前往罗马，向墨索里尼汇报工作，并进行会谈。他声称，在元首看来，英国的态度是"对现实毫不了解，希望苏联和美国出兵支援，在此之前苟延残喘"。墨索里尼说："美国权衡利弊，最终站到英国一方的阵营中。"出售五十艘驱逐舰就是很好的证据。为了与美国抗衡，墨索里尼希望和日本结成同盟。他说："美国海军的数量非常多，不过我们觉得它像英国的陆军那样松散。另外还要考虑南斯拉夫和希腊的问题，在南斯拉夫边境，意大利集结了五十万人，在希腊边境，意大利集结了二十万人。意大利对希腊人的态度就像4月行动之前德国人对挪威人的态度。我们首先要解决希腊问题，尤其是在我们的陆军攻入埃及，英国舰队无法停驻在亚历山大，不得不在希腊港口躲避祸患的时候。"

他们在此问题上达成共识，都把英国认定为主要的攻击目标，只剩下采取哪种攻击方法的问题。墨索里尼说，"希望在春季之前结束战争，因为不然就要延缓到第二年"。当时，他觉得延缓到第二年的可能性更大，所以要充分利用好西班牙。里宾特洛甫觉得应该先和日本结成同盟关系，再让西班牙宣战，对英国造成致命的打击，但是，苏涅尔却不说定具体的时间点。

＊　　　＊　　　＊

随着西班牙人变得冷漠、贪婪，希特勒更想得到他们的援助。约得尔将军在8月15日说，要想打败英国，一方面可以直接向其发动进攻，另一方面可以延缓空战、强化潜艇战、抢夺埃及和直布罗陀。希特勒特别希望向直布罗陀发动攻击，但西班牙却提出了十分苛刻的要求。9月末，希特勒又做出一项新的计划。德国、意大利和日本于9月27日在柏林签署三国同盟公约，三国因此获得了更大的发展空间。

＊　　　＊　　　＊

元首当前已经下定决心，要亲自采取行动。他于10月4日在伯伦纳山口和墨索里尼举行会谈。他声称，西班牙政府要求苛刻，行动缓慢。假如同意西班牙提出的条件，他害怕会直接产生两种局面：一是英国将加那利群岛上的西班牙基地攻克，二是北非的法国殖民地站到戴高乐的阵营中。这会导致轴心国不得不扩大战场。与此同时，他还认为，法国的武装部队在欧洲地区加入向英国发动进攻的阵营也不是不可能。墨索里尼在宣扬他攻克埃及的方案时夸夸其谈。为了参加这次行动，希特勒表示可以提供特别的卫队，但是，墨索里尼觉得没这个必要，最起码在没到战争的最后关头之前，没这个必要。希特勒在苏联问题上这样说道："不得不说，我和斯大林彼此不信任。"不管怎么样，莫洛托夫很快就要来到柏林了，到那时，元首要劝苏联将其精力投入到印度方面。

希特勒于10月23日急匆匆赶往法国和西班牙边境的昂代，与西班牙的独裁者举行会谈。希特勒告诉墨索里尼，自己的屈尊降贵并没有让西班牙人觉得是一种荣耀，反而促使他们提出一些非常不符合他们自身实力的条件。西班牙提出要求，要修订比利牛斯山脉的边界，将法属的加泰罗尼亚（历史上西班牙占据过此地，但其现在隶属于法国，而且其确切位置在比利牛斯山以北），阿尔及利亚从奥兰到布兰科角的区域，以及摩洛哥的几乎所有区域，统统划分给它。会谈需要借助翻译人员，长达九个小时。他们只是签订了一项模糊的意向书，计划出军事谈判的过程。后来在佛罗伦萨，希特勒告诉墨索里尼，相比参加这样的谈判，他宁肯被拔掉三四颗牙齿。①

元首从昂代返回，在路途中，他通知贝当元帅去相距图尔不远的蒙都瓦与他相见。莱法尔策划了这次会谈，两天前，他曾经在这儿与里宾特洛甫约见，令他吃惊的是，他竟然在那儿看到了希特勒。无论是希特勒还是莱法尔，都希望能把法国拉拢过来，让法国支援进攻英国的军事行动。起初，这件事令元帅和他周围的很多人感到震惊。不过莱法尔竟然把这次提前安排好的会谈说得天花乱坠。有人问莱法尔，这是希特勒的主意，还是一些人向希特勒提出的建议。莱法尔回答说："在你心中，希特勒是一种什么样的人？莫非你觉得他还需要一个保姆？他是一个有主见的人，是他自己想与元帅会面的，而且他十分敬佩元帅。两国元首的本次会谈具有划时代

---

① 详见齐亚诺所著的《外交文件》。——原注

意义，与在契克斯共进午餐有很大的区别。"①经过劝说，贝当改变了看法，开始支持这项计划。在他看来，他自身的威望很高，足以与希特勒相媲美，也应该让希特勒觉得，法国是愿意合作的。在西方，希特勒没了后患，就会把精力投入到东方，向东方进军。

此次会谈的时间是 10 月 24 日下午，地点是在距隧道不远的希特勒的装甲火车上。元首说："能同一位完全置身于本次战争之外的法国人握手，我感到很开心。"

接下来就是一些相当无耻的寒暄。在战争之前，德国和法国一直关系疏远，元帅对此深表遗憾。不过此时开始亲近还来得及。希特勒声称发起战争的是法国，不过它当前已经溃败，英国成了现在的进攻目标。趁美国还没有向英国提供支援，先将不列颠攻克，或者将其夷为平地。战争是一件最划不来的东西，所以他的目的是使战争尽早结束。这场战争关系到整个欧洲的命运，因为整个欧洲都被卷入了战争之中。法国提供的援助可以达到哪种程度？贝当认可合作的原则，却不肯划定合作的范围。当初做出的一份记录表明，"意大利和德国元首达成共识，希望在新欧洲中看到法国占据应该占据的位置"。尽快打败英国这件事符合轴心国的利益，也符合法国的利益。轴心国采取防守措施时，法国政府理当全力支持。细节问题停战委员会协同法国代表团共同商讨。轴心国向法国承诺，和英国签订条约时，为法国在非洲划出一块"面积等同于当前占据的殖民地"的殖民地。

根据德国的记录，希特勒当时大失所望。莱法尔向他提出请求，在还没有得到法国舆论的支持之前，不要强迫法国向英国宣战。希特勒骂莱法尔无耻，说他是"一个卑鄙的民主主义小政客"。但是，他对贝当元帅的印象非常好。听人说，贝当元帅返回维希时曾发表言论："花费半年时间

---

① 详见杜·穆兰·德·拉帕泰德所著的《梦幻时代》。——原注

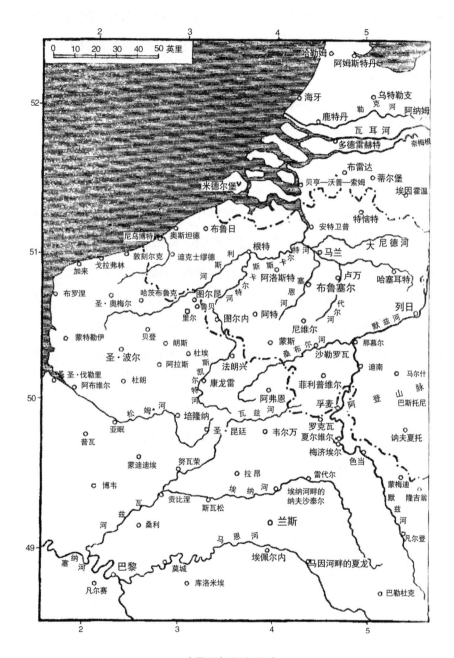

法国西部和比利时

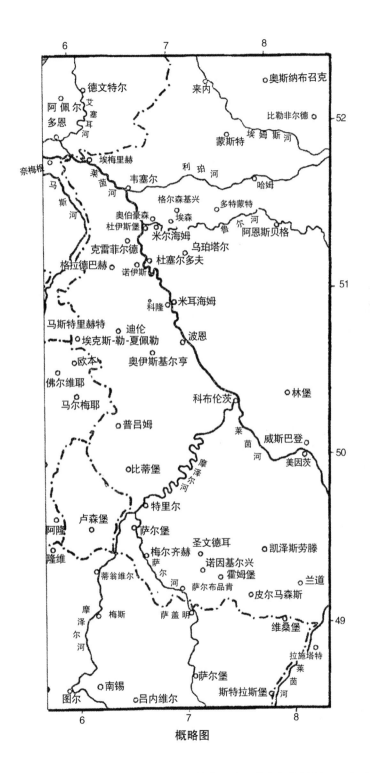

概略图

探讨这项计划，再花费半年时间忘记这项计划。"不过，法国至今都没有忘记这次可耻的交易。

我于 10 月份向我们驻守在马德里的大使发出一份电报：

首相致塞缪尔·霍治　　　　　　　　　　　　1940 年 10 月 19 日

　　你对艰难事务的处理手段令我们甚为佩服。我希望你可以设法通过法国大使告诉维希两项基本原则：其一，只要下定决心，愿意与我们一道打败共同的敌人，我们可以不追究他们曾经的过错，与他们合作；其二，我们投入战斗的目的是，保障我们自身的生命安全，解放一切被统治的国家，为此，我们要战斗到底。请想办法让维希明白，我们一定可以实现自己的目标，将希特勒击溃。虽然整个欧洲大陆都要遭受希特勒的侵略，战争要持续很长时间，但是希特勒注定会走向覆灭。法国在非洲拥有殖民地，也有制海权，还可以将法国放在美国的黄金冻结，所以我不明白为何没有任何法国领导人去非洲。在最初阶段，假如我们采取这种措施，意大利早已被我们击溃。这是勇猛之士前所未有的大好时机。提出这种建议之后，我们不要奢望他们给出确切的反应。假如找到合适的机会，请把这个意思告诉他们。

　　与蒙都瓦会谈相关的各种报告传到我们的手中，但是并没有影响我对维希的态度。这时正值 11 月，我给同僚们写了一个备忘录，以表达我的观点。

　　　　　　　　　　　　　　　　　　　　　　1940 年 11 月 14 日

　　虽然不能在政治上采取报复手段，虽然也不能只看到曾经而不看将来，但是谈和与容忍的方针依然不足以解决我们与维希之间存在的问题。德国向维希政府施加很大的压力，在这种情况下，让他们体会到英国的和善与包容，最能给他们带来安慰。如此一来，他们就会以牺牲我们的利益为代价，来换得德国人的满意，并使他们自己尽可能不介入战争之中。相反的是，在关系到我们自身利益的时候，要对他们果断采取有效的措施。要给他们一种这样的感觉：希特勒不好对付，我们更不好对付。

绝对不能忘记，这些人违背法国人民的意愿，犯下滔天罪行，永远被人们唾弃。莱法尔对英国满怀愤怒，他立誓要把我们压成粉末，直到只剩下一些油渍为止。假如由他执政，必然会把英国的战争当作交易，协助德国向我们发动进攻，以便从德国人那里得到更大的利益。我们损坏了达尔朗的舰队，他因此痛恨我们。贝当是反对英国的失败主义者，如今已经变得顽固不化。他们最不值得我们信赖。不过，也许法国越来越有利的舆论，以及德国嚣张的气焰，将迫使他们采取对我们有益的政策。我们确实要和他们保持联系，把维希这帮人夹在德国和英国之间，让他们饱受折磨，使形势朝着有利于我们的方向发展。只有这样做，才能让他们在走向覆灭时对我们比较恭敬。

*　　*　　*

贝当元帅中了莱法尔的诡计，时日久了，定会发展到向英国宣战的地步，而北非殖民地也将被德国攻克，想到这些，他越来越恼怒。莱法尔于12月13日抵达维希，他告诉贝当，他希望贝当去巴黎，参加移送拿破仑的儿子莱西塔德公爵的骨灰到老残军人休养所的仪式，希特勒想趁这个机会宣示，巩固在蒙都瓦达成的协议。

凡尔登的胜利者带上日耳曼仪仗队穿梭在法兰西领土之上，来到拿破仑皇帝的墓前，并不能引起贝当的好奇心。况且，莱法尔的手段和欲求令贝当感到厌烦、畏惧，因此，贝当的手下想办法将莱法尔抓了起来。由于德国的干涉，莱法尔又被放了出来，不过却无缘部长之职。莱法尔气愤地离开，去往巴黎，那里已经被德国军队攻克。外交部长一职由福朗丹接任，我感到非常高兴。这证明维希内部已经改变，他们的合作到了极限。英国和法国之间的关系此时有了修补的希望，美国对维希将充满同情。

＊　　　＊　　　＊

下面开始介绍西班牙的相关事宜。如今，佛朗哥已经发现，这场战争将持续很长时间，不知道德国是否能赢得战争的胜利，西班牙不想再次卷入战争中，便尽可能拖延，并提出了更苛刻的条件。他为了向轴心国证明自己忠心耿耿，还把贝格贝德尔撤掉了，在 10 月 18 日，委任苏涅尔为新任外交部长，苏涅尔于 11 月应召前往贝希特斯加登。西班牙一直没有参加战斗，希特勒对此非常生气。在不列颠战役中，德国空军被击溃。意大利卷入希腊和北非的战役之中。塞拉诺·苏涅尔无休无止地抱怨半岛上经济困难，希特勒对此很不满意。德国谍报部门的首脑卡纳瑞斯海军上将于三周后前往马德里，详细部署西班牙参加战斗的相关事宜。他建议，请德国军队在 1 月 10 日穿过西班牙国界，为 1 月 30 日攻克直布罗陀做好准备。佛朗哥对他说，西班牙无法在规定时间内参加战斗，这令他十分惊讶。总司令应该是担心大西洋的岛屿和西班牙的殖民地落入英国海军之手。他声称西班牙的粮食不足，没能力长时间持续战斗。德国登陆英国的计划搁浅，佛朗哥趁机又提出了一个新的要求。为了不让漫长的战祸危害到西班牙，他必须等轴心国将苏伊士运河攻克之后再采取行动。

希特勒于 1941 年 2 月 6 日给佛朗哥写信，言辞激烈，十分着急地催促佛朗哥拿出男人的气魄，尽快采取行动。佛朗哥在回复中说，他对希特勒一直忠心耿耿，希望不要中断向直布罗陀发动进攻的准备性工作，还宣称要等西班牙军队都拥有德国武器之后，再展开行动。即便所有条件都已经满足，出于经济方面的考虑，西班牙还是不能参加战斗。里宾特洛甫对元首说，佛朗哥根本没有参加战斗的打算。希特勒十分气愤，因为要向苏联发动进攻，他不能重蹈当年拿破仑的覆辙——向西班牙发动进攻。许多西班牙军队在比利牛斯山脉集结，希特勒认为，应该像对付别的国家那样对付西班牙，各个击破的战略才是明智之举。通过阴谋诡计和花言巧语，佛朗哥成功使西班牙逃过战争。这在英国被孤立的情况下，对我们有很大的好处。

彼时，西班牙的形势还无法令我们高枕无忧，所以我向总统提出建议，希望他采用怀柔的方针。

前海军人员致罗斯福总统　　　　　　　　　　　1940 年 11 月 23 日

我们得知西班牙的情况越来越糟糕，整个半岛都已经陷入匮乏食物的局面。你可以每月向西班牙发放粮食，条件是他们不能参战，这能发挥关键作用。当前不要把眼光放在那些小事上，是时候向他们开诚布公了。我们海军身上的担子很重，假如德国军队将直布罗陀海峡两岸攻克，将对我们造成更大的压力。不久后，德国军队要把雷达运用到炮台之上，这样就算是在晚上，他们也能命中目标，如此一来，直布罗陀海峡昼夜都将被封锁。地中海东部将爆发重要战争，为了向我们的军队提供支援，需要绕航到好望角，因此，我们不能在海峡周边的陆地上采取军事行动。虽然可以长期封锁直布罗陀，但是，港口不能为我们所用，不能从海峡通行，还有什么价值呢？一旦德国军队将摩洛哥攻克，便会向南进军，继而从卡萨布兰卡和达喀尔调派出潜艇和飞机。这会给我们造成多么严重的危害，不需要我告诉您，也不用夸大这种灾祸对西半球的危害。我们要想方设法赢得时间。

虽然我们当时并没有意识到，但是危险其实已经悄无声息地远去，再也不会到来。当前，大家都乐于把佛朗哥将军说成一个大坏蛋，所以我想在这里记录下，他怎样心口不一、背信弃义地对待希特勒和墨索里尼。我之后还要告诉大家，佛朗哥将军的恶劣品质，反而在很大程度上帮助了同盟国的事业。

第十二章　墨索里尼入侵希腊

1940 年 10 月—11 月

墨索里尼决定入侵希腊——他于 10 月 19 日向希特勒致信——佛罗伦萨会议——意大利于 1940 年 10 月 28 日侵入希腊——支援海军上将坎宁安的舰队——"光辉"号驶来——我们的义务——克里特岛至关重要——空中援助希腊——1940 年 11 月 2 日，我发给空军参谋长的备忘录——韦维尔—威尔逊计划在利比亚展开——因保守秘密产生的误会——又一次向艾登先生发出电报——希腊需要克里特师——艾登先生的最后几封电报——他返回英国——他对"罗盘"作战计划的介绍——达成一致意见——战时内阁予以批准——舰队飞机向意大利舰队发动进攻——在塔兰托的英勇行动——意大利舰队在半年内丧失一半战斗力——海军的部署——我期待"罗盘"作战计划可以体现出两栖作战的特点——11 月 26 日，我向韦维尔发去电报——如何对待土耳其——形势变好——苏达湾之地的失利——意大利经由阿尔巴尼亚入侵希腊——张伯伦先生逝世——追忆张伯伦先生

我们当前已经足够艰难，但是，正如我们所料，墨索里尼在地中海又犯下一件新的罪行，给我们造成了很大的危害。

1940 年 10 月 15 日，领袖下定决心向希腊发动进攻。当天早上在威尼

斯宫召开了一次意大利军事首脑会议。领袖在会议上做出以下发言：

　　我们召开本次会议，主要是对攻击希腊的行动做个简单的介绍。我发起的这次行动兼具海上和陆地两种目的。在陆地上，旨在将阿尔巴尼亚南部的所有海岸……另外还要占领爱奥尼亚群岛——扎金索斯岛、凯法利尼亚和克基拉岛包含在内——此外还要占据塞萨洛尼基。一旦实现这些目标，我们就能打破我方在地中海与英国对峙的僵局。要将希腊彻底占领，令其丧失行动能力，无论在何种情况之下，都要保证它的政治、经济在我们的掌控范围之内。

　　清楚地说明问题之后，我把行动的具体时间定在这个月的 26 日，并下定决心一个小时都不延缓。早在我们参战前，冲突还没爆发时我就已经开始认真思考这次行动了，思考了好几个月，如今已经想得很清楚了。补充一句，我估计，北方不会有什么情况发生。考虑到利害得失，南斯拉夫将不会发表任何言论。在罗马尼亚，德国的地位已经得到巩固，保加利亚的实力大增，所以我推算土耳其也不会出什么问题。在这次交战中，保加利亚将发挥不小的作用，我们趁现在这个难得的大好时机，运用一些措施，令其对马其顿产生非分之想，同时满足其想要得到一个出海口的愿望。[①]

　　墨索里尼于 10 月 19 日致函希特勒，将自己的策略告诉他。当时，希特勒正赶往昂代和蒙都瓦。这封信好像经过一番周折才被交到他的手中。（信里写了什么，始终没有公布。）他收到那封信之后，即刻建议墨索里尼举行一次会谈，探讨欧洲的政治格局。10 月 28 日，会谈在佛罗伦萨举行。意大利当天清晨已经开始攻击希腊。

---

　　①　详见《希特勒和墨索里尼的信函及文件》。——原注

希特勒好像不准备协商向希腊发动进攻的冒险行为。他非常礼貌地表示，德国支持意大利在希腊采取的行动，然后就把话题转到他与佛朗哥和贝当会晤的经过。他对自己的伙伴做出的事情非常反感。几周之后，当意大利的进攻受挫的时候，11月20日，他给墨索里尼写信说："我提出建议，希望你和我在佛罗伦萨会晤，当时，我希望你在希腊战役一触即发的情况下了解我的观点。我对这一行动了解得比较模糊。"但是，总的说来，他还是同意他的盟国的决策。

＊　　　＊　　　＊

10月28日，天还没有亮，意大利驻雅典公使就向希腊首相莫塔克瑟斯将军下达了最后通牒。墨索里尼提出要求，希望希腊全部领土都对意大利军队开放。驻守在阿尔巴尼亚的意大利军队也从各个地方向希腊发动进攻。在边境线上，希腊军队已经做好准备，因此，希腊政府没有接受最后通牒。他们还将1939年4月13日张伯伦先生做出的承诺拿到了桌面上，希腊政府提出，我们必须履行这个承诺。依照战时内阁建议，英王陛下违心向希腊国王回复道："这是我们共同的事业，我们抵抗的是我们共同的敌人。"面对莫塔克瑟斯将军发出的呼吁，我答复说："我们将竭尽全力支援你们，把你们的敌人当成我们自己的敌人，与你们分享彼此的胜利。"在一段漫长的历程中，我们一直信守着承诺。

＊　　　＊　　　＊

从数量上看，意大利舰队超出我们很多，不过，我们在地中海的实力明显提高了。"勇敢"号、装甲航空母舰"光辉"号和两艘配备防空设备的巡洋舰于9月份顺利从地中海通过，前往亚历山大，被编入坎宁安海军上将的舰队。坎宁安的战舰此前常常被敌军发现踪迹，也经常遭到意大利空军的轰炸。意大利空军明显占上风。"光辉"号装有新式战斗机以及最新式雷达设备，它将一些侦察机和攻击机击落，有效地防止了敌军追踪我们的舰队。这一点，做得非常及时。我们手中只剩下几个空军中队、一个英国军事代表团，以及一些仅有象征意义的军队，就这点儿兵力，还是从利比亚战场上抽调出来的，那里的军事计划十分急迫，做出这个决定非常艰难。我们此时猛然间想到一件事情，克里特岛在战略上具有重要意义，万万不可落入意大利人之手，因此，我们必须先下手，而且马上下手。艾登先生此时刚好在中东，我得以与一位身临现场的内阁同僚联系。他原本的计划是，在喀土穆与史默兹将军举行会谈之后回国。我向他发出一份电报：

1940 年 10 月 29 日

我已经意识到，你和史默兹之间的会谈非常重要，不过我请求韦维尔返回开罗，随后你也尽快赶去。

我们这里每一个人都坚信，为了巩固我们在克里特岛的地位，必须非常努力，这是一个值得冒险的地方。涉及这个问题的军事电报将传到你的手中。

首相致艾登先生（发往喀土穆） 　　　　　　　　1940 年 10 月 29 日

在苏达湾拥有一个最好的飞机场非常有必要，同时还要拥有一个为海军提供燃料的基地。守住克里特岛，对保卫埃及有莫大的帮助。克里特岛如丧失于意大利，必将导致地中海的难题增加。这次行动具有非常大的意义，类似于在利比亚发起一次成功的攻击，应该冒一次险。针对这个问题，请和韦维尔、史默兹仔细研究，并果断给出发动大规模行动的建议，不要顾虑是否会对别的战区造成损害。你们还需要哪些援助？请告诉我们，可以在飞机和高射炮中队等方面提出要求。当前，我们思考的问题是如何满足你们的需要。我建议，你即刻返回开罗。

苏达湾是克里特岛最好的港口，希腊政府希望我们将其攻克，两天后，我们完成了这一目标。

首相致帝国总参谋长　　　　　　　　　　　　　1940 年 10 月 30 日

如何才能从希腊前线搜集情报？在那儿是否安插了我们的军事观察员？我们在那儿的武官又在做些什么？

你何不在埃及指定一位将军，由他担任我们军事代表团的团长，驻守于希腊的野战司令部。安排他们观战，汇总双方军队的优劣情况，向我们做出详细的汇报。如果能得到希腊的许可，我希望他们最好每日都发来一份电报，向我们汇报详细的情况。

首相致伊斯梅将军，转参谋长委员会　　　　　　1940 年 10 月 30 日

我们支持往弗里敦调派两个营的兵力，一旦西非旅前往接防，这两个营就可以向埃及进军。不能让这两个营的兵力离开英国，除非大家已经认可把西非旅调派到西非。

如今，我认为不能往弗里敦输送高射炮和一个战斗机中队，应该先往克里特岛和马耳他岛输送高射炮。海军应负责防止任何来自海上的远征军向我西非殖民地发动进攻。假如法国人向弗里敦发动空袭，我们就向维希发动空袭，不过，我觉得这种情况发生的概率非常小。

首相致空军少将朗莫尔①　　　　　　　　　　　1940 年 11 月 1 日

你勇敢地往希腊调派一个"伯伦翰"式战斗机中队，这件事情做得非常对。我希望能尽快向你提供援助。

_____

① 　在中东驻守的空军总司令。——原注

首相致伊斯梅将军，转空军参谋长和参谋长委员会　1940 年 11 月 1 日

我建议，立即往中东调遣四个重型轰炸机中队——其中包括已经往马耳他岛调遣的那个中队，另外，还要往那里调遣四个"旋风"式战斗机中队。请做好调遣计划，然后呈报给我，最好今天就把与这件事相关的情况提交给我。

首相致伊斯梅将军，转参谋长委员会　　　　　　　1940 年 11 月 1 日

艾登先生提出请求，希望将一万支步枪运往中东。为何不能从美国或别的地方抽调这批步枪？

首相致空军参谋长　　　　　　　　　　　　　　1940 年 11 月 2 日

1. 我觉得那四个轰炸机中队可以经由马耳他岛飞向克里特岛或希腊。让巡洋舰担任输送人员和地勤物资的工作。请尽快调派希腊基地的空军中队，向驻守在塔兰托的意大利舰队发动进攻，并使意大利南部不得安宁。海军要全力支援这一重大作战行动，到时候肯定会调派军舰前来援助，至少会调派一艘军舰，帮助输送那些在这个紧要关头投入战斗的地勤人员以及随军物资等。我觉得车辆是一个棘手的问题，不过，可以从埃及抽调一部分，剩下的到时候再想办法。

2. 输送战斗机的工作相对艰难，我建议采用上次的办法，让它们从一艘航空母舰上起航，向马耳他飞去。假如有需要，援助"皇家方舟"号的工作交由"狂暴"号担任。从马耳他出发，飞抵希腊的机场，不知战斗机是否能做到？假如做不到这一点，可不可以先飞到一艘航空母舰上加油，再朝希腊飞去？为这些战斗机配备物资和地勤人员时，要和轰炸机的标准一样。

首相致艾登先生（发往中东总司令部）　　　　　　1940 年 11 月 2 日

如今，希腊的局势要凌驾于所有问题之上。我们十分清楚自己在人力、物力上的不足。一定要认真研究支援希腊的计划，否则会让他们觉得英国想违背承诺，我们在土耳其的有利形势将因此丧失。我希望，你最起码在开罗继续待一周，我们将在这一周之内研究这些问题，切实保证我们双方都拿出足够的诚意。11 月 15 日左右，将有三万人抵达你们那儿，这必将左右埃及地区的局势。

艾登先生、韦维尔将军和威尔逊将军召开了几次会议，艾登在这些会议上提出一个问题：假如意大利不发动攻击，我们需要做些什么？韦维尔将军和威尔逊将军告诉了艾登先生一个重大的军事机密，他们不会被动等待意大利军队向马特鲁港发动进攻，他们正计划在西非沙漠主动向意大利发起进攻。他们并没有向我和参谋长委员会汇报这些计划。韦维尔将军向陆军大臣提出请求，希望他不要发与这件事相关的任何电报，等他回国之后，再当面对我们说。几周之内，我们始终不知道他们在想些什么。我在 10 月 26 日发出的电报中明明白白地表示，自己全力支持在西非沙漠地带发动的所有大规模主动袭击。可是在艾登先生还没返回之前，我们都会觉得韦维尔和威尔逊依然在马特鲁港的防御战中只是被动挨打。在这个紧急关头，他们的计划是：往克里特岛调派大约一个营的兵力，往希腊调派几个空军中队，调派小部分兵力进攻多德卡尼斯群岛，寻找一个合适的时机在苏丹展开一次大规模进攻。我们曾冒极大风险，做了很多努力，花了许多代价才提供他们如此强大的兵力，但是，他们却不能如我们所愿地使用好这些兵力。

这段时间，我们彼此产生误会，却在带着误会的情况下继续互发电报。韦维尔和陆军大臣觉得，我们强迫他们分散了准备在西非沙漠地带发动攻击的兵力，只为向希腊提供援助，却没有起到太大作用。另外，我们对他们发动进攻的计划缺乏了解，不满于他们在这个紧要关头不出兵或拖延时间。其实大家的意见是一致的，这一点我们很快就看到了。艾登先生于11月1日秘密发来一封电报：

决定希腊战争形势的任何空军或陆军增援部队，都不能被我们从中东的军队中抽走。抽调这儿的军队，或抽调那些已经在运输之中的支援部队，或抽调已经得到许可的支援部队，都会损害我们在中东的有利地位，也会影响当前同时在几个战场上发动进攻的计划。我们付出很大努力，历尽各种重大危险，当前已经组建了一支应对自如的地面部队担任防御工作。不久后，我们将在一些方面占优势，一旦取得胜利，将在很大程度上影响到整个战争形势。命令我们放弃这项任务而另作他图，肯定是失策的，分散我们的兵力，投入到一个起不到决定性作用的战场，也是不理智的行为。战胜意大利是我们支援希腊的最好方式，我们足以在力量较强、计划周密的地方采取进攻，实现这个目标。因为我特别想告诉你我们在这里的部署和计划。

我向喀土穆发出一份电报，与这份电报恰好错开，后来他去了开罗，因此，我只得往开罗重发一次。

首相致艾登先生（发往中东总司令部）　　　　　　1940 年 11 月 3 日
你因希腊严峻的形势与后果，被迫赶往开罗。这很不公平，但是我们不能坐视不管，任由希腊溃败，否则将严重危害到土耳其和未来的战争形势。……希腊战场还没有德国军队参与。燃料基地和飞机场都建立在克里特岛上，务必使这些地方逐步发展为永久性的要塞。这件事正在进行中。可是一定要向希腊提供支援，就算仅象征性地派遣一些军队也可以。与你在一块儿的人都已经打定主意，希望在马特鲁港打个大胜仗，对此，我非常清楚。然而，这场大战也许会因为这个原因不会爆发。

敌军在油管竣工、大军调集过来之前不会采取行动。穿越沙漠发动进攻，对你们来说困难是显而易见的，不过，假如你们无法在今后的两个月内向利比亚发动较大规模的进攻，就必须不顾危险地支援希腊人的战斗。从 6 月开始，已经往中东司令部调派七万多人，还将有三万人赶在 11 月 15 日之前抵达，到了年末，还将再调派五万三千人。昨天，大规模军事运输舰队已经装载着装甲团出发。相比在希腊展开的行动，我不认为你说的那些小规模进攻和防守马特鲁港的工作更加重要。

我们的军队在埃及毫无作为，兵力还在不断增加，却对希腊的形势和这种形势产生的后果不理不睬，那是不会有人感谢我们的。相比失去肯尼亚和喀土穆，失去雅典的危害要大得多，这种代价是毫无必要的。我们驻雅典的公使帕拉利特发来一封电报，请你认真阅览。战争中出现新的情况，一定要采取应对措施，也不能让个别意见左右整体意见。谁也没有想到，意大利竟然在年末向希腊发动进攻。在埃及和英国的支援下，假如希腊奋勇作战，也许可以阻止侵略者。为了向克里特岛和希腊提供支援，我正在想办法调派具有雄厚实力的轰炸机队和战斗机队，飞机从英国起航，巡洋舰输送地勤物资。假如这种方式奏效，详细的情况将在明天或周一电告。相信你会牢牢掌握局势，抛弃所有消极和被动的政策，紧紧抓住眼前的机会。在战争中，不能把安全放在首位，否则一定会走向覆灭，所谓的安全其实并不安全。请尽快告诉我你是否还有什么建议。

我又一次发出电报：

1940 年 11 月 4 日

为了向你们提供援助，我们正在调派空军部队，参谋长委员会发来电报，把如何抵达的细节性问题进行了详细的介绍。请立即往希腊调派一个"斗士"式战斗机中队和两个"伯伦翰"式战斗机中队。如有必要，再往克里特岛调派一个营的兵力。考虑到上面所说的空军增援部队的抵达时间，请先调派一个"斗士"式战斗机中队。在这些中队抵达之前，务必准备好运用于希腊飞机场的高射炮。

此时，一些人向希腊人提出建议，希望他们自己的克里特岛师留在这个岛上。因此，我发出了下面这份备忘录：

首相致帝国总参谋长　　　　　　　　　　　　1940 年 11 月 6 日

很难做到禁止希腊人动用这个克里特岛师，所以，我们一定要调派更多军队前往这个岛屿。那儿一定要有大量军队驻守，还要给敌军一种将要有大量军队陆续登陆的感觉，这一点至关重要。当地大片区域需要戒备，而且反攻的后果也是极惨重的。

请告诉我你的见解。

首相致帝国总参谋长　　　　　　　　　　　　1940 年 11 月 7 日

假如我们只为了达成自己的目标而使用克里特岛，禁止希腊人运用他们第五师三分之二的兵力，对希腊的帮助就不会太大。要依靠海军的实力守护克里特岛，不过，一定要往岸上调派一些军队，起到震慑敌军的效果。我觉得，英国的两个营和希腊的三个营在数量上不能满足要求。我希望你向韦维尔将军发出电报时，适当听从我的建议。他一定要想方设法做出以下准备：

1. 三四千人的英国支援队——不需要为这些人准备完备的装备或配备车辆——以及十二门大炮。

2. 这部分兵力仅能从这些不参加即将进行的战斗的军队中抽取。

3. 我们要对希腊人说，需要调派希腊的六个营以及参加过希腊主力部队作战的希腊第五师炮兵队。

为了在克里特岛组编一个希腊的后备师，一定要想方设法输送武器或装备。这个后备师有充足的步枪和机关枪。禁止希腊的一个师留在伊庇鲁斯前线参战非常不明智，更不能因为没有足够的军队而丢失克里特岛。

艾登先生特别想回国向我们汇报，如今他可以如愿以偿了。以下电报恰好证明此事。

艾登先生致首相　　　　　　　　　　　　　　1940 年 11 月 3 日
　　为了向你介绍在中东观察到的整体形势，大家全力支持我尽快回国，希望你能允许。我计划明天早晨启程。假如有需要，我将在见到你之后再返回此地，我觉得咱们两个人的会晤非常急迫。电报不足以说清楚这里的形势。
　　请尽快答复我。

我允许了陆军大臣的请求，他开始启程回国。启程之时，他向我发来一封电报，提到以下几点内容：

开罗会议对克里特岛的局势问题进行了探讨。海军上将坎宁安强调说，攻克克里特岛对我们意义重大，因为通过这个岛，可以掌控地中海东部，还能干扰经意大利通往北非的交通运输。舰队每次都只能在苏达湾短暂停留，因为缺乏反潜艇的防护。
他觉得意大利人不可能在近期或没攻克希腊之前，将克里特岛攻克。11 月 1 日，我发出电报，提到增援部队的问题，他和韦维尔达成共识，立即将其中的一部分往克里特岛输送。海军上将坎宁安觉得没必要调派大量英国军队驻守在克里特岛，如果把克里特岛人组织起来，只需要一个营再加防空部队就够了。我们商讨了向希腊提供支援的相关问题。9 月 22 日，我们说："埃及是否安全直接关系到我们的战略和希腊的前途，因此，德国和意大利对埃及的威胁不消除，我们就无法兑现向希腊提供援助的承诺。"

希腊最需要空军的援助。今天，第三十"伯伦翰"战斗机中队已经往雅典飞去。朗莫尔又一次强调说，在当前这种状况下，他强烈反对往希腊战场调派更多的空军中队。希腊或克里特岛的机场上没有守卫飞机的地方，没有适当的地面防空部队，没有其他的防空设施，短期内也很难建好这些设施，因此，他认为意大利的军队将给他的飞机带来很大损失。一言以蔽之，每一个总司令都强烈支持保卫埃及，因为这对我们在中东的地位有很大的影响。相比希腊，他们觉得保护埃及更有战略意义。这直接影响到我们是否能继续得到土耳其的支持。

他还用我的个人密码发来以下电报作为补充：

1940 年 11 月 5 日

虽然参谋长委员会的电报中提及的抽调增援部队，会使西非沙漠地带的军事行动变得风险更大，还会增加伤亡人数，但是，为了向希腊提供支援，我们不得不身赴险境。将兵力撤走将危害到在西非沙漠进行的部署，不过还不会搅乱整个部署。将我们承担的义务加大到超越当前的限定，或企图加快向希腊支援的速度，都会威胁到我们在埃及的地位。直到如今，依然不知道空军增援部队，尤其是战斗机中队，什么时候才能抵达埃及接任调派到希腊的空军。经验告诉我们，曾经的预想没有变成现实，比预想中延缓了很长时间。我认为此时什么都不用做了，因此，我计划明天早上乘飞机启程。

*　　　*　　　*

11月8日，陆军大臣归来，当晚，在照常的空袭开始后，他来到我在皮卡迪利大街的临时地下寓所。我早就想知道那个秘密，他如今才对我说，好在没什么损失。艾登先生十分详尽地向我们指定的包括帝国总参谋长和伊斯梅将军在内的几个人透露了韦维尔将军和威尔逊将军制订的计划。为了防守马特鲁港，他们长时间精心布置，如今不需要在坚不可摧的防线上等候意大利发动进攻了。他们大约一个月后发动进攻，并为这次进攻取了一个名字——"罗盘"作战计划。

　　地图显示，格拉齐亚尼元帅领导意大利军队——当时，有八万多兵力从埃及边境越过，在五十英里长的战线各处营寨驻防，各个营寨之间的距离非常远，无法彼此援助。他们部署时，在纵深方面没有设备。在索法菲的右翼和它附近的尼贝瓦营寨之间，敌军拥有一段二十英里宽的地带。我们打算穿过这段空隙，展开猛烈的进攻，接着朝地中海方向，从敌军的西面向尼贝瓦的营寨（也就是敌军的后方）发动进攻，最后向图马尔的各处营寨发动进攻。同时，将小部分兵力部署在海岸上，制约索法菲和梅克迪拉的营寨。这个目标要第七装甲师、第四印度师（当前人员充足）、英国第十六步兵旅和驻守在马特鲁港的一支混编部队共同完成。这项计划的风险很大，不过，也许可以出其不意，赢得胜利。我们的精锐之师闯进敌军的战略要地时，将暴露在无遮拦物的沙漠地带，要在两个夜晚穿行七十英里，且要保证不会在两个夜晚之间的白天被敌军发现，遭到敌军的空中袭击。在粮食和汽油方面要计划周密，在规定的时间内，假如出现纰漏，后果不堪设想。

　　有必要冒险实现这个目标。我们的先头部队通过海路运送，一抵达布格布格或其周围区域，就能把格拉齐亚尼元帅率领部队的四分之三的交通线切断。我们的军队在后方突然向敌军发动进攻，以勇猛的作战行动逼迫大部分敌军屈服，因此，意大利军队全面溃败。只要他们的精锐之师成了我们的俘虏，或被我们消灭，面对我军的猛烈进攻，他们将因兵力匮乏而无力招架，海岸公路足有几百英里长，他们无法有条不紊地向的黎波里撤退。

那些将军和陆军大臣商讨的机密就是以上这些,他们不想将这些内容用电报发给我们。我们每个人都非常兴奋,我连声夸赞,感觉应该轰轰烈烈地大干一场。我立刻下定决心,只要赢得参谋长委员会和战时内阁的支持,就即刻批准该计划,尽量援助这项成功概率很高的计划,将其放于工作的首要地位,遇到人力、物力匮乏的情况,要优先考虑这项计划。

随后要把这些计划告诉战时内阁。我准备自己说这件事情,或者让别人去说,但是,当同僚们得知战场上的将军们与参谋长委员会已经同我和艾登先生达成共识时,便表示不希望更多人知道该计划的具体内容,他们也不想知道了。战时内阁在一些重大事件上都是这样的态度,我把这些当作范例记下,今后遇到相似的危险和困难时,就照例处理。

*　　　*　　　*

我们占据了克里特岛,对此,意大利舰队毫无反应。海军上将坎宁安的舰队飞机实力增强了很多,他非常想用这些飞机向驻守在塔兰托重要基地的意大利舰队发动进攻。11月11日,进攻开始,此前开展了一些辅助性的军事行动,为之后的进攻做好了准备:部队抵达马耳他,另外一支包括"巴勒姆"号战舰、两艘巡洋舰和三艘驱逐舰在内的舰队开往亚历山大港。塔兰托地处意大利靴形半岛的后跟,与马耳他相隔三百二十英里,其港口宽阔,层层设防,足以抵御一切现代化武器的攻击。我们往马耳他调派了几架快速侦察机,可以锁定我们将要进攻的目标。英国从"光辉"号中调派两批飞机,分别是十二架和九架,携带鱼雷的有十一架,剩下的携带炸弹或照明弹。"光辉"号于傍晚时分从离塔兰托大约一百七十英里的海域派出了飞机。意大利舰队到处都是火光,伴随着爆炸声,战斗进行了一个小时。敌军炽烈的高射炮火仅击落了我军两架飞机,剩下的飞机都安全飞回"光辉"号。

地中海海军力量因为这一场战役而形势大好。通过空中拍摄的照片发现,鱼雷击中了三艘战舰,刚组建的"李特利奥"号就是其中之一。另外,听说还击中一艘巡洋舰,而且造船厂也遭到严重破坏。在半年之内,意大利的战舰有一半丧失了战斗力。我们的舰队空军利用这个难得的时机，凭自身的英勇取得了喜人的成绩。

收到墨索里尼的命令，意大利空军这天加入了向大不列颠发动空袭的队伍，我们的空军向塔兰托发动进攻一事因此多了几分遗憾。借助六十架战斗机的掩护，一支意大利轰炸机队妄图向梅德韦河盟国的军事运输舰队发动进攻。我们的战斗机将其拦截，共击毁八架轰炸机和五架战斗机。这是他们第一次也是唯一一次干涉我们的内政。他们真该把这些飞机用到为塔兰托的舰队护航上。

*   *   *

我始终都在向总统汇报详细的情况。

前海军人员致电总统   1940 年 11 月 16 日

你肯定对发生在塔兰托的事情非常满意。今天，那三艘完好无损的意大利战舰已经从塔兰托离开，可能已经前往里雅斯特。

我又给总统发出这样一封电报：

前海军人员致电总统   1940 年 11 月 21 日

海军部接到我的指示，做了以下的海战纪要，你也许会感兴趣。

1. 为了发动这次进攻，地中海舰队总司令筹划了很长时间。他原先的计划是，假如月光条件适合，便在 10 月 21 日（特拉法尔加日）[①]发动进攻，不过，"光辉"号出现了一些小意外，时间延缓了。他于 10 月 31 日和 11 月 1 日在地中海中部巡航，又做出发动进攻的计划，

---

① 指 1805 年 10 月 21 日英国海军在西班牙特拉法尔加角大胜法国、西班牙联军的海战。特拉法尔加海战几乎歼灭了法西联合舰队，使拿破仑被迫放弃进攻英国本土的计划。

但是月光无法满足要求，而且他还觉得配备降落伞的照明弹起不了太大作用。他坚持认为，天气的好坏、敌军能否发现舰队在靠近、我们的侦察水平，都决定着战役的成败。飞艇和"格伦·马丁"式飞机中队从马耳他启程，共同承担侦察工作。以上条件在 11 月 11 日到 12 日的夜晚达到要求，但是依然没能在 12 日到 13 日的夜晚发动进攻，因为那天塔兰托海湾的天气很差。

2. 复式发射管投入使用，也许可以协助鱼雷命中敌舰。

3. 希腊驻安哥拉大使于 11 月 11 日报告说意大利舰队在塔兰托集结，计划向克基拉岛发动进攻。11 月 13 日的侦察表明，未被击伤的战舰，配备八英寸口径大炮的巡洋舰都已经从塔兰托离开，离开原因也许与 11 日到 12 日发动进攻有关。

＊　　　＊　　　＊

此时，我向韦维尔将军发出一封电报。

首相致韦维尔将军　　　　　　　　　　　　　　　1940 年 11 月 14 日

针对近期发生的事情，参谋长委员会、三军大臣和我对整体的局势进行研究。希腊前线的意大利军队遭受阻击，英国海军成功袭击塔兰托舰队，不列颠上空的意大利空军毫无作为，从意大利国内传来他们士气低落这个令人兴奋的消息，加拉巴特的形势，你在西非沙漠与敌军交手的经验，以及整体上的政治形势，无不有助于你采取向陆军大臣提起的军事行动。

德国的盟友岌岌可危，德国不可能一直袖手旁观。如今应该通过海、陆、空三个方面向意大利发动进攻。你应该与其他总司令协调行动。

首相致韦维尔将军　　　　　　　　　　　　　　　1940 年 11 月 26 日

通过各方面传来的消息，你也许已经意识到，"罗盘"作战计划很大程度上影响到中东的局势（其中包括巴尔干各国和土耳其）、对法国在北非的态度、对当前内心焦虑的西班牙人的态度、对深陷险境的意大利和整个战争，是多么重要。我的信心并不充足，不过，我一定要表现得满怀信心和希望，为了取得丰功伟绩，有必要冒一次风险。

舰队负责执行什么任务，已经让海军部去询问。假如可以取得胜利，我觉得你肯定会有对其百分百利用的计划。我已经向参谋部提出要求，希望他们研究一下：假如一切顺利，我们能否完成海上长途运输工作，将作战部队和后备部队沿海岸输送到前方，建立新的供应基地，方便我们追击敌军的装甲车辆和装甲部队。我不想知道详细的步骤，只想弄明白能否对这些事做出估测、研究，尽量为其做好完善的准备。

一些人认为，希特勒绝对不可能前去支援自己的盟友，这是难以令人相信的。德国的计划明显不只是从保加利亚穿过，直接向塞萨洛尼基进军。各方面都传来消息，说德国人反对墨索里尼的冒险行动，他们计划让墨索里尼自食其果。因此，我觉得有一件不容乐观的事情已经蓄势待发。对我们来说，时间拖得越久越好。可能单单是"罗盘"计划就能对南斯拉夫和土耳其的行动发挥决定性作用，不管怎么说，一旦取得胜利，我们就可以尽快向土耳其承诺，尽快向他们提供远超出我们当前能做到的援助。大家已经意识到，也许中东的重心将猛然间从埃及转移到巴尔干各国，或从开罗转移到君士坦丁堡。你肯定已经意识到这一点，参谋部当前也正在研究这件事情。

我前几天已经对你说过，你和威尔逊经过认真思索做出的任何决定，我都给予支持，不会计较能不能取得成功，因为我们只能在战争中努力争取成功，却无法保证一定能获得成功。

请向朗莫尔转达我的感激之情，谢谢他不顾有遭到惩处之虞，将空军中队从南部调回来，我十分敬佩他的勇气。假如一切顺利，明天就能把"狂暴"号和它装载的装备运送到塔科拉迪。为了向希腊提供援助，我们从他那里抽去一部分兵力，如今正是弥补的机会。在希腊，皇家空军打了几次大胜仗，具有很大的军事意义和政治意义。希望你们两个和海军上将坎宁安一切顺利，他近阶段取得了辉煌的功绩。他说苏达湾"价值难以估测"，我听了这话，感到非常高兴。

首相致外交大臣　　　　　　　　　　　　　　　1940 年 11 月 26 日

我提议，将以下几个方面告诉我国驻土耳其大使：

土耳其参加战争，各种赞成和反对的论点纷纷涌出，参谋人员将他们见到的这些论点做出了汇报。我们已经向你传达，希望你对我们的决定以及对你的命令没有疑惑不解的地方。我们期待土耳其尽快参加战斗。我们不强迫它援助希腊，但是它必须对保加利亚承诺：一旦德国军队经由保加利亚向希腊发动进攻，或保加利亚向希腊发难，土耳其就要立即宣战。我们提议，土耳其和南斯拉夫应尽快商讨，尽量在刚发现德国军队往保加利亚进军的苗头时，就警告保加利亚和德国。必须指出一点：德军穿过保加利亚时，土耳其不要考虑保加利亚是否会提供协助，必须立即宣战。土耳其一定要采取这种措施，否则将孤立无援，导致巴尔干国家逐步走向覆灭，到时候我们也爱莫能助。你不妨提一提，我们希望在 1941 年夏季在中东战场投入不低于十五个师的兵力，在年末投入二十五个师的兵力。我们坚信自己可以在非洲战胜意大利。

下午 6 点时，上述各点都得到了参谋长委员会的支持。

首相致海军大臣、第一海务大臣，并请伊斯梅将军转参谋长委员会

1940 年 11 月 30 日

（送空军参谋长一阅）

即刻召回"狂暴"号，向中东增派一批飞机和驾驶员。这批军队

的运输工作没有完成之前，要尽量推迟它的检修时间，把这支军队的组编权交给空军参谋长。

首相致伊斯梅将军   1940 年 12 月 1 日

在苏达湾（克里特岛），我们在军队、高射炮、海岸防御炮、探照灯、无线电、雷达测向器、防潜网、水雷和机场的准备工作是否已经完成？

我希望把加强防御工事，拓展、改进飞机场的工作交给几百名克里特岛人承担。

首相致伊斯梅将军，转参谋长委员会   1940 年 12 月 1 日

阿尔巴尼亚的意大利军队继续撤退，今天，我们收到以下汇报：在利比亚沙漠，意大利军队匮乏食物和饮用水；为了避开我军的袭击，意大利军队将飞机调回的黎波里；水平上乘的驾驶员驾驶三十三架"旋风"式战斗机，已经顺利抵达塔科拉迪。以上事实致使新的局面产生，因此，我们对前景更加乐观。应该向韦维尔将军发出一封电报，告诉他我们当前的意见。

如果敌军溃逃，只需要一夜时间，就能经由海路将供应品和作战部队往前推进八十英里，新来的军队担当前锋。在战争时期，很难见到这种占绝对优势的情景。韦维尔将军发来回复电报，并未详细提起这一点。在这场战役中，我们冒着极大的风险，考虑到这一点，我觉得我们有义务将参谋人员研究的结果呈报给他。不动用手中的两栖部队是在犯罪。假如这份研究报告有一些作用，我建议以电报的形式发给他。务必在 3 天内完成这件事情。

总的说来，苏达湾已经落入我们的手中，我们无须再为马耳他岛悬心。如果舰队在苏达湾停泊，敌军就无法向马耳他岛大规模进军。为了援助这个岛屿，我们又从中东调来坦克和大炮。攻克苏达湾之后，

东地中海的形势一片大好。

1941 年，苏达湾迎来一个惨烈的结局。作战指挥权掌握在我的手中，在这个阶段，我认为这种权力与任何一位国家领袖的权力不相上下。宪法的权力高度集中，是我具备的知识、战时内阁的推心置腹和主动帮助、每一个同僚的积极配合、作战机构的效率逐步提高共同作用的结果。与我们的命令和期待相比，中东司令部的举动相差很远。为了对人的活动范围进行准确无误的评估，一定要牢记，在同一时期内，方方面面都在展开各种行动。我们没有把苏达湾变成两栖作战的根据地，没有把克里特岛当作这个根据地的要塞，这令我十分惊讶。所有事务已经达成共识，多项工作已经完成，但是，每一项工作都完成得不够彻底。由于大意，我们即将遭受惨重的损失。

*　　　*　　　*

意大利军队取道阿尔巴尼亚侵入希腊，使墨索里尼又遭受了重大挫折。他的第一批攻击部队被击退，蒙受很大损失，不仅如此，希腊立刻展开反击。希腊军队在北部马其顿战区攻入阿尔巴尼亚，11 月 22 日攻占了科尔察。意大利在品都斯山脉北部的中心战区被歼灭一个山地师。起初，沿海地区的意大利军队势不可当，却在卡拉马拉河匆匆撤退。帕帕戈斯将军率领希腊军队在山地间作战，他们出奇制胜，从两翼将敌军包围，战术十分高明。他们勇猛作战，年终，意大利军队从阿尔巴尼亚边境后撤三十英里。希腊出动十六个师，将意大利的二十七个师围困几个月。别的巴尔干国家深受希腊辉煌战绩的激励，墨索里尼却威信尽失。

*　　　*　　　*

内维尔·张伯伦先生在 11 月 9 日逝世于自己的故乡汉普郡。在英王的批准下，我将内阁文件送到张伯伦先生的家中，他临终前十分牵挂国家大事，丝毫不在乎自己重病在身。临终前，他看上去非常安详。他离世时已经得知自己的国家从困境中走出，我认为他一定很欣慰。

我在 11 月 12 日召开的议会上发表讲话，对他的人品和事迹大为称赞。

在最后关头，我们要一遍遍地审视自己的言行。上帝没有将先知先觉的能力赋予人类，人类很多时候都不能预见事物如何变幻，这是一件好事，否则生活将不堪忍受。不同时期，人类的做法或对或错。几年之后，长期深刻观察使我们发现：以往一切，又事过境迁，显得迥然不同。事情有了新的规则和价值标准。历史携着一盏灯穿梭于往日的痕迹中，希望再次显现昔日的场景，响起往日的声音，以昏暗的灯光激起曾经的情愫。这些有什么意义？良心是指引一个人的唯一事物。正直和诚恳是一个人回首往事时唯一的盾牌。我们经常遭遇丧失希望和计划失利的情况，为了不被嘲笑，必须在踏上人生的旅途时带上这面盾牌。一旦带上这面盾牌，就可以不顾命运的嘲弄，始终在光荣的队伍中一路前行。

这段岁月令人胆战心惊，对此，无论历史是否发表言论，我们都坚信，诚恳的内维尔·张伯伦凭借自己的聪明才智，尽可能利用自己的最大能力和权力拯救世界，使它逃脱出当前这个水深火热的战场。道貌岸然的希特勒不知羞耻，竟然声称自己的目的是维护和平。这是一些疯话、梦话，不值得在内维尔·张伯伦庄严的墓前说出来。我们眼下的这段岁月漫长、艰难，充满变数，需要我们精诚团结，用一颗单纯的心一路前行。

他，以及他的父亲和哥哥，都是下院的著名议员。今天早上，我们和各党派人士齐聚此处，共同悼念这个人，迪斯雷利赞誉他为"英国的财富"。这是我们的荣耀，也是我们国家的荣耀。

第十三章　租借法案

罗斯福再次当选总统——英国和美国签署军火合同——罗希恩勋爵前往迪其里与我会面——1939年11月，"现金购买，自行承担运输"——英国在命运未卜的战争中损失的美元——新时代于1940年5月到来——1940年12月8日，我写给总统的信——大不列颠与美国的共同利益——要提前规划——6月以来英国的恢复状况——大西洋危机将于1941年到来——我方船舶的损失——英国和德国战舰的实力——日本的威胁——大西洋上的生命线——美国对爱尔兰的影响——我希望每月增派两千架飞机——陆军的装备——如何付账——向美国呼吁——总统的发明：租借法案——12月17日，他召开记者招待会——"去除美元符号"——将租借法案呈报给国会——菲利浦·罗希恩猝然离世——我选中哈利法克斯勋爵为他的继任人——我赞扬哈利法克斯勋爵——艾登先生回外交部像再次回到家乡——陆军大臣由玛杰森上尉担任——等候通过租借法案——向总统致新年贺电

伴随着刀枪、大炮的响声，一件大事出现在我们面前，它决定未来的世界命运。11月5日，美国举行总统选举。每四年一届的总统竞选激烈进行，两大党派在国内问题上各持己见，共和和民主两党的领袖却都对一项伟大的事业相当看重。罗斯福于11月2日在克利夫兰发表演讲说："我们的政策，

是向那些大西洋和太平洋对面依然在抵御侵略的国家提供一切可能的物质援助。"作为竞争对手，温德尔·威尔基先生那天在麦迪逊广场花园发表演讲说："共和党人、民主党人和独立党人都希望向英勇的英国人民施以援手，将我们的工业品支援给他们。"

爱国主义的蔓延维护了美国联邦的安全，也保障了我们的生存，我却依然内心焦虑，希望竞选结果早日公布。富兰克林·罗斯福学识渊博，经验丰富，任何一个新上任的总统都不具备这种素养，甚至在短期内无法养成这种素养。他的指挥才能无与伦比。我精心维护与他的关系，这种关系好像已经发展到了可以推心置腹、无话不谈的地步，成了我思想中一个至关重要的组成部分。要断送这份逐渐培养出的友谊，要停止各种正在进行的洽谈，和一个不清楚思想状况，不了解性情的人从头谈判，这绝非乐事。敦刻尔克过后，我感到空前焦虑。后来我听说罗斯福总统又一次当选总统，我兴奋到了极点。

前海军人员致罗斯福总统 1940 年 11 月 6 日

作为一名外国人，我觉得在选举时表达我对美国政治的看法不够妥当，不过，现在你已经当选，我觉得你应该不会责怪我曾经预祝你当选，如今又为此感到兴奋。这并不意味着，在世界形势十分危急的情况下，我们两个国家都承担不可推卸的责任，除了你公平、自由地运用自己的谋略之外，我还有其他的需求。我们当前面临的形势是，战争要持续很长时间，而且规模也在不断扩大，因此，我希望能够建立在像战争刚爆发我主管海军部时我们建立起来的彼此信任和开诚布公的精神的基础上，与你交流思想。事情仍在发展之中，如果地球上说英语的人没有断绝，一定不会出现对这些事情不管不顾的局面。美国人民又一次让你担负这项艰难的重任，我为此感到高兴，同时也坚信：在智慧的指引下，我们一路前行，一定可以平安抵达目的地。

我始终没有收到回复电报，为此，我大感不解。也许，它与一大堆贺电夹杂在一块，罗斯福总统因为公务繁忙，就没有顾得上它。

我们当前已经把军火订单呈报给美国，和美国陆军部、海军部以及空军部都进行了商谈，不过他们并不经手。在各个方面，我们的订单都在逐渐增大，导致经常出现重复订货的情况，大家的心意都是好的，不过下层官员之间的冲突时有发生。斯退丁纽斯说："要完成眼下的这项艰巨任务，只有一个办法，那就是让政府制定单向、统一的采购方针采购防务用品。"[①] 这意味着，美国的一切军火订单都要交由美国政府统筹安排。连任后第三天，总统公开表示，分配美国的军火时，要依据实际经验。生产出军火后，要让美国军队占有其中的一半，英国和加拿大军队占有剩下的一半。英国的请求得到了战时物资优先分配局的准许，它同意供应我们在美国定购的一万一千架飞机，另外还批准再供应一万两千架。不过，我们如何偿还这笔欠款呢？

*　　　*　　　*

罗希恩勋爵于11月中旬自华盛顿乘飞机回国，我们两个在迪其里逗留了两天。大家向我提议，希望我取消去契克斯度周末的习惯，尤其在月圆之夜，否则我的行踪很容易被敌军发觉。罗纳德·特里夫妇在牛津附近有一所宽敞的房子，非常精致，他们多次在那里接待我和我的僚属。迪其里与布伦宁只相隔四五英里。就是在这种舒适的环境下，我接见了罗希恩大使。我认为，罗希恩已经变成另外一个模样。我与他相识的这些岁月里，觉得他学识渊博，贵族气息十足，不落俗套。他风度翩翩，有自己独到的见解，能与他人打成一片，举止自然，批评严厉，态度轻松、自然，是一位不错的朋友。经过沉重的打击，我如今看到的是一个踏实稳重的人。他

---

① 见斯退丁纽斯所著的《租借法案》。——原注

十分清楚美国的态度。"驱逐舰和海空军交换基地"的谈判由他主持，华盛顿对此大为赞赏，给予他充分的信任。他和总统私下里交往甚密，没回国之前，他一直和总统联系紧密。如今，他的所有精力都集中在美元问题上，这确实是一件非常棘手的事情。

中立法案在战争未爆发时制约着美国，总统只得在 1939 年 9 月 3 日颁布禁运令，严禁往任何参战国输送武器。这看似是一项非常公平的禁令，实际上却导致英国和法国丧失输送军火和供应物质方面的优先制海权，因此，总统于十天后在国会召开特别会议，希望解除这项禁令。经过几周的探讨和争辩，中立法于 1939 年 11 月被撤销，开始施行"现金购买，自行承担运输"的策略。如此一来，美国看上去还是保持中立，可以把武器卖给同盟国或德国，不受任何约束。实际上，我们阻断了德国的所有海上运输，英国和法国却能在"现金购买"后，无拘无束地输送货物。颁布这项法令之后，第三天，才能卓著的阿瑟·珀维斯先生领导采购委员会正式展开工作。

*　　　*　　　*

英国参战时，共有美元、黄金和在美国可供折算的投资在内的四十五亿美国资产。只有一种方法可以增加这些资产：在大英帝国（尤其是南非）开采新的金矿，或者想尽办法把商品输送到美国，尤其是威士忌酒、上等毛织品和陶瓷等奢侈品。这种策略在战争的前十六个月内创收二十亿美元。这场战争前途未卜，我们急切希望从美国那里购买军火，又害怕花光所有储备的美元，因此不知所措。张伯伦先生执掌大权时，财政大臣约翰·西蒙爵士常常告诉我们，不可再消耗美元，因为我们的美元储备已经严重不足。人们不同程度上认可，应该约束向美国购买商品的行为。珀维斯先生曾经告诉斯退丁纽斯："我们似乎置身于一个荒芜的岛屿，严重匮乏食物，这点儿食物能多维持几日就多维持几日吧。"[①] 我

①　见斯退丁纽斯的《租借法案》。——原注

们的处境正如他所说。

我们资金匮乏，因此要开源节流来弥补款项的不足。我们可以在和平时期随意进口、提交货款，却要在战争时期组建一个管制机构，方便黄金、美元和私有财产的使用，预防那些奸诈小人将自己的财产转移到自认为安全的国家，节约开支，取消那些耗费钱财的进口货物。要节约我们的货币，还要注意观察别的国家是否依然认可我们的货币，这一点更为重要。使用英镑的国家和我们站在同一阵营，他们也采取了同样的外汇管理政策，认可英镑，并愿意储备英镑。我们已经和别的国家商议好，请他们接受我们用英镑付款，使英镑区的任何国家都接受英镑的流通，他们已经承诺储备当前用不到的英镑，交易时按照外汇官价。原先与阿根廷和瑞典商议的此项协定，渐渐扩大到欧洲大陆和南美其他一些国家。1940 年春天之后，还能制订出这项计划，这很令人满意，因为我们处境艰难。这证明大家比较信任英镑。如此一来，世界上的很多地方都可以通过英镑展开贸易，我们可以节约珍贵的黄金和美元，支付给美国，换取他们的重要物资。

战争于 1940 年 5 月突然变得严峻，我们只得面对令人畏惧的现实，英美之间的关系迎来了新的变化。我组建新政府，由金斯利·伍德爵士出任财政大臣，我们奉行的原则非常简单，尽量订购一些物资，让“永生的上帝”解决将来的财政问题。敌军的轰炸仍在持续，侵略行动已经展开，此时我们成了一支为生存而战的孤军，过分担忧美元损耗一空有些过于谨慎，是一种不正确的节约方式。我们发现，美国的舆论正在产生很大的变化，包括华盛顿在内的整个联邦都已经逐渐相信，我们双方的命运彼此相连。此时，美国民众普遍同情、敬佩英国。从华盛顿传来信息，表达了对我们的友善，加拿大也传达了这种信息，他们对我们英勇战斗的举动表示支持，表示我们一定可以找到一条出路。摩根索先生始终支持同盟国的事业，由他出任财政部长是最好的结果。6 月，我们接手法国在美国的订货合同，外汇支出因此翻了一番。我们还与其他地方签订了飞机、坦克和商船的订货单，掀起美国和加拿大设立工厂的浪潮。

*　　*　　*

我们于 1940 年 11 月偿还了所有货物的债款。英国民众持有美国股票，我们用英镑从他们手中征购，并将其售出，总价值三亿三千五百万美元。我们花费的现金超过四十五亿美元，仅剩余二十亿美元，多数是投资的形式，不能立即变现。就算将所有黄金和国外资产都售出，也无力支付货款的一半，所以，我们势必要终止这种行动。战争的拖延将导致我们的订货量增加十倍。为了保障日常开支，我们要准备一些备用资金。

罗希恩坚信，为了向我们提供支援，总统和他的顾问们当前正在全力寻觅一条最好的途经。如今选举已经结束，到了展开行动的时机了。作为双方财政部的代表，弗雷德里克·菲利普斯爵士和摩根索先生正在华盛顿接连举行会谈。大使催促我尽快向总统写一封信，告诉他我们当前的情况。我于周末在迪其里和总统进行商议，并以个人名义向总统草拟一封信件。11 月 16 日，我向罗斯福总统发出电报说："我正要给你写一封篇幅很长的信，告诉你我对 1941 年的构想，几天后，罗希恩勋爵将亲自交到你手中。"参谋长委员会和财政部要数次审核这份文件，再交付战时内阁批准，所以，在罗希恩返回华盛顿之前，未能完成手续。我于 11 月 26 日向他发去一封电报说："我依然忙着给总统写信，但愿几日之后能给你发过去。"12 月 8 日，我终于写好这封信，即刻给总统发了过去。信件详述伦敦各界对整体局势的共同观点，对我们的未来影响深远，有必要进行研究。

白厅，唐宁街 10 号
1940 年 12 月 8 日

亲爱的总统先生：

　　1. 我认为，你可能希望我在临近年末时向你汇报我们对 1941 年的

展望。我非常诚恳，也十分自信，所以才这样做。我认为有很多美国民众都坚信，英联邦国家的生存和独立直接关系到美国的安全、我们这两个民主国家的前途，以及我们所代表的文明。唯有这样，才能让那些忠贞、友善的国家将大西洋和印度洋的必要制海权紧紧握在手中。我们两个国家的安全和通商航道离不了美国海军对太平洋的控制，也离不了英国海军对大西洋的控制，这种途径最能预防战火蔓延到美国海岸。

2. 另外还有一点。需要耗费三四年时间，才能把一个现代国家的工业变成以战争需要为目的的工业。要实现最大化转变，就要尽量把重要工业从民用转移到生产军需品上来。1939 年末，德国已经实现了这一点。在大英帝国，我们仅完成第二年的一半，但是我觉得美国的完成量比我们更少。据我所知，当前美国正在做大规模的海、陆、空防御性工作，要耗费两年才能完成这些工作。我们要在美国没有准备好之前严阵以待，与纳粹势力进行对峙，这是我们英国人对共同利益应尽的责任，也是我们的生存保障。也许两年之内胜利便可到来，不过我们要做最坏的打算，不能让任何人产生松懈的思想。所以我满怀敬意，希望你友善对待大英帝国和美国之间的关系，因为我们的利益始终保持一致，除非以上情况不复存在。我考虑到这一点，才冒昧写这封信给你。

3. 这场战争已经采取此种形式，也许会持续采取这种形式，在那些有德国的主力军存在的战场上，我们很难与他们的陆军抗衡。在德国军队力量薄弱的地区，我们可以动用海军和空军，与他们周旋。我们要想方设法，预防德国的统治从欧洲蔓延到非洲和南亚，还要在本岛留下一些预备性部队强化这支军队的力量，做好战斗准备，令敌军无法渡海入侵。我们会尽快集结五十到六十个师的兵力来完成这项目标，你对此已经有所了解。就算美国的地位从我们的朋友和合作伙伴过渡到我们的盟国，我们也绝不会向美国提出调派一支庞大的远征军的请求。人员构不成限定因素，船舶的短缺才是一种阻碍，一定要优先输送军火和供应物资，经由海路输送大量士兵的任务放在其次。

4. 同盟国和欧洲在 1940 年上半年蒙受了很大损失。孤军奋战的大不列颠在最后的五个月内力挽狂澜，取得了令人震惊的成绩，这一切都要感谢那个三度选你为总统的伟大的共和国全力向我们提供的军火和驱逐舰。

5. 现在，大不列颠被敌军用精锐之师一击即溃的概率大幅度降低。又一种危险渐趋形成——船舶吨位持续下降。它将持续存在，与前一种危险相比，它并非突然形成，也并非惊心动魄，不过依然能置人于死地。不分青红皂白的轰炸将房屋摧毁，将平民炸伤，这些还在我们的忍受范围内。我们期待科学的进步可以帮助我们对付来自空中的袭击，当我们的空军实力与敌军的空军实力几乎持平时，就向德国的军事目标展开反击。海上战役直接决定 1941 年的胜败。我们若不想在仗还没打完时就输掉，让美国没有时间再为防守做准备，就必须保障我们本土的食物供给，运送我们想要的各式军火，向各个战场输送我们的军队，对抗希特勒和他的同伙墨索里尼，让我军在那里驻守，直到令欧洲的独裁者精神崩溃才肯善罢甘休。船舶在大海上的运输实力直接决定着 1941 年的战争形势，尤其是在大西洋上的运输实力。假如我们的船舶可以在海洋上长期往返运输，我们就可以把精锐之师调派到德国，德国人民和其他被纳粹残害的民族反抗越来越激烈，在他们的配合下，我们说不定可以让被摧残的人类文明重新恢复昔日的辉煌。

但我们千万不要小看这项任务。

6. 我们的船舶损失量与上次战争中损失最大的一年几乎持平，请在附件中查看这几个月的船舶损失量。损失总量在 11 月 3 日之前的五周内达到四十二万零三百吨。为了加强作战实力，我们估计每年要进口四千三百万吨，而到 9 月份实际完成三千七百万吨进口额，到 10

月份实际完成三千八百万吨进口额。船舶吨数以当前这种趋势持续减少，必将导致十分严重的后果，除非真能及时得到远远超过目前补充的吨数。我们已经想过各种办法改变这种局面，不过远没有上次战争那么容易。我们缺乏法国海军、意大利海军和日本海军的支援，尤其缺乏美国海军的支援，尽管在形势严峻的年代，美国海军曾经向我们提供很大的支援。法国北部和西部海岸的所有港口都已经落入敌军之手。这些港口，以及法国海岸周围的岛屿，逐渐被当成潜艇、飞艇和战斗机的基地。我们无法使用爱尔兰的港口和领土，以便从空中和海上巡逻我们的海岸。其实我们仅有北部航道这一条线路进入英伦三岛，不过，敌军已经在那儿调集兵力，动用潜艇和远程轰炸机不停地滋扰。近几个月以来，在大西洋和印度洋还出现了袭击商船的敌舰。如今，向军舰发动进攻的强大敌舰也成了我们目前要应付的对象。我们用于追击敌舰的舰只和护航舰只数量不足。尽管我们提供了大量资源，做了充分准备，却依然无法满足需求。

7. 我国本土水域里的战舰实力在今后的六七个月中令人担忧。到1月，德国"俾斯麦"号和"提尔皮茨"号一定可以投入使用。"英王乔治五世"号已经在我们手中，期待"威尔士亲王"号也可以参战。在战舰装甲方面，尤其是在防御空中袭击方面，这些新式战舰的作用远超二十年前设计的"罗德尼"号和"纳尔逊"号之类的舰只。迫不得已，我们近期要将"罗德尼"号调派到大西洋，承担横渡大西洋的护航工作，船只数量如此稀少，一个水雷或一个鱼雷都能随时搅乱战斗队列。6月，"约克公爵"号将竣工，那时我们就可以松一口气了。1941年末，"安森"号将投入战斗，我们就更加轻松了。那两艘一流的新式德国战舰重达三万五千吨①，装备十五英寸口径的大炮，我们只

---

① 实际重量接近四万五千吨。——原注

得集结一支空前强大的海军与之抗衡。

8.我们希望意大利那两艘"李特利奥"级战舰暂时不能参战，如果德国海军不介入，就算不上什么大事。不过，德国海军可能会介入。你在"黎歇留"号和"让·巴尔"号方面提供了支援，对此，我深表感谢，我相信这样做已经足够。总统先生一定最清楚，我们一定要想到，今后的几个月内，敌军在本次战争中将首次出动一支新型舰队。我们有两艘最优秀的战舰，也是仅有的两艘新型战舰，而敌军能与之匹敌的战舰量不低于两艘。土耳其的态度告诉我们：我们不可减少地中海的兵力，在那里，我们是否拥有一支强大的舰队，直接决定了东地中海的形势。旧式战舰要担任护航工作，这使我们的战舰数量严重匮乏。

9.还有第二种危险：维希政府可能要加入希特勒的欧洲"新秩序"，或通过某种方式迫使我们向他们发动进攻，如调派一支远征军走海路入侵自由法国的殖民地。如此一来，就会给他们找到借口，他们将动用手中那支强悍、完备的海军，与轴心国协同作战。假如法国海军成为轴心国军队的一员，它将立即控制西非，这会对我们北大西洋和南大西洋之间的交通造成极大危害，进而危害达喀尔和南美。

10.最后一种危险来自远东。日本从印度支那穿过，明显要往南进军到西贡和别的海、空军基地，如此一来，他们将与新加坡和荷属东印度（印尼群岛）很近了。听说日本为了今后远征海外，正在征集五个精锐师。任由这种局势发展，我们当前在远东的兵力将无法与之抗衡。

11.我们务必尽量利用1941年这一年的时间，提升武器装备的供给，我们要将这些武器充分利用起来，以应对以上这些危险，特别要利用好飞机。我们要一面在本土迎着敌军的轰炸提升产量，一面寻求海外援助。我列出的那些事实和别的类似事实告诉我们：这是一项十分艰难的任务。从某些方面来说，这是我们共同的事业，为了让美国为这项事业提供无私的援助，起到举足轻重的作用，我觉得向你提出各种建议是我的权利，也是我的职责。

12. 在大西洋通向我本土的航道上，需要预防并减少船舶方面的损失，这件事情刻不容缓。有两个途径可以实现这一目标：其一，强化海军实力，与敌军的袭击相抗衡；其二，增加我们所需要的商船数量。下列几种方式可以帮助完成第一个目标：

（1）美国重申海上自由通航的原则，非法手段和战争都不可侵扰船舶。这项决议在上次大战之后达成，1935年，德国愉快地接受这项决议，并制定相关规定。美国船只得益于这项原则，可以与那些没有被合法封锁或封锁失效的国家自由往来，从事贸易。

（2）我提倡今后美国动用武力保护这种合法贸易，必要时可以动用护航战舰、巡洋舰、驱逐舰和空军编队。在战争时期，假如你可以在爱尔兰建立基地，以上防护措施将取得更好的效果。我觉得德国也许不会因为这些防护措施向美国宣战，不过，海上的一些出人意料的冲突事件可能在所难免。希特勒明显希望避免德皇犯下的错误。在他没有彻底摧毁英军以前，希特勒不想同时与美国军队交战。一个时间段只和一个敌人交战是他的原则。

我将这项政策冒昧地说出来，它和跟它相似的策略都能达成这两个目标：一是可以把美国积极、果断的行动说成非交战性举措，二是能保证英国有足够的抵抗时间，直至战争结束。

（3）假如很难做到上面所说的这些，就要请你们支援我们一些如今航行于大西洋上的美国军舰，尤其是驱逐舰，以便保障大西洋的航线。在西半球，美国正在英属的各个岛屿上修建海、空军基地，美国海军为何不能在美国附近的大西洋拓展海上权力，预防敌军战舰袭击通往这些基地的新航线？美国向我们提供以上支援，并不会削弱它对太平洋的控制，因为美国海军的力量非常强大。

（4）我们需要得到美国的帮助，请美国政府运用其全部影响力，帮助大不列颠在爱尔兰南部和西部海岸停泊小舰队，我们的飞机便可以在大西洋上空自由航行，这一点具有更大意义。若公开宣称，美国可从以下两点中获益，一是英国坚持长期抗争，二是从北美不断输送重要的军需品，以满足大不列颠的需求，保障大西洋航线的畅通，那么身在美国的爱尔兰人可能就会告诉爱尔兰政府，爱尔兰当下的政策威胁到了美国的安危。

假如德国因为爱尔兰采取的行动而向其发动进攻，英王陛下政府必然会提前做好准备。我们无法迫使北爱尔兰人背离联合王国，转而加入南爱尔兰。在这个至关重要的时刻，假如爱尔兰政府许诺，它愿意与英语世界各民主国家保持团结，便可组建一个囊括整个爱尔兰的防务委员会，甚至在战后说不定可能通过某种方式统一爱尔兰。

13. 采取上述措施，是为了减少海上的损失，使损失量缩减到我们能够掌控的程度。还有一点非常重要，我们当前商船的最高年产量是一百二十五万吨，必须加大生产，超过这个数字，才能满足大不列颠在战场上的需求。我们当前的船舶效率几乎减少三分之一，有护航系统、绕航、"之"字航行方面的因素，也有如今输送供应品航程太远，以及我国西部各港口太拥挤方面的因素。多建造三百万吨以上的商船才能确保最终赢得战争，有能力完成这项任务的只有美国。展望将来，与上次战争在霍格岛的生产规模相比，1942年的生产规模相差不大。我们此时向美国提出请求，希望你们在1941年将你们拥有的或掌控的商船都调拨给我们，仅留一些供自己使用，还要想办法从当前正在为国家海务局建造的商船中调拨一大部分给我们。

14. 我们寄希望于共和国的工业力量，希望它可以弥补我们国内战斗机制造能力的不足。在这方面，假如没有大规模的援助，我们就无法在空中取得绝对优势，无法削弱并摧毁德国在欧洲的统治。我们计划增加一线飞机的数量，于1942年春季达到七千架。这项计划明显不能提供给我们充足的力量，使我们赢得最终的胜利。显然，美利坚合众国必须尽量向我们提供飞机，才能让我们冲开通向胜利的大门。敌军不停地轰炸我们，在这种情况下，我们依然迫切希望在本国完成大部分原定生产计划。当前的部署允许我们从美国的计划生产中获得飞机，不过就算将所有飞机都提供给我们的空军中队，我们依然无法稳占上风。不知总统先生能不能优先考虑那些比较着急的订单，用联合结算的方式，使作用飞机的数量每月增加两千架？摧毁德国的军事力量需要依赖重型轰炸机，所以我觉得这批飞机中多数是重型轰炸机。因此，美国的工业组织将担负一项非常困难的工作，我很清楚这一点。我们必须满怀信心地呼吁那些最有办法、最有才能的技术员，满足我们的迫切需求。我们希望，他们比以往任何时候都更加努力，这一点他们一定能做到。

15. 我方陆军的物资需求情况已经呈报给你。虽然我们仍处于敌军轰炸之下，但是我们的军火生产量依然在稳步提升。假如你在工作母机和其他物品方面没有持续提供支援，我们也不会奢望在1941年装备五十个师。你们已经做好充分的部署，向我们将要组编的部队提供装备，将美式武器及时供应给我们的十个补充师，对此，我表示感谢。以上装备将应用于1942年的战役。一旦独裁统治开始衰退，那些想要重新找回昔日自由的国家也许会有武器方面的需求，他们只能依赖美国的工厂。所以我们要强调，美国全力扩大小型武器、大炮和坦克的生产能力，这一点至关重要。

16. 至于我们想要从你们那里得到多少军火，我正在制订计划，将向你提交一份详细的说明。这份说明的大多数地方已经得到双方的认可。美军选用的武器，假如已经证实其类型和实际战争中的任一时期具有同等性能，便可以省下大量时间和精力。如此便可以互换储备的大炮、军火和飞机，从而大大增加它们的数量。这属于技术方面的问题，比较晦涩难懂，我在这里就不详细解释了。

17. 我最后要说一下与财政相关的问题。你们向我们提供军火和船只的速度越快，数量越多，我们的美元存款也消耗得越迅速。正如你知道的，我们已经把大部分美元存款取出，用来支付到期的欠款。那些已经上交或正在协商的订单（其中包含那些为了在美国设立军工厂，已经支付或将要支付的开销），已经超过大不列颠手中掌控的外汇储备的好几倍。不久后，我们将无力用现金购买船舶和供给品。为了使用外汇付款，我们竭尽全力，甘愿付出任何代价，那时，我认为你将觉得：在这场战斗激烈进行时，假如大不列颠的所有可以卖出的财产都被抢夺一空，导致用鲜血换取了胜利、保存了文明，为美国赢得充分武装的时间，避开隐藏的危险后，却一穷二白，这在原则上一定是错误的，对我们双方都有危害。从道义和经济两个方面考虑，这种方针与我们所有国家的利益都背道而驰。战后我们从美国进口的货物，要比我们对美国出口的货物少，购买的范围也要与你们的关税条件和工业经济的出口货物数量相适应。不仅我们在大不列颠将饱受艰辛，就是美国也将因出口能力的下滑而引起大范围失业。

18. 美国政府和美国民众大方地向我们承诺，将向我们提供军火和商品，我不相信这必须以立即付款为前提条件，因为与他们的行动原则不符。我们已经下定决心，将不惜代价完成正义事业，并为自己的这种行为感到骄傲，请你相信这一点。我们对你和你的民众充满信任，将其余事项交给你们解决，你们一定可以找到一种方法，令大西洋两岸的后世子孙感恩戴德。

19. 我相信，假如总统先生认为，美国民众和西半球把摧毁纳粹和法西斯的残暴统治当成一件大事，那么，你就不会将这封信看成请求支援的信件，而是把它当成一份陈述书。它详细介绍了采取哪种行动才能以最少的代价实现我们的共同目标。

随信附带了一份统计表，详细列出这段时间内敌军击毁了多少英国、同盟国和中立国的商船。[①]

在我写的众多重要书信中，这封信是其中之一，把它递到我们伟大的伙伴手中时，这位伟大的伙伴正在乘坐"图思卡露莎"号美国军舰，沐浴在加勒比海灿烂的阳光中。他周围的人都是他的心腹。哈里·霍普金斯——当时我还不认识他——后来对我说，罗斯福独自坐在自己的帆布躺椅上，反复阅读这封信，思考了两天都没拿出详细的决定。他默默地思考，费尽心思。

沉思后，他做出了一个非比寻常的决定。总统的难题并非不知何去何从，而是怎样让自己的国家听从他的意见，怎样让国会听从他的引导。斯退丁纽斯说过，总统于去年夏天在舰船装备防务咨询委员会举行的大会上提出："英国不需要动用自己的资金在美国建造船只，也不需要我们借钱给他们。在当前这种特殊情况下，我们应该将建造好的船只租借给他们。"首先提出这种观点的好像是财政部的法律顾问，特别是缅因州的奥斯卡·考克斯，他受到财政部长摩根索的启发，将这种观点提出来。1892 年的一项法令表明，陆军部长有权以满足公众利益为基础，在国家不急用的情况下，将陆军的财产租借出去，不过五年内必须收回。已经有人运用过这项法令，陆军各种用品经常会对外出租，可以找到相关的例子。

罗斯福总统早就产生了租借的想法，希望通过这种办法满足英国的需求，以之代替很快就将使英国丧失全部偿还能力的无限期贷款政策。如今

---

① 参阅附录一。——原注

一切构想都已经被执行，"租借"这种炫目的概念正式出现。

12月16日，总统从加勒比海返回，第二天就在记者招待会上公布了自己的计划。他讲了一个简单的例子："假如我的邻居房子失火了，我刚好有一条输送水的水龙带，距离他那里只有四五百英尺。如果他肯把自己的水龙头接在我的水龙带上，我就可以协助他灭火。我如今该怎么做？我不会在救火之前告诉他：'这条输水水龙带价值十五美元，你要拿出十五美元才能使用。'不能这样做，我不要求他支付十五美元，只需要他在火灭之后将水龙带带回。很多美国人都觉得，大不列颠保护好自己无疑是美国最好的防卫。以前和现在，我们都很想在全世界维护民主制度，就算不考虑这个因素，大力支援大英帝国的防卫工作也符合我们自身的利益，有助于美国的国防。"最后，他说："我计划去除美元符号。"

流芳百世的"租借法案"在此基础上立刻被制定出来，呈报给国会。我后来告诉议会，在所有国家的历史上，这种行为都正大光明。整个局势因法案通过而立即改变。我们可以依据法案自由制订各种长期计划。没有制定偿付的条款，连用美元或英镑的方式计算的正式账目都没有。我们获得的一切东西都是借的或租的，因为大家觉得我们继续抵抗希特勒的暴政，是和伟大的共和国休戚相关的。罗斯福总统认为美国武器未来去向的决定性因素不是美元，而是美国的国防。

*　　*　　*

菲利浦·罗希恩在从事非常重要的职位时突然与世长辞。他刚回华盛顿就一病不起。他一直努力工作，直到12月12日离世。这是我们国家的损失，也是正义事业的损失。大西洋两岸的各界朋友都在悼念他。我两周之前还和他亲密地交谈，噩耗传来时，我非常震惊。我在下院召开的一次会议中向他致悼词，与人们一道对他的贡献表示敬意。

*　　*　　*

此时，我必须找到罗希恩的继任者。就我们与美国之间的关系来看，我们需要找到一位担任大使的政治家，他要闻名全国，还要对世界各地的政治非常熟悉。我提议由劳合·乔治先生担任这个职务，得到了总统的同意。他在 7 月份觉得自己无法加入战时内阁，在英国的政界中不甚得意。他在战争以及引发战争的事件上，与我有不同的观点。不过他无疑是我国公民中卓越的人才，他的才干和经验无与伦比，这将帮助他取得成功。在内阁办公室，我与他促膝长谈，第二天午饭时间，我又与他进行了第二次会谈。他因被邀请出任大使而感到十分高兴。他对我说："我已经告诉我的朋友，首相将请我从事一份十分荣耀的工作。"他明白自己已经七十七岁，无法再从事这么繁重的工作。我和他长谈之后，发现他从被邀请加入战时内阁之后，几个月内衰老了很多，为此，我非常遗憾，只得放弃自己的计划。

我又想起哈利法克斯勋爵，他在保守党内威望极高。尤其是现在，他因担任外交大臣而声名更著。大使之职交由外交大臣担任，这份职务多么重要可见一斑。各地人士都敬佩他高尚的人格，但是，他在战争之前做的几件事情以及情况的发展，令全国联合政府里的工党责备、仇视。我觉得他本人肯定也非常了解这种情况。

这件事情没有提升他的个人地位，我向他提出时，他简洁、严肃地说自己非常愿意去最需要他的地方工作。我已经安排好，他从美国返回时，随时可以担任战时内阁成员，这样做的目的是突出他的职责的重要性。相关人士的气度和经验保障了这种安排的顺利实施，联合政府和工党—社会主义政府在后来的六年间相继执政，哈利法克斯始终兢兢业业，在担任驻美大使期间取得突出成就，影响越来越大。

哈利法克斯勋爵赢得罗斯福总统、赫尔先生和华盛顿这些高层人士的高度评价。相比我推荐的第一位人选，我发现总统更支持他。他得到美国和英国国内的称赞，大家一致认为，他在各个方面都表现出非常适合这一职位。

*　　　*　　　*

我已经决定由谁填补外交部空缺的职位。在那些重大问题上，我近四年内始终与安东尼·艾登保持相同观点，这本书介绍了这一点。我说过，安东尼·艾登与张伯伦先生在 1938 年春天关系破裂，我当时十分慌乱、情绪激动。投票表决慕尼黑协定时，我们二人都选择弃票。那年冬季非常悲惨，我们一起反抗保守党在我们的选区里向我们施加的压力。从战争开始那天，我们在思想上和感情上始终保持团结，在战争的过程中又演变为同僚关系。任职期间，艾登大部分时间都在研究外交事务。担任外交大臣这么重要的职务时，他取得了辉煌的成就，但是，他在四十二岁那年选择了辞职。如今回顾起来，各党派都是加以赞许的。这一年充满大风大浪，他在陆军大臣的职位上功勋卓著，在对陆军事务的处理的过程中，我们二人更接近。没有提前协商，我们也能在每日出现的很多实际问题上保持一致意见。我非常希望首相和外交大臣彼此亲密无间，在四年半的战争中，以及在制定政策时，我的希望终于变成现实。很遗憾，艾登从陆军部离开，在陆军部，每一项紧张的工作以及每一件令人振奋的事情，都令他留恋，不过他依然回到了外交部，像回到了曾经的家。

*　　　*　　　*

玛杰森上尉当时任全国联合政府的总督导员，我建议英王让他接任艾登先生的陆军大臣一职，一些人表示反对。戴维·玛杰森曾经做过十年下院执政党督导员办公厅主任的工作，他要负责领导和鼓励保守党中的那些有耐心、稳重的多数派，他们是鲍德温和张伯伦内阁的长期拥护者。我是保守党反对派的主要人物，曾经多次和他激烈辩论有关印度法案的问题。有十一年，我没在政府任职，其间我经常与他碰面，每次都像见到敌人。我认为他是一个有着超强能力的人，坚定不移地效忠于他的任何一个领袖，对待自己的对手非常诚恳。工党和自由党的督导员均持有相同观点，做这种特殊的工作，这样的声誉至关重要。我当选首相时，人们都觉得我要把这一职务交给别人担任，不过我坚信，玛杰森将对我忠心耿耿，正如他对待上一任首相。他的确如我所想。在第一次世界大战中，他担任过团长一职，经历过锤炼，还获得了战功十字勋章。因此作为军人，他经验丰富，对下院的事务也非常熟悉。

我将玛杰森的职位交由詹姆斯·斯图尔特上尉接任，我与詹姆斯·斯图尔特上尉也争执过很多次，不过我非常佩服他的人品。

＊　　　＊　　　＊

我们的美元在1940年11月到1941年3月租借法案审批的这段时间相当紧张。我们的伙伴拿出各种应对方案。美国政府买下了我们依据订单在美国建造的几个兵工厂。他们制订美国防务计划时，把这些工厂也纳入其中，不过他们允许我们继续随意使用。美国国防部从我们这里定购了一些不着急要的军需品，以便加工完成后转让给我们。另一方面，美国做了几件事情，令我们觉得非常尴尬。总统往开普敦调派一只军舰，命令我们将存放在那儿的黄金统统运走。柯陶耳股份公司是英国设立在美国的大型企业，应美国政府的要求，我们将其低价卖给美国。我认为这样做的目的是，告诉别人我们当前的窘境，赢得他们的同情，让他们抵制那些抗议租借法案的人。我们想方设法，最终度过困难期。

总统于12月30日在广播中发表了"炉边谈话"，劝告国人支持自己的政策："危险即将来临，我们要提前做好准备。我深信不能爬上床，钻进被窝里逃避。……大不列颠若是被击溃，美洲上下都将面对枪口生活，枪膛中装满经济和军事的子弹，随时都有可能射击。我们要将所有可供支配的人力和物力投入到武器和舰只的生产上。我们要打造大规模兵工厂，为民主国家服务。"

前海军人员致罗斯福总统 　　　　　　　　　1940年12月31日

你昨天发表了演讲，对此，我们深表感谢。你提出向我们提供援助的计划的大纲深得我们的欢迎，这份援助是消灭欧洲和亚洲的希特勒主义的保障。你并未详细介绍如何执行你的提案，我们肯定可以想象出其中的原因。同时，一些事情令我内心焦虑。

第一点：往开普敦调派军舰运送黄金，也许会令人陷入尴尬的境地。肯定会有人知道这件事情。英国和各自治领将掀起一片舆论的浪潮，令大家义愤填膺，也会使敌军欢欣鼓舞，声称你调派人员将我们的最后一笔储备金取走。假如你觉得必须要这么做，我们将下发命令，让那些船只开始装运开普敦的黄金。如果有回旋的余地，我们希望不要这样做。譬如，我们是否可以运用某种技术手段，将南非的黄金与渥太华用于其他途径的黄金做个调换，然后将渥太华的黄金输送到纽约？由于那只船已经出发，请立即答复我们。

第二点：国会将耗费多长时间探讨你的提案？假如时间耗费太多，我们将没有时间提出军火订单以及偿还债款。请总统先生不要忘记，我们对你的想法一无所知，也不清楚美国到底有何计划，而我们却正在为自己的生存殊死抗争。你们的承包人需要向工人支付工资，假如我们迫于无奈拖欠这笔支付给承包人的债款，对世界的形势将造成什么影响？敌军一定会利用这件事，大肆宣扬英国和美国的合作已经到了尽头。也许只拖欠几周就会造成这样的局面。

第三点：不算中间时期，你的计划得到国会的批准之后，将有很多新的问题出现，涉及这项计划的适用范围。这批订货的巨额预付款已经耗费了我们所有的资金，一旦当前的订货交付完，从哪里筹集如此巨大的应付款？我们依然需要美国的商品，除了武器，还有原料和汽油等。加拿大、希腊、一些自治领和流亡的盟国政府要想投入战斗，都急需美元。你如何解决后面这几个问题，我现在还不想知道。我方愿意将我们在全世界的所有储备资金和欠款都告诉你们，只希望你们提供一些用于共同事业的支援，别的方面我们没有要求。我们很想知道你们的武装实力是否已经足够强大，可以通过各种考验，完全能应对以上那些重要问题。

弗雷德里克·菲利普斯勋爵正在与财政部长摩根索先生商议这件事，他将介绍在世界各处我们必须要为战争承担哪些责任。在这些方面，我们无权请求你们的援助，不过，希望你们可以提供黄金和美元方面的支援。荷兰和比利时的黄金也是同样的情况，我们将来只能用金属货币还清债款。

敌军昨天晚上将伦敦市的大部分地方都烧掉了，伦敦和各郡城市被烧毁的情景惨不忍睹。但是，当我今天去看那些仍在火海中的废墟时，正如四个月之前的9月，敌军黑白不分地狂轰滥炸的那段时期，伦敦的民众依然群情激奋。

你向全世界发表声明：支持并有效的武装我们这种昂扬的斗志，是直接关系到美利坚合众国今后的繁荣稳定的。对此，我深表感谢。

在暴风雨即将向我们袭来的新的一年里，我衷心祝你一切顺利。

第十四章　德国和苏联

希特勒往东方转移——斯大林试着安抚德国——苏联的错误估计——莫洛托夫前往柏林访问——他与里宾特洛甫和元首会晤——苏联与纳粹谈判——计划瓜分大英帝国——再次与元首争辩——英国在此期间发动一次空中袭击——会谈地点在一个防空洞中——斯大林于1942年8月告诉我经过——希特勒最终决定向苏联发动进攻——军事筹备——协定预案——苏联提出更多要求——舒伦堡大使竭力达成协定——1940年12月的"巴巴罗萨"作战计划

希特勒没能将不列颠击败，也没能令其屈服。很明显，这个岛国准备血战到最后。我们已经了解到，德国军队必须要掌控制海权和制空权，之后才能渡过海峡。冬天已经到来，风暴将随后而至。德国意图用轰炸的方式威胁不列颠民族或令其丧失作战能力和作战决心，如今这个方式已经宣告破产。实施闪击战需要付出很大的代价。恢复"海狮"作战计划必然要耗费几个月时间，而在英国国内，军队的发展、成熟和装备一周比一周更好。因此，德国需要一个更大规模的"海狮"计划，运输也越来越艰难。到1941年4月或5月，就算投入七十五万人，装备完善，也很难完成任务。到时将无处可寻用于大规模渡海作战的船舶、驳船，以及特别登陆艇。英国的空中实力越来越大，德军该用什么方式集结？英国和美国的各个工厂通过积极生产的方式保障英国的空中实力，以加拿大为中心的各个自治领展开大规模训练飞行人员的行动，英国空军的质量已经在德国之上，大约一年后，其数量也将在德国之上。希特勒意识到戈林的希望和吹嘘已经破灭，便将注意力集中到东方，这没什么可惊讶的。就像1804年，拿破仑始终不敢向我们的岛屿发动进攻，因为他要确保先解决掉东方的忧患。希特勒希望不惜一切代价先把与苏联之间的关系弄明白，再向不列颠发动进攻。正如当时拿破仑率军从博洛尼亚转战乌尔姆、奥斯特里茨和弗里德兰，希特勒现在也有同样的压力，以同样的想法行事，暂时放弃摧毁大不列颠。如今只能这样收场。

毫无疑问，在1940年9月末，希特勒就已经下定决心。自从那时，虽然时常由于飞机的数量增加而使向英国发动的空袭规模很大，不过，这在元首和德国的计划中仅位居第二位了。希特勒已经不打算通过空袭赢得最终的胜利，空袭可能只是为了遮掩别的计划。往东进军吧！1941年春天或夏天，德国若进攻英国，站在军事的角度考虑，我并不担忧。我肯定敌军将遇到空前的溃败和伤亡。不过，我不会单纯到仅凭这个原因就希望敌军真来发动攻击。你不反对的军事行动往往也会被敌军否决。在指挥一场持久战中，当时间在一年或两年内有利于我们，又有强大的盟国支持我们，我会感激上帝没有将灾难降临在我们的人民身上。在此期间，我写了一些文件，从中可以发现，我一直没有仔细想过德国会在1941年入侵英国的问题。形势在1941年末好转，我们摆脱了孤军奋战的局面，世界上四分之三的国家加入我们的阵营。这一年令人难以忘怀，很多出乎意料的大事都发生在这一年，件件惊心动魄。

欧洲人和外界人士对事情的真相缺乏了解，他们认为我们必将走向覆灭，至少也觉得我们危在旦夕，此时，最重要的事务是纳粹德国和苏俄之间的关系。当大家发现英国没像法国和低地国家那样选择屈服时，这两个暴政大国之间开始出现冲突。诚恳地说，斯大林全力以赴地与希特勒保持合作，同时也竭尽全力在苏联的广大群众中集结可供支配的所有力量。斯大林和莫洛托夫恭敬地祝贺德国打赢的每一次战役，不停地往德国输送大批粮食，以及重要的原料。他们调派第五纵队的共产党员，极力干扰我们的工厂；播放广播，竭力侮辱、陷害我们。这两个国家有很多重大问题尚未解决，斯大林和莫洛托夫随时准备与纳粹德国将这些问题永远解决，幸灾乐祸地希望英国的力量遭到最后的毁灭。但他们也一直意识到，也许这是一项失败的政策。为了争取时间，他们下决心使用各种方法。从他们对这一问题的预测中看出，他们并没有将苏联的利益和企图仅寄希望于德国取得胜利。这两个集权大国都缺乏道德，与对方相处时既以礼相待，又冷漠无情。

德国和苏联对芬兰和罗马尼亚产生了不同的认识。法国的沦陷和第二战场的终结令苏联领袖们惊恐，他们不久后叫嚣再次开辟第二战场。他们事先没想到会出现突然溃败的现象，本以为双方将在西线长期对峙。如今西线却消失了。但是，在还没有断定1940年英国是否投降或被消灭之前，就选择不再与德国相互勾结，也是一种不明智的做法。由于克里姆林宫渐渐发现，英国有能力应对一场长时期的战争，美国周边和日本本土在战争期间随时都会出现变动，斯大林就更能感觉到自己危机四伏，更想争取时间。就像我们看到的，斯大林付出了很大代价，历尽艰难险阻，希望与纳粹德国友善相处。危险即将到来，他却出人意料地做出很多错误的预测，非常愚蠢。从1940年9月开始，一直持续到1941年6月希特勒发动进击为止，斯大林表现得冷血、狡诈、愚蠢。

*　　　*　　　*

前面简单地介绍了整体的情况，现在说一个插曲。1940年11月12日，莫洛托夫访问柏林。柏林是纳粹德国的心脏，作为布尔什维克的大使，莫洛托夫听到了各种奉承的话，得到了隆重的招待。在后来的两天中，莫洛托夫和里宾特洛甫同希特勒举行了冗长、紧张的会谈。他们艰难地互换了意见并当面谈判。1948年初，美国国务院出版的《1939—1941年间纳粹与苏联的关系》将这件事揭露出来，华盛顿从收缴的文件里选编成此书。为了弄明白事情的经过，一定要摘录其中的部分材料。莫洛托夫的首个会谈对象是里宾特洛甫。[1]

1940 年 11 月 12 日

德国外交部长给斯大林写信说，德国非常肯定大英帝国即将走向覆灭，世界上没有任何力量可以改变这个事实。英国已经被打败，它的局势每况愈下，不久后就可能要投降。德国一直不希望看到更多人牺牲，因此希望英国早日投降。就算英国近期不做好投降的计划，明年也会要求与我们讲和。德国当前正在昼夜不停地轰炸英国，并逐步使用潜艇重创英国。德国觉得英国可能因为遭受袭击而被迫投降。英国明显已经出现焦虑的情绪，也许将这样解决此事。假如当前发起的进攻依然不能使英国屈服，天气转好之后，德国将果断发动一次大规模进攻，将英国彻底击溃。到目前为止，受到恶劣天气的影响，这种大规模军事行动才一直没有被执行。

英国希望得到美国的支援，登陆欧洲大陆或展开军事行动，这在最初阶段就注定以失败告终。这算不上一个军事问题。英国人对此还不了解，因为大不列颠在某种程度上依然混乱，而且领导这个国家的是丘吉尔，这个人是政治和军事上的门外汉，他曾经每到关键时刻就失败，这次也不例外。

在欧洲的军事和政治领域，轴心国已经将英国打压下去。法国认可这种原则：以后，法国绝不支持英国和堂·吉诃德式的非洲征服者戴高乐。此时，法国已经沦为战败国，必须要为战争付出很大牺牲，对于这一点，法国人已经非常清楚。轴心国实力雄厚，它们想的不是

---

① 摘自《纳粹—苏联关系》。——原注

怎样赢得这场战争，而是如何尽快结束这场胜券在握的战争。

＊　　　＊　　　＊

吃过午饭后，元首接见了这位苏联大使，又一次妄谈英国全面溃败。他声称战争常常脱离德国的计划，带来一些繁杂的情况，时常逼迫他动用武力解决。

元首接着向莫洛托夫介绍了截止到当前军事行动的大致进展，他声称，英国受到这些军事行动的影响，已经无法在大陆上寻找到盟友。……英国的报复手段很滑稽，苏联人将会看到那根本不可能摧毁柏林。等天气变好之后，德国将向英国发动致命的打击，结束这场战争。德国如今的目标不只是为这最后一战进行军事方面的安排，还要说清楚战争进行时和战争结束后的重大政治问题。所以元首再次审查了与苏联之间的关系，努力想调整这种关系，假如条件允许，尽量让其延续很长一段时间。在这个方面，他得出下面这些结论：

1. 德国不想从苏联得到军事上的支援。

2. 战争蔓延的范围非常广泛，因此，德国不得不远离自己的国土，以对抗英国，但是它对这些地方的政治和经济没有任何兴趣。

3. 德国也有一些目的，不过，只有在战争中这些目的才有一定的意义，这才是德国最重视的。一些原料的来源也包含在这些目的中，这对德国意义重大，绝不能缺少。

听到这些，莫洛托夫模棱两可地附和几声。

莫洛托夫询问，《三国条约》[①]说欧洲和亚洲将建立新秩序，这是

---

① 德国、意大利和日本于 1940 年 9 月 27 日签订的合约。——原注

什么意思？苏联在这个新秩序中具有什么样的地位？一定要在柏林会谈或德国外交部长访问莫斯科的时候解释这些问题，苏联人一定希望德国外长到访。要详细澄清有关苏联在巴尔干和黑海的利益问题，以及与保加利亚、罗马尼亚和土耳其相关的问题。假如能向苏联政府详细解释这些问题，针对元首提出的问题，苏联政府也许就能做出明确的回答。苏联很重视欧洲的新秩序，尤其重视这种新秩序的进展和方式，它希望搞清楚大东亚圈包含哪些地方。

元首答复道，三国条约的主要目的是，根据欧洲国家的自然利益，改变欧洲的形势。德国希望苏联现在就指明它对哪些地方比较热衷。无论在什么情况下，一切决定都必须得到苏联的支持，才能最后定夺。这对欧洲和亚洲都适用，希望苏联协助划分大东亚圈，并提出它的要求。在这方面，德国的作用是进行调节。那些已经变成事实的东西，苏联都无须触碰。

元首想与上面这些大国结盟，他觉得德国和苏联之间的关系并非最棘手的问题，最棘手的是德国、法国和意大利之间能否结盟。他如今才认识到，黑海、巴尔干和土耳其的问题，可以通过与苏联协商的方式解决。

元首在结束会谈时总结，声称在某种程度上，本次会谈在广泛的合作上取得实质性的进展：会谈决定，西欧问题由德国、意大利和法国解决；远东问题主要由苏联和日本解决，德国愿意从中调和。这是一个制止美国借欧洲发战争财的问题。美国无权干涉欧洲、非洲或亚洲的相关问题。

元首关于美国和英国的地位的说法，莫洛托夫表示支持。莫洛托夫觉得，如果苏联参与合作的身份不是对象，而是伙伴，原则上就可以接受苏联加入三国条约。他觉得苏联可以在这种情况下加入共同事业。但一定要首先明确公约的目标和价值，尤其要明确如何划分大东亚圈。

*　　*　　*

11月13日，会谈恢复。

莫洛托夫提出关于立陶宛那些狭窄的领土问题，他强调，在这个问题上，德国还没明确表明立场，不过苏联政府正在等待。他坦白说，布科维纳问题与另一块土地相关，秘密协议没有对这块土地进行说明。开始，苏联只对北布科维纳比较在乎，但是德国要清楚，苏联如今已经开始注重南布科维纳的归属。苏联也没有收到关于这个问题的答复。德国承诺，将确保罗马尼亚的领土完整，却丝毫没有想过苏联想得到南布科维纳。

元首回复说，苏联哪怕只占领布科维纳的一部分，那也是德国退让了一大步。

莫洛托夫依然坚持原话：苏联只是希望在一些非常微小的地方重新划分。

元首回复说，假如德国和苏联的合作要在将来产生实际的结果，苏联政府一定要明白，德国正在进行关系到生死的战争，它无论如何也要取得最终的胜利。……双方达成协议，芬兰属于苏联的势力范围。两国与其继续商讨，不如做一些更重要的事。

英国拥有四千万平方公里、范围遍及世界的庞大财产，仅由四千五百万英国人统治着六亿居民，一旦将其征服，就可以分割这笔丰厚的财产。苏联可以从这笔财产中分得不结冰的出海口，实现与大洋之间的通航。美国只是想从这笔财产中挑选几样最适合美国的东西。英伦三岛是大英帝国的心脏，德国向它发动进攻时，应该避免别的能分散自身力量的交锋。元首不想让意大利进攻希腊，因为这将导致军队的一部分力量被分散到国外，无法全力向英国进攻。同样道理，也不能进攻波罗的海一带。进攻英国的军事行动将一直持续到战争胜利为止，他坚信英伦三岛一旦沦陷，即可使大英帝国趋于瓦解。只有白痴才会觉得可以从加拿大统治并团结大英帝国。整个世界的形势都将因此明朗。今后的几周内，要通过与苏联的谈判解决这些问题，并做出使苏联参加解决这些问题的安排。每一个对大英帝国的财产感兴趣的国家，都要不计前嫌，专心想着如何瓜分大英帝国。德国、法国、意大利、苏联和日本都应当如此。

莫洛托夫说，元首的观点引起了他的好奇心，并且支持所有他已经了解到的事情。

＊　　　＊　　　＊

接着，希特勒退出会议，回去睡觉。在苏联大使馆吃过晚饭后，英国空军向柏林发动进攻。我们提前听说要举行会谈，虽然我们没有被邀请参加，但是也不想置身事外。他们听到防空警报后，都跑到防空洞中躲避。这两位外交部长转移到更安全的地方，再次展开会谈，到深夜才结束。德国官方对此做出记录：

9点40分，两位部长听到防空警报，便转移到德国外交部长的防空室中，继续进行最后的会谈……

里宾特洛甫声称还没到商讨波兰新秩序的时候。巴尔干问题已经商讨过了。在那里，德国人仅存在经济上的利益，我们不希望那儿受到英国的滋扰。德国对罗马尼亚提出保证这件事，显然是被莫斯科误解了。……德国政府制定的所有政策，都是为了保障巴尔干各国没有战事，预防英国插足其间妨碍我们向德国输送物质。德国在巴尔干的行动，完全是由于我们对英国作战的环境使然。如果英国向德国投降，在巴尔干各国，德国将仅存在经济方面的利益，德国军队就会从罗马尼亚撤离。正如元首屡次强调的，德国不想侵占巴尔干各国的领土。他多次强调，决定性问题是，在击溃大英帝国的伟大事业中，苏联能否与德国合作。只要我们的关系更加紧密，将势力范围划分好，就能很容易以宽容的态度对待别的问题。划分势力范围的问题已经谈论过很多次。元首明确提出，合作伙伴们不可对立，要彼此依赖，互相支援对方达成目标，这样符合苏联和德国的利益。

莫洛托夫回复说，德国声称向英国发动的战争其实已经赢了。因此，换一个角度说，如果说德国在对英国进行生死存亡的斗争，那只能理解为德国在为"生存"而战，英国在为"灭亡"而战。他非常赞同合作，不过提出条件，首先要不计前嫌，再谈合作问题。斯大林的信中也详述了这个问题。另外，一定要解决势力范围的划分问题，不过莫洛托夫此时还无法做出决定，因为他还不清楚斯大林以及莫斯科的别的朋友怎么看待这件事。他指出，当前的问题以及执行现在的协议，都将影响未来的这些重大事件。

至此，莫洛托夫亲切地拜别德国外交部长，强调这次防空警报没有令他扫兴，因为正是这次防空警报促使他和德国外交部长举行了一场亲密无间的会谈。

＊　　　＊　　　＊

1942年8月，我首次访问莫斯科，斯大林将这次会谈向我做出简要的说明，比德国的记录简洁，但是内容基本一致。

斯大林说："不久前，大家都抱怨莫洛托夫太亲近德国，现在又开始抱怨他太亲近英国。德国人从来没有赢得我们的信任。这个问题关系到我们的生死存亡。"我突然插话，告诉他我们以前见到过这种场景，因此知道他们什么感受。元帅说："1940年11月，莫洛托夫到柏林与里宾特洛甫会晤。你们听到了这个消息，并调派飞机发动空袭。"我点头示意。"里宾特洛甫听到警报响起，穿过很多层阶梯，来到一间富丽堂皇的防空室。空袭在他进来后响起。他将门关上，告诉莫洛托夫说：'如今只剩下我们两个人在这里，咱们不如开始划分。'莫洛托夫问：'英国是什么意思？'

里宾特洛甫回答说，'英国已经失败了，它丧失了大国的威风。'莫洛托夫问：'英国失败了，还有谁在向这里投炸弹？咱们为何还要躲进这个防空洞里？'"

*　　*　　*

希特勒心底的决定没被柏林会谈改变。为了在 1941 年夏初入侵苏联，他下发命令，希望凯特尔、约得尔和德国总参谋部将德国军队往东调派。具体的日期受到天气状况的影响，因此还不能确定正式的日期。把时间定在 5 月初最合适，因为穿过国境后，还要走很长一段路程，而且必须赶在冬季之前将莫斯科攻克。波罗的海到黑海足足两千英里，将德军部署在这条战线上，建造所有的兵站、营房和铁道侧线，每一项作战任务都空前繁重，必须做好精密计划，采取妥善行动。所有事情都要在对方不知情的情况下进行。

希特勒运用两种各具特色的掩护措施，以实现这个目标。第一条措施是，瓜分和分配大英帝国的远东殖民地，以此为前提，详细谈判与此相关的共同政策。第二条措施是，经由匈牙利不断增加兵力，将罗马尼亚、保加利亚和希腊控制。在军事方面，这些具有重大价值，还能掩饰或解释德国军队集中调派到这条战线的南侧，为进攻苏联做准备。

谈判的方式是，德国拟订方案，请苏联加入《三国条约》，让苏联接手英国在东方的权益。假如这个方案得到斯大林的认可，在某个时期内，局势也许会朝不同的方向演化。希特勒时刻都能暂时停止向苏联发动进攻的计划。在陆地上，这两大帝国的军队人数上百万，如果两国结盟，我们很难想象它们将如何瓜分巴尔干、土耳其、波斯和中东，印度甚至也难逃魔爪，更不知道日本一直热衷提倡的"大东亚计划"会怎么样。希特勒十分痛恨布尔什维克，一直想将其摧毁。他坚信自己有实力实现愿望。之后，所有东西都可以归他。柏林会谈和其他几次接触让他看出，苏联不满足于他请里宾特洛甫呈递给莫斯科的提议。

德国外交部给德国驻莫斯科大使馆写的一封信被收缴，其中有一份《四国公约》的草案，上面并没有标明日期。听说 1940 年 11 月 26 日，舒伦堡和莫洛托夫举行的会谈正是建立在这份草案之上。草案规定德国、意大利和日本互相尊重彼此天然的势力范围。他们将采取友善的态度，共同协商解决因势力范围彼此接壤而引发的问题。德国、意大利和日本发表共同宣言，对苏联当前的领土范围表示认可，并给予尊重。那些为了对抗四国中任意一国的国家联盟，四个国家保证不参与其中或是给予支持。在经济方面，它们将彼此提供支援，除此之外，还扩充了之前已有的一些协议。协议的有效期是十年。

除了《四国公约》，还有秘密协议书。德国在协议书里表明，抛除签订条约时重新划分的欧洲领土，它希望自己的领土集中在中非。意大利在协议书里表明，抛除签订条约时重新划分的欧洲领土，它希望自己的领土集中在北非和东北非。日本希望自己的领土集中在日本帝国本土以南的东亚地区。苏联希望自己的领土集中在苏联国土以南通往印度洋的地区。

四个国家都表示尊重彼此的意愿，支持对方得到这些领土，不过还有一些特别的问题需要解决。[①]

*   *   *

德国的方案没有得到苏联政府的认可，我们已经预料到这一点。在欧洲，苏联独自与德国交涉。在地球的另一面，日本又向他们施压。他们的实力不断增强，领土不断拓展，领土面积已超过地球陆地面积的六分之一，这令他们非常自信，因此他们多次讨价还价。舒伦堡于 1940 年 11 月 26

---

① 需要注意，希特勒和里宾特洛甫在柏林会谈中的谈判重点是如何分割英国的领土，不过，协议草案中并没有提到大英帝国的名字，法国、荷兰和比利时的殖民地领土却被包含在内。在柏林会谈和莫斯科会谈中，虽然英国是最大的战利品，具有重大意义，但是希特勒的野心不只是这一个国家。他正在想办法重新划分他当前的敌对国家，以及他以往的敌对国家在非洲和亚洲的殖民地领土。——原注

日向柏林提交苏联的反对建议草案：1939 年的条约规定，芬兰属于苏联的势力范围，因此，苏联提出反对的声音，希望德国军队立即从芬兰撤退；保加利亚地处苏联黑海疆界安全区以内，它和苏联签署互助合约，通过长期租借的形式，在博斯普鲁斯海峡和达达尼尔海峡周边为苏联陆军和海军建立基地，以保障苏联今后的几个月中在博斯普鲁斯海峡和达达尼尔海峡的安全；巴统和巴库以南所有通向波斯湾的地区都是苏联想得到的领土；日本放弃在北萨哈林岛开采煤炭和石油。

这个建议提出后，并没有得到希特勒明确的答复。希特勒从没想过与苏联调和折中。双方应该以友善的态度，认真研究这个重大问题。苏联希望得到德国的答复，事实上也确实在等待。在这期间双方又不断增派援兵，希特勒已向巴尔干下手了。

＊　　＊　　＊

凯特尔和约得尔在元首的命令下拟定出的计划如今已经十分成熟。1940 年 12 月 18 日，凯特尔在司令部下发第二十一号指令，产生了深远的影响。

"巴巴罗萨"作战计划

德国武装部队要做好充分的准备工作，赶在与英国的战争结束之前，迅速消灭苏联。

陆军一定要让所有可供支配的部队参加战斗，不过要预留一些部队，预防敌军突然袭击占领区。

空军往东战场调派实力雄厚的战斗机队援助陆军，使地面战斗尽快结束，尽量减少敌军空袭德国东部领土造成的损失。除要保护作战区和我们势力范围内的军需工业区，避免遭遇敌军的空袭外，除继续向英国发动进攻，尤其是对英国的补给线的攻击外，空军的所有主力都调派到东方。

东方战役进行时，海军的主力应该再接再厉攻打英国。

行动前的近两个月内，我将下令集结兵力，向苏联发动进攻。

准备工作需要耗费大量时间，如果当前还没有准备好，请立刻着手，争取在 1941 年 5 月 15 日之前做好准备。

一定要特别注意一点：绝对不能泄露进攻的想法。

最高统帅部应该依据下面这几项内容做准备：

第一，最终目标：

发动猛烈的攻击，将装甲部队分成小队深入敌军，以这种方式将苏联西边的大量陆军消灭，阻止具备作战能力的敌军退入广阔的苏联领土。

快速追击到一道线时，苏联空军便无法进攻德国的领土。采取这一行动，最终是为了在伏尔加河到阿尔汉格尔的航线上设立一道防线，以对抗苏联亚洲的地区。在乌拉尔，苏联还残存一些工业区，假如需要，德国空军可以将其摧毁。

苏联的波罗的海舰队在战斗中将很快丧失基地，因而无法继续进行战斗。

在战斗的最初阶段，要重挫苏联空军，使其丧失战斗能力。

第二，可能的同盟国及其任务：

1. 罗马尼亚和芬兰也许会在我们的两侧主动加入我们与苏联之间的战争。

这两个国家加入战争之后，最高统帅部将找到一个合适的时机，协商、决定如何让德国指挥这两个国家的武装力量。

2. 罗马尼亚担负集结在该国内的兵力抵抗敌人的任务。另外，也需要在后方进行一些辅助性工作。

3. 由第二十一军团的部分人员组成的德国北方集团军群会被调离挪威，重新部署，芬兰应该给予掩护，并与这个集团军群联合作战。攻克汉科的任务也要由芬兰承担。

4. 估计自从行动开始，德国的北方集团军团集结时就可以利用瑞典的铁道和公路了。

第三，与作战相关的命令：

1.陆军（我现在批准已送来的计划）：

以普里皮亚季沼泽为标准，将战区分成南战区和北战区，应该把主力部署到北战区，在这里预备两个集团军群。

这两个集团军群的南部集团军群是战线的中心，要调派强悍的装甲部队和机械化部队，从华沙附近和华沙以北地区发动攻击，将白俄罗斯的敌军消灭。……苏联的抵御力量迅速瓦解时，我们才可以同时向两个目标发动攻击。……

在对普里皮亚季沼泽以南的集团军群做出部署时，应该在卢布林通往基辅的地区部署主力，以便利用强悍的装甲部队，在最短的时间内攻击苏联军队的侧翼和后方，沿第聂伯河逼迫敌军侧翼掉入我军的包围圈。

德国—罗马尼亚联合集团军群在军队的右翼，他们将要承担的任务是：通过防守罗马尼亚领土的方式防守整个作战地区的南翼；南方集团军群在北侧进攻时，要制约与其对峙的敌军，并随着形势的发展，协同空军防守德涅斯特河，避免敌军在我们追击时顺利通过；在北方，要在最短的时间内抵达莫斯科。

将这座城市攻克，意味着在政治领域和经济领域都得到了决定性的胜利，还意味着将至关重要的铁道中心攻克。

2.空军：

竭力摧毁苏联空军，使其丧失战斗能力，是我方空军的任务。另外，空军还要在重要的作战地点援助陆军，尤其要援助中央集团军群和侧翼的南方集团军群。依据对作战的重要程度，依次切断苏联的铁道，或大胆动用伞兵和空运部队，将其周围的最重要目标——河流渡口——抢夺过来。

不需要在重大战役中攻击敌军的军需工业，这样就可以集结所有兵力对抗敌人的空军，向陆军提供援助。首先要实现机动战斗，然后才能计划发动这样的进攻，尤其是乌拉尔区。

第四，在这项指示的基础上，各军总司令发布的所有命令都要清晰地说明，这些命令都是为了预防苏联突然改变对我们的态度。尽可能控制参与前期准备工作的军官数量，延缓增补人员，使极个别人具备活动资格。一旦这些准备性工作泄露，将对政治和军事方面造成很大危害。目前还没有确定何时执行这些计划。

第五，希望各军总司令以这一指示为依据，呈报一份补充计划的报告。

武装部队各部门应该向最高统帅部呈报计划的准备工作和进展情况，让最高统帅部汇报给我。

阿道夫·希特勒①

＊　　＊　　＊

1941 年将要发生什么重大事件，此时已经显现出轮廓。德国和苏联反复争议如何分割我们的帝国，将我们摧毁，我们当时对此并不知情，也不知道日本将有什么野心。德国陆军主力军已经转移到东方，我方情报人员竟然没有察觉到这一点，他们仅发现德军在保加利亚和罗马尼亚逐步集结。如果当时我们知道这一章讲述的这些情况，就不用这么紧张了。我们最怕与德国、苏联和日本的联军开战。不过，当时没人知道这些情况。我们当时只能依然坚定继续战斗的信念。

---

① 请参阅《纳粹—苏联关系》。——原注

第十五章　海上的灾祸

伪装的水上攻击舰——"舍尔"号远程航行——护航队得到"杰维斯湾"号的救助——"舍尔"号的第二次抢夺——意外找到"希佩尔"号——不均衡的压力——战争形势受潜艇的危险支配——西北航道上的障碍越来越多——潜水员的担忧——让人心碎的损失——要把控制着西部航道的指挥部从普利茅斯转移到利物浦——进口迅速缩减——在布罗迪—弗兰德周围海面上的损失——不再向爱尔兰提供援助——**12 月 13 日，我发电报给总统**——海军部的提议证明形势严峻——像铺设地毯似的在水下铺设一层水雷——给空军海岸部队支援和鼓励——他们的反攻最终获胜

　　1939 年 12 月，在普拉特河口外的战斗中，"施佩伯爵"号被击沉，德国首次在空旷的海面上攻击我方船只的行动被迫突然停止。我们已经发现，德国海军在挪威的战役中使己方水域短期内无法使用，必须留下剩余舰只，为进攻英国做好准备。从技术的角度分析，海军上将雷德尔关于德国海战的观点是正确的，不过，他很难让自己的观点在元首召开的会议中得到采纳。有一次，陆军提出建议，将他的重型舰只上的武器拆掉，在海岸的远程炮台上架设大炮，他只得表示反对。夏天，他将装备配置在很多商船上，伪装成攻击舰。这些舰只比我们的武装商船装备了更强大的武器，

航行速度更快,船上配备侦察机。类似的舰只从1940年4月到6月共有五艘,它们躲过我们的巡逻舰,开进大西洋,第六艘从充满危机的东北航道航行,沿俄罗斯和西伯利亚的北部海岸,驶进太平洋。该舰只得到一艘苏联破冰船的支援,用时两个月结束航行。9月,它从白令海驶过,在太平洋上出现。雷德尔海军上将把三项任务交由这些舰只执行,分别是:摧毁或抢夺敌军的舰只;滋扰敌军舰只的行动;逼迫英国战舰抽调运用于护航和巡航的舰只,对付德国海军。这些战术相当缜密,我们难以应对,因此遭受了很大损失。9月的前两周,我们的贸易航线上出现了这五艘伪装的攻击舰的踪迹。其中,在大西洋出现两艘,在印度洋出现两艘,余下的一艘将水雷铺设在新西兰的奥克兰后驶入太平洋。一年内,我们仅和它们进行过两次战斗。武装商船"阿尔坎塔拉"号于7月29日在南大西洋攻击"袭击舰E",没有取得任何战果,就匆匆逃走。另一艘武装商船"卡那封堡"号于12月在普拉特河口外攻击"袭击舰E","袭击舰E"仅受到一些损伤,最后逃跑了。截止到1940年9月末,我方共有三十六只舰只——共计二十三万五千吨——被这五艘攻击舰摧毁或夺走。

"舍尔"号袖珍战舰于1940年10月末做好战斗准备,即将投入使用。这艘战舰于10月27日从德国离开,从冰岛以北的丹麦海峡穿过,驶进大西洋,当时入侵英国的计划已被搁置。"希佩尔"号巡洋舰配有八英寸口径的大炮,于一个月之后出发。"舍尔"号曾经接到命令:向北大西洋上的运输船队发动进攻。当时,为了支援地中海,这条航线上的护航船舰已经撤离。科兰克舰长明确表示,10月27日,已经有一支运输船队从哈利法克斯离开,向英国驶去,他提议在11月3日左右将这支船队拦截。他的飞机于5日报告在东南方发现八艘船舰,于是他向其发动攻击。下午2时27分,他发现一艘孤零零的船——"莫潘"号,他将船上的六十八名船员押解到战舰上后,便将那只船炸沉。"莫潘"号意欲发出无线电报告,科兰克舰长强行阻止了这种行为。下午4时50分他们仍然在忙于搞"莫潘"

号时，三十七艘"H.X.84"组成了运输船队，它们的桅杆出现在地平线上。在运输船队里，有一艘武装商船巡洋舰——"杰维斯湾"号——担负海上护航舰的职责。作为战舰指挥官，皇家海军上校费根立即意识到灾难即将来临。他通过无线电的方式报告，说自己遇到敌军，只想尽可能拖延时间，拖住敌人的袖珍战舰，为运输船队赢得逃跑的时间。很多船只可以趁着夜色逃脱。运输船队逃跑之后，"杰维斯湾"号全速驶向它的强悍对手。在一万八千码的距离之外，"舍尔"号立即开炮。"杰维斯湾"号配备的炮弹型号陈旧，大炮口径只有六英寸，根本无法击中敌军舰只，只能挨打。这种情况持续到下午6点，"杰维斯湾"号已经彻底丧失控制能力，淹没在火海，敌军只好将其舍弃离开。8点左右，"杰维斯湾"号沉没，共损失二百多名官兵，其中有费根上校，他与自己的船只一起葬身大海。为了表彰他的英雄事迹，英国后来将维多利亚十字勋章授予他。在皇家海军史上，他的英勇事迹占据辉煌的一页。

战斗还没有结束，"舍尔"号就开始追击运输船队。此时正值冬季，夜幕来临，船只已经四散而逃。天黑之前，"舍尔"号仅追踪到五艘并将它们击沉。"舍尔"号暴露了自身的行踪，无法继续留在这片海域，它推测英国的强悍舰队将要开到这片海域。由于"杰维斯湾"号的英勇牺牲，这支珍贵的运输船队中的大多数船只得以逃脱。相比护航舰船员的精神，商船船员的精神一样值得称颂。"圣德米特里欧"号载有七千吨石油，由于燃起熊熊大火而被抛弃。一些船员于第二天清晨重新登上这艘船，将大火扑灭。这艘船装载着珍贵的物资，在没有罗盘和航海设备的情况下，被英勇的船员们努力开到一个英国港口。然而，我们这次还是损失了四万七千吨船只和二百零六名商船船员。

"舍尔"号全速向南行驶，意欲将追击舰远抛在后。十天后，它遇见一艘德国补给船，于是得到了燃料和给养。它于11月24日在西印度洋群岛出现，将驶向库拉索的"霍巴特港"号击沉，又返回佛得角群岛。它之后出现在南大西洋和印度洋上，于 1941 年 4 月顺利横渡丹麦海峡，返回基尔。在五个月的航行期内，它共击毁或俘虏了十六艘船只，总吨数达九万九千吨。

＊　　　＊　　　＊

在强悍的护航舰的保护下，电报代号为"W.S."的军队运输船队绕航好望角，行驶到中东和印度。在印度洋的各个港口之间，很多运输船队频繁往来，加拿大军队不停地从大西洋穿过，抵达英国，海军不得不担负很大的重担。像 1939 年"施佩伯爵"号那样的海上搜寻队，我们已经无力组建。我方巡洋舰都在主航线周围的水域中，独自航行的船只航行时一定要隐藏行踪，用辽阔的海洋保护自身安全。

"W.S.5A"运输船队由二十艘军队运输舰和供应船只组成，于 1940年圣诞节前往中东，即将抵达亚速尔群岛时，遭遇在"舍尔"号航行一个月后才从德国离开的"希佩尔"号巡洋舰的袭击。当时的能见度非常低，"希佩尔"号意外发现"贝里克"号、"幸运"号和"杜尼丁"号这几艘巡洋舰都在护航舰中。"希佩尔"号和"贝里克"号进行了短暂的战斗，双方都在猛烈的战斗中受到损伤。我们的本土舰队，以及从直布罗陀前往拦截它的"H"舰队都尽了最大努力，但"希佩尔"号还是趁着大雾逃到了布雷斯特。在运输船队里，仅有"帝国骑兵队"号需要开到直布罗陀进行维修，它能装载三万多人。

远洋航行令我们感到焦虑。我们都明白，在南方大洋上，正在抢掠的敌方伪装商船不知其数。袖珍战舰"舍尔"号已经躲藏起来，行踪不定。"希佩尔"号有能力随时从布雷斯特开动，而不久后，"沙恩霍斯特"号和"格奈森诺"号这两艘巡洋战舰也将采取行动。

在前几册书中，我已经说过，海军部部署了大量舰只防备敌舰和保卫辽阔的航线，而敌方攻击舰的数目比它们多出很多。在很多地方，海军部都要做好准备，以便承担成千上万艘商船的保护工作，而且只能勉强保证要输送军需的船队，对于民用运输船队，则不敢担保不会偶然发生一些灾祸。

*　　*　　*

除了这些问题，还有一种更加严重的危险。我在战争中最担忧的是来自敌人的潜艇的威胁。在空战之前，我便预料到，敌军的侵略战将以失败告终。空战的胜利使战事有利于我方。战争形势有利于我们，明显不利于敌人时，我们便可以将敌军消灭。战争状况如此残酷，取得这样的成绩已经是不错的结果。如今我们的生命线、远洋航线，尤其是英伦三岛的门户，都受到了威胁。"不列颠战役"的空战令我感到担忧，海上战斗更令我感到担忧。

海军部的人曾经与我关系密切，联系紧密，但是他们一样十分忧虑，海军部一直把保卫我们的海岸不受侵犯，保持我们通往海外的生命线畅通无阻，当成至高无上的、神圣的、无可推卸的责任，也是首要的责任。我们一起考虑这个问题时，并不会融入过去的辉煌的战役和灿烂的成就，而是用各种统计数据、图表和曲线来说明，这些对于整个国家和外界来说都是陌生的。

受到潜艇战的影响，我们的进口贸易和船舶数量将减少到什么程度？是否将危及我们的生存？对这些问题，不要胡乱比画或耸人听闻，请沉着冷静地绘制图表来说明我们遭遇扼杀的可能性。英勇的陆军已经准备好直接向敌军发动进攻，也做好了完善的计划应对沙漠战，但是这个时候已经没有太大意义了。人们再怎么精神饱满、尽忠职守，在这个阴森的地方也毫无用武之地。我们要从新大陆和英帝国殖民地穿过大洋，才能将粮食、军需品和武器运送回国，这是唯一的途径。德国人刚把敦刻尔克到波尔多一带的所有法国海岸线占为己有，就立即在那些地方建立基地，供他们的潜艇和与之合作的飞机使用。爱尔兰以南的航道拒绝我们的战斗机驻守，迫于无奈，我们从 7 月之后就放弃了那个地方。开到这里的每一艘船，都不得不绕航到北爱尔兰，幸运的是，北爱尔兰成了忠心耿耿的哨兵。默西河和克莱德湾就像我们的肺叶，使我们能够呼吸。在东海岸和英吉利海峡敌军的飞机、快速鱼雷艇和水雷逐渐增多，小船迎着袭击不断穿梭。由于不能改变东海岸的航线，运输船队只能穿梭于福斯湾和伦敦之间，那阵势相当于一直都在战斗。在东海岸，大船不敢冒险，英吉利海峡甚至连一只大船的影子都看不到。

我们的船舶从1940年7月到1941年7月的一年间损失惨重，但到了1941年7月，可以说大西洋上的"不列颠战役"是我们的胜利。美国参战到东海岸建立护航制度的这段时间，我们的船舶损失量最大。但我们那时已经不是单独奋战了。我们在1940年下半年损失最严重，到了冬天，受到冬季大风的影响，形势稍有好转，只有少量潜艇被击毁。我们采取扩大布置深水炸弹的办法，又经常变换航线，因此获得了一些好处。可我们不得不在海峡中集结强大的海军，以应对敌军即将展开的入侵，但是，大量反潜艇都是新建造的，只能零零散散地开来。海军部和别的熟知情况的人为此忧心忡忡。9月22日之前的一周，有二十七艘船舰被击毁，总重量接近十六万吨，很多船舰都是从哈利法克斯驶来的运输船队的船舰，自从战争爆发，损失率创下新高，比我们在1917年同一时期蒙受的损失还要大。"舍尔"号在10月份活动频繁，与此同时，有一支大西洋运输船队遭到潜艇进攻，全队共计三十四艘船，有二十艘被击毁。

在11月和12月快要到来时，相比战争中的其他因素，默西河和克莱德河河口的河湾更重要。此时，我们完全可以进攻德·瓦莱拉统领的爱尔兰，动用新式武器，将南方的港口收复。我经常说，我只会在生存受到威胁时才选择这样做，如果这种情况真的出现了，我只能这样做。而这种激烈的手段只能换取片刻的缓和。保障默西河和克莱德河的自由出入，才是仅有的好法子。

那些为数不多的知情人，每天相遇时都会面面相觑。潜水员潜入深海里，一分钟都无法离开自己的输气管，这一点大家都很清楚。假如突然出现大量鲨鱼咬他的通气管，他将是什么心情？潜水员如果丧失被拉回海面的机会，将更加焦虑。而我们的生活中根本没有海面。这个岛屿非常拥挤，有四千六百万人在此居住，每一个都是潜水员，他们正在世界各地参加战斗。受大自然和地心引力的影响，这座岛屿在海底固定着。鲨鱼看到他们的通气管将有何表现？有什么办法可以将鲨鱼赶跑或消灭？

我在 8 月初就已经觉得，普利茅斯的司令部根本无法经由默西河和克莱德河将西部航道控制住。

首相致海军大臣及第一海务大臣　　　　　　　　　　1940 年 8 月 4 日

西北航道屡次受到损害，大家为此忧心忡忡。我非常希望海军部以特别认真的态度对待这件事情，就像处理磁性水雷那样，努力想办法把这个问题处理好。抵御侵略致使驱逐舰紧缺，导致对这些航道的控制效率远远不够高。请立即向我汇报，这片水域全部能利用以及已经利用的驱逐舰、驱潜快艇、配备潜艇探索器的拖网船和飞机。谁负责以上舰只的行动？指挥者是普利茅斯的司令部，以及内史密斯海军上将的属下吗？你们将入口从南方往北方转移，到时候要面临的问题就是：在普利茅斯设立司令部是否合适？该不该在克莱德河增设一个第一线指挥部？身为普利茅斯司令部的总司令，内史密斯海军上将能否转移到那里驻守？我们绝不能让当前局面继续下去。南部的布雷工作有什么进展？是否可以稍过一些时候再改变这些布置，能不能抽出一段时间，开入一些运输船队，然后再改变这些部署？我额外提出了这项建议。

仅用一个航道系统，危险会扩大。想要摆脱这种危险，就要更加努力，增派更多护航舰，使其数量超过敌军舰只的数量。敌军即将意识到，有必要在这里集中所有力量。这非常像以前在东海岸铺设水雷区后的马里湾的情况。我坚信海军部将尽快处理好这件事情，但很明显，我们还需要强大的新动力。希望得到你的回复。

我遇到了阻力。9月，我提出建议，希望将司令部从普利茅斯转移到北方，海军部认可了这条建议，明智地用默西河代替克莱德河，耗费几个月时间才准备好司令部的中心机构、作战室和通讯网，还做了很多必要的临时改动。海军上将珀西·诺布尔爵士是这个新司令部的负责人。1941年2月，珀西·诺布尔爵士在利物浦任职。司令部的机构随人数的增加而扩大。此后，利物浦基本上成了我们最重要的军港。如今，大家已经明白本次转移的意义。

　　进口额于1940年末大幅度降低，我对这种情况非常担忧。这是遭遇敌军潜艇攻击的又一后果。船只损失只是其中的一种危害，为了弥补这种损失，我们要采取一些防御措施，而这又危害到了我们通行的商船。我们只能依赖少量港口，此时它们已经非常拥挤。每一艘船只的出入港口时间和航行时间都被延长。最后我们面临的一个考验就是进口。法兰西之战在6月8日那一周迈上巅峰，我方货物进口量达一百二十万零一千五百三十五吨，这还不包括石油。货物进口量于7月末下滑到每周不足七十五万吨，虽然于8月大幅度回升，不过每周的平均数字依然呈下滑趋势，在这一年的最后三个月，每周进口额只有八十万吨多一点儿。

首相致海军大臣及第一海务大臣　　　　　　　　　1940年12月3日

　　哈利法克斯运输船队遇到了新的灾难，对此，应该做一番细致的研究。我们在一周前听到，这些航线上潜伏着十三艘潜艇。那将运输船队转移到明奇海峡不好吗？受到恶劣天气的影响，出国的运输船队面临延期，为进口运输船队保驾护航的舰只因此没能及时抵达危机四伏的水域，转移到明奇海峡是一种更明智的做法。

首相致财政大臣　　　　　　　　　　　　　　　　1940年12月5日

　　在爱尔兰沿海，我们的船只大量沉没，又无法使用爱尔兰的港口，导致我们的航行和财政吃紧。请你们召开会议，商讨什么方法可以减轻负担。应该邀请贸易大臣、航运大臣、农业大臣、粮食大臣和自治领大臣参加会议。假如大家在原则性问题上的观点相同，就应该制订总计划，方便在最短的时间内采取行动，同时，还要制作一个日程表以及执行方式。当前不需要考虑外交和国防这些问题，可以留待以后解决。制定有效的方案是必须执行的第一个步骤，内容力求详细，以保障我们受到的伤害比别人更少。

首相致运输大臣　　　　　　　　　　　　　　　1940 年 12 月 13 日

12 月 3 日，你发来电报，提到和钢相关的问题，我非常感谢。为了执行你的提议，希望你努力采取一些必不可少的措施。

如今公司一直不愿意卸货，货车因此积压，我无法忍受这种现象，要采取一些措施改变这种现象。事实告诉我们，每一艘非装载石油的船只，在利物浦入港、装卸和离港的平均时间，在 2 月是十二天半，在 7 月是十五天，在 10 月是十九天半；在布里斯托，开始是九天半，后来增加到十四天半；在格拉斯哥始终都是十二天。改善上述时间问题对战局具有非常大的作用。

首相致运输大臣　　　　　　　　　　　　　　　1940 年 12 月 13 日

九月份和十月份的石油进口量仅是五月份和六月份的一半，只占我们消耗量的三分之二。石油运输船只的数量充足，而石油进口量的减少源于南海岸和西海岸的某些地区禁止石油运输船只入港，很多石油运输船只被迫停滞在克莱德河，其余的在新斯科舍的哈利法克斯港停留。最近，一些运输船只才能够开到南海岸和东海岸，所以石油进口量在 11 月份回升。

8 月 26 日，我做了一份备忘录，你的前任给予答复，我从中发现，他对从西海岸港口进口石油做出的准备性工作非常满意，但他的期望好像没能变成现实。

有两种办法可以改变这种形势：要么，石油运输船只承担更大的风险，从南海岸和东海岸的港口进口，提升我们当前的进口量；要么，我们继续消耗库存，等待西海岸准备好处理石油的设备再弥补这些消耗，由此带来的不便只能忍受。希望你能和海军大臣一起协商如何落实这两种方计。

已经向海军大臣递交这份备忘录的副本。

首相致海军大臣　　　　　　　　　　　　　　　　1940 年 12 月 14 日

请把美国驱逐舰的详细情况做一份报告并提交给我，其中要写清楚它们的众多缺点，还要说明我们目前还能从中得到什么好处。近期，请把报告提交给我，供我审核。

首相致海军大臣及第一海务大臣　　　　　　　　1940 年 12 月 27 日

你们是如何安排将消耗性飞机在出口运输船队的船只上发射这件事的？听说有一项计划，是将这种飞机从石油运输船上弹射出去。这种石油运输船存在于每一个运输船队中。可以用它们向"福克乌尔夫"式飞机发动进攻，最后在海上降落，救出驾驶员，根据具体情况选择是否救出飞机。

针对这些计划，你们有什么建议？

在后面几册书中，我们将发现，这是一项行之有效的计划。1941 年初，这种能弹射战斗机，使其向"福克乌尔夫"式飞机发动进攻的船只就已经存在了。

首相致运输大臣   1940 年 12 月 27 日

　　船只浪费了在英国港口的进出港时间和装卸货物时间，听说这就是导致我们的航运能力下降五分之二的原因。如今，我们在默西河和克莱德河停放大量船只，那就不得不考虑，它们遭遇的袭击会越来越剧烈。由此看来，这个问题是整条战线中最严峻的地方。

　　请在回复电报中讲清楚以下问题：1.现实情况。2.你当前正在做什么工作，准备如何做？ 3.你需要得到他人的哪些援助？

首相致海军大臣   1940 年 12 月 29 日

　　迄今为止，那些在战争中引诱敌军潜艇的舰只[①]令人非常失望。海军部有必要考虑一下，能否给他们指派一些别的任务。我认为这些舰只上肯定有大量技术娴熟的海员。请向我提交一份清单，在其中列出这些舰只的名称、吨数和速度。能否在它们担任巡航任务的同时，顺带输送一些军队或军需品？

＊　　　＊　　　＊

　　我们承担着如此繁重的压力，爱尔兰南部的港口却对我们关闭，对此，我非常气愤。

首相致财政大臣   1940 年 12 月 1 日

　　在爱尔兰，我们的行动受到阻碍，必须重新考虑是否继续向爱尔兰提供补助金。我们没有义务直到生命的最后一刻还向他们提供补助金。在布罗迪—弗兰德周围，我们的大量船只被击毁，何不拿这笔资

---

　　① 一种类似于 1914—1918 年运用的 "Q" 船。在 1914—1918 年发生战争期间，"Q" 船负责引诱潜艇，从而将其摧毁。然而，这次战争跟上次相比有了很大的变化，它们的作用也没往日那么大了。——原注

金生产船舰，或从美国那里购买？

怎么停发这笔补助金，请汇报给我，以及在财政方面，爱尔兰人会采取哪些手段报复我们？我们不怕爱尔兰人将我们的粮食供应切断，这倒省了我们闯过德·瓦莱拉帮助德国建立的封锁线，往爱尔兰输送大量肥料和饲料。希望你明天告诉我，我们在财政上可以采取哪些措施，将会引发什么后果，不过不需要详细列出赞成和反对的意见。

首相致伊斯梅将军，转参谋长委员会　　　　　　1940 年 12 月 3 日

我将与爱尔兰相关的文件分别给你和三军各参谋长送去一份。财政大臣支持停发补助金的计划，接到通知后便可以执行。

如今，我们不得不考虑：此事将会引发哪些军事上的问题？假如他们的港口对德国人开放，一定会引起爱尔兰人民的分裂，而我们也务必阻击德国人。他们会想办法力求中立，也可能使自己卷入战争。假如他们撤销英格兰和南爱尔兰之间的各种电讯和警戒设施，将会对我们造成哪些影响？后果是否严重？潜艇每次出海，可以连续航行大约三十天，燃料和给养问题不会限制航行时间，真正的限制因素是船员着急回家，以及潜艇需要维修。既然如此，他们允许德国潜艇前往爱尔兰西海岸港口补充燃料和给养，是否没什么问题？你们怎么看待这些问题？对别的问题是否有什么意见？请向我汇报。

我觉得要把这项政策告诉给总统，争取他的支持。

前海军人员致罗斯福总统　　　　　　　　　　1940 年 12 月 13 日

我们最担心的依然是北大西洋的运输问题。针对我们的航行运输，希特勒肯定要加大潜艇袭击和空袭，袭击的范围也将更加深入太平洋。爱尔兰的港口和机场已经对我们关闭，受到这些困难的影响，我们的

小型舰队不知所措。你那五十艘驱逐舰已经很久没有航行，遇到大西洋的风浪便会引发很多故障，如今只有极少数有能力参加战斗。面对当前的任务，旧式驱逐舰该如何修理、改进？我正在对这个问题制定一份非常详细的技术性报告，希望能起到一些作用。

在海上，我们已经疲于奔命，不能如往日那样冒着遭敌军袭击的危险，向爱尔兰输送四十万吨饲料和肥料。这些吨位应该留着装载我们自己的供给品。我们已经不再需要爱尔兰向我们输送粮食。我们应该把力量集中在那些至关重要的事情上。内阁希望我们告诉德·瓦莱拉，如今，我们已经无法继续向他提供支援。他统治的人民将得到大量粮食，不过贸易肯定不会如当前这样繁荣，我对此深表遗憾。我们不得不考虑自身的生存问题，将历尽艰难险阻获得的物资投入到关系生死的重要事情上。如果这样做，我们将得到些许舒缓，也能促使他更愿意去想共同的利益。假如我们迫于无奈，将我们的吨位运用于大不列颠的供应，你将有何看法？请严守秘密，私下告诉我。我们觉得，如今不能像往常那样继续给爱尔兰的农业生产者提供大量补助金。你要知道，我们被敌军围困时，德·瓦莱拉并没有伸出援手，我们却要冒着飞机和潜艇的袭击，继续将大量物资支援给爱尔兰。对此，我们商船上的海员和公众舆论都很不认同。

*　　　*　　　*

12月的某个傍晚，我在楼下的作战指挥室中召开了一次会议，只有海军部的人和海员参加会议。与会人员都十分熟悉的危险和困难都愈加剧烈。我突然想起1917年2月和3月的局面，当时潜艇击沉的我方船只越来越多，虽然皇家海军竭尽全力与之抗衡，人们依然觉得同盟国几个月后将无力应战。海军上将们提出的建议最能让别人明白此时面临的危险。我们首先要集中所有力量，开辟一条通往海洋的道路，为此，可以做出任何努力。所以他们提出建议，希望将一层水雷如地毯似的铺设在从衔接默西河和克莱德河北部海峡朝向大海的一端开始，延伸到北爱尔兰西北水深一百英寻的地方。在这些沿岸水域通往大洋的线上，设立一个三英里宽、六十英里长的水下水雷区。如果没有别的办法，就算严重危害战地作战，或重新武装我们的军队，也要将当前所有的炸药用到这项任务，像地毯似的敷设这一层水雷。

它的做法是，在相距水面三十五英尺之内的地方系数千个触发水雷。在这条航道上，开到英国的货船或开到海外的参战舰只，能自由穿梭于水面上，龙骨和水雷不会出现触碰的现象。而潜艇闯入这片雷区，将引发爆炸装置。它们马上就会明白，最好不要到这个地方。这种防御方法是最好的方式，也是仅剩的一种措施，总好过什么都不做。当天晚上，我初步批准了这套详细的方案，并对其做出指示。这种政策要求潜水员今后不必将精力花费在别的事情上，只需要注意自己的通气管，不过也有一些其他事情要做。

我们向皇家空军海岸司令部下发命令，让它将默西河和克莱德河的河口，以及北爱尔兰的周边地区控制住。要把这项任务放在首位，把轰炸德国的任务放在次要地位，不能抱着迁就的态度执行。所有可供调动的飞机、驾驶员，以及器材都要用在反击敌人上，利用战斗机向敌军的轰炸机发动进攻，在轰炸机的辅助下，这些特别重要的海峡地带上的海面舰向敌军的潜艇发动进攻。很多别的计划也非常重要，但是要暂时搁置，延缓办理的时间，或不再办理。为了获得喘息的机会，我们甘愿付出所有牺牲。

我们接下来的几个月内将看到以下内容：执行反击计划时，海军和皇家空军海岸司令部能取得什么样的功绩；出海口被我们控制的过程；我们的战斗机怎样将敌军的"亨克尔Ⅲ"式轰炸机击毁；敌军潜艇想让我们窒息时，我们如何反而让他们窒息。在这儿，我们只需要说明一点，由于皇家空军海岸司令部取得胜利，我们不必继续在水下如地毯那样铺设一层水雷。不健全的防卫思想和计划在对我们战争期间的经济造成严重影响之前，就已经完全消散，在犀利的武器的协助下，我们把通向我们这个岛屿的航道清扫一空。

第十六章 沙漠中的胜利

中断和预备——12月6日到8日间的进军——彻底胜利——我给总统、孟席斯先生和韦维尔将军写的信——将主力打败——《马太福音》——《雅各书》——1月3日的拜尔迪耶——1月21日的图卜鲁格——俘虏十一万三千人，收缴七百多门大炮——齐亚诺的日记——墨索里尼的表现——我提醒议院注意前景问题——来自潜艇的威胁——我向意大利人民发表广播——罪人只有一个——阿比西尼亚的起义——皇帝回国——试图挽救维希——我写给贝当元帅的信——写给魏刚将军的信——"玛丽"作战计划将吉布提解放——希腊与土耳其的飞机场——任意选择一种的财富——年末——英王向我传达一个命令——1月5日，我做出回复——大不列颠民族与帝国的荣耀——飘扬着自由的旗帜——即将迎来致命危机

伟大的行动展开之前，时间变得十分漫长，去做其他紧急事情可以转移注意力，当时，有很多事情都非常紧急。我非常高兴，因为我们的将军将发动进攻，而担心结果是毫无必要的。我不认为应该把军队用到肯尼亚、巴勒斯坦和埃及内部的治安上，那是一种浪费。这项任务由赫赫有名的团队与训练有素的职业军官和士兵担任，我非常相信他们的素养，从不怀疑他们激昂的斗志。艾登也非常信任他们，同时也更加相信指挥作战的威尔

逊将军。当时，他们都"穿绿夹克的"①，也是在"穿绿夹克的"部队里参加上次的大战。除了极个别知道内情的人之外，还有很多话题可以聊，很多事情可以做。

在这场战争中，那些将要参战的军队，把自己将要在非常复杂的攻势中担负的特殊任务至少演练了一个月。威尔逊中将和奥康纳少将共同确定计划的细节，韦维尔将军经常亲自来检阅。只有个别军官清楚计划的全部内容，这个计划并没有出现在文件上。我们曾经迷惑敌军，使他们误以为我们的军队因支援希腊而消减了很多，而且撤退还在继续，以便我方能用这个方法实现突然发动进攻的目的。我们的两万五千名左右的陆军身材消瘦、面容黝黑，曾经在沙漠中接受训练，都配有机械化装备。他们于12月6日进军四十多英里，并在第二天纹丝不动地躲藏在荒漠之中，逃过了意大利空军的侦察；12月8日又一路进军，在当天晚上才得知这是一场真正的战斗，而不是在沙漠中演习。9日黎明，希迪拜拉尼之战正式爆发。

战斗错综复杂，十分分散，在紧随其后的四天内蔓延到和约克郡的大小差不多大的地方。在这儿，我就不详细介绍这些战斗了。所有事情都顺利展开。上午7时，一个旅的兵力向尼贝瓦发动进攻，仅一个多小时就将这座城市攻克。向图马尔兵营发动的进攻于下午1时30分开始，傍晚，我军几乎攻克整个兵营地区，俘获了大多数守卫军。在西面，第七装甲师将沿岸公路切断，使希迪拜拉尼孤立无援。同一时间，包括康斯特瑞姆警卫队在内的驻防马特鲁港的部队已经准备妥当，随时准备进攻。10日黎明，强大的军舰火力掩护他们向正面的意大利军队阵地发动猛烈的进攻。经过一整天的战斗，康斯特瑞姆警卫队指挥部于10时汇报说，被俘获的人已经多到无法查清楚的地步，"军官需要五英亩地才能容纳，士兵数量则需要二百亩"。

我住在唐宁街，他们每小时都将战场上的消息发到那里。虽难以获悉具

---

① 来复枪旅与英王皇家来复枪旅。——原注

体的作战情况，不过整体的进展还是不错的，一名青年军官从第七装甲师的一辆坦克车里发来电报，给我留下了非常深刻的印象，他提到："我们已抵达布格布格的第二个布格。"10 日，我在下院中汇报说，沙漠里的战斗依然在进行，五百名敌军成了我军的俘虏，一名意大利将军被击毙，我军已经挺进沿海。"大战仍在进行中，我们还无法预测它的范围和结果，不过我们可以说，初级阶段已经取得胜利。"我军于当日下午将希迪拜拉尼攻克。

我军 12 月 11 日之后的主要任务有：第七装甲师和英国摩托化的第十六步兵旅，以及与第四印度师换防的澳大利亚第六师，继续追赶逃跑的意大利官兵。我于 12 月 12 日告诉下院，不列颠和大英帝国部队已经将布格布格和希迪拜拉尼附近的所有海滨地区攻克，七千名俘虏被送往马特鲁港。"多少意大利人被围困还无从知晓，不过，如果说，意大利最起码有三个精锐之师被歼灭或俘获，在这三个师中，有很多'黑衫党'组织，却是不足为奇的。如今，各军都在继续向西追击，空军展开轰炸，海军向敌军退到的主要公路发动进攻，接到的报告显示，已经有很多敌军做了俘虏。

"还不到预测这些军事行动的规模的时机，不过，这个非洲战场明显起到了非常重要的作用。最大的功劳属于阿齐博尔德·韦维尔爵士、亨利·梅特兰·威尔逊爵士、这场非常复杂的军事行动的参谋人员，以及毅力和勇敢都超过常人的部队。考虑这个问题时，一定要想到它的背景：三四个月之前，我们非常担忧埃及的防卫。如今，我们丝毫不再担忧。英国承诺过，要给侵略者致命的打击，做好埃及的保卫工作，如今已经兑现了诺言。"

希迪拜拉尼之战以胜利告终。12 月 12 日，韦维尔将军英明地做出一种更冒险的决策，他没有将刚替换下来的英国第四印度师作为总后备队留在战场，而是立即将其调派到厄立特里亚，让它和英国第五印度师一同加入阿比西尼亚战役。普拉特将军是这场战役的指挥官。该师中的一部分军队走海路抵达苏丹港，另一部分先乘坐火车，再乘坐轮船沿尼罗河而上。其中有一部分士兵从希迪拜拉尼前线直接出发，前往他们的船只所在地，刚抵达七百英里之外的战场，就立即参加战斗。12月末，第一批部队顺利抵达苏丹港。1月21日，所有部队都顺利抵达。1月19日，意大利军队从卡萨拉离开，向克伦撤退。该师参与追击意大利的工作，在克伦遭到意大利军队的抵抗。第四和第五两个英印师辅助普拉特将军进行克伦的战斗，但是依然很难完成任务，我们要看到这一点。假如韦维尔将军缺乏远见，没有提前做出正确的选择，将难以赢得克伦战役，甚至会无限期拖延解放阿比西尼亚。从北非沿岸和阿比西尼亚近期形势的转变看到，总司令对形势的转变程度和周边情况的预测非常准确。

＊　　　＊　　　＊

我立即祝贺相关人员，督促他们全力追击敌军。

前海军人员致罗斯福总统　　　　　　　　　1940年12月13日

我们已经赢得利比亚战争，相信你一定为此感到兴奋。假如我们很好地利用我们的成功，这场大胜仗与意大利在阿尔巴尼的挫败一定让墨索里尼举步维艰。虽然还不知道战役的全部结果，但击败意大利能促使我们比四五个月前更接近成功。

丘吉尔先生致澳大利亚总理孟席斯先生　　　　1940年12月13日

在利比亚，帝国军队取得辉煌的战绩，我相信你一定特别高兴。这场大胜仗与意大利在阿尔巴尼亚的挫败一定让墨索里尼举步维艰。你知道，我几个月前甚至没把握做好卫尼罗河三角洲和苏伊士运河的防守工作。在本岛，我们随时有可能遭到侵略。绕道好望角输送军队、坦克和大炮承担了很大的风险，如今一切都得到了回报。为了预防德国突然调集军队前往中东，我们打算将强悍的陆军和庞大的海军调派到那里，它们是帝国的代表。假如有需要，也可以向你们那个方向进军。想要获得成功，必须付出几倍的努力。希望你一切顺利。

首相致韦维尔将军   1940 年 12 月 13 日

你取得了辉煌的战绩，我由衷地向你表示祝贺，我们非常想看到这样的结果。在下院，我介绍说，需要展开非常高明的参谋工作，也介绍了陆军执行这项艰巨任务时多么勇猛，在场人员一片欢呼。等所有结果都出来后，英王将发去电报进行表彰。我对你本人和威尔逊非常敬佩，在此向你们表示感谢。

诗人瓦尔特·惠特曼说，无论取得多么圆满的成功果实，都将引发一些问题，使我们不得不投入更大规模的战斗。你一定觉得追击敌人是最重要的事情。胜利者疲惫不堪时，正好可以从失败者身上攫取利益。墨索里尼最害怕的是利比亚溃败。你曾经设想过，将意大利领土上的几个港口攻克，把所有要用到的人员和装备通过舰队输送到这些港口，在这个新的跳板上沿海岸追击敌军，遇到有效的反抗时再停下来。他们就像已经成熟、等待我们去收割的庄稼。请尽快告诉我你的想法和计划。

你在非洲海岸的行动彻底结束之后，我们将对自己的未来有一个重新的认识，有几个非常好的机会摆在面前供我们选择。

埃及境内的所有敌军于 12 月 15 日被彻底清缴。大多数留在昔兰尼加的意大利军队撤退到已经被孤立的拜尔迪耶防御阵地以内。希迪拜拉尼战役的第一个阶段就这样结束了，我方歼灭了敌军五个师的主力，俘获三万八千名敌军。我方有一百三十三人牺牲，三百八十七人负伤，八人失踪。

首相致韦维尔将军   1940 年 12 月 16 日

帝国和我们的事业都离不开尼罗河兵团做出的光荣贡献，在各个方面，我们都有所收获。在利比亚沙漠，我们打了一场大胜仗，非常感激你、威尔逊和其他司令官们，感谢你们卓越的军事技术和英勇的指挥。摧毁意大利陆军，全力将他们赶出非洲海岸，是你们当前最重要的目标。以前听说你们计划向拜尔迪耶和图卜鲁格发动进攻，如今又听说你们将向塞卢姆和卡普措发动进攻，我们十分高兴。我非常肯定，你的确无法继续前进时，才会放弃主要目标，在苏丹或多德卡尼斯群岛进行一些辅助性工作。苏丹非常重要，很明显，攻克它并非难事，在不损害利比亚追击战的前提下，还能省下两个印度旅——也就是英国第四印度师——的兵力。等一段时间再向多德卡尼斯群岛发动进攻并不会使困难增加，不过不能让这两个行动影响打败意大利军队的主力的任务，因为那才是最重要的。我在国内，距离比较远，不敢妄加判断特殊的情况，不过，我觉得应该牢记拿破仑的名言"打败主力军，战胜其他军队便能势如破竹"。在上一封电报中，我提出发动两栖作战和在敌后登陆的主张，这样是为了将敌军部队切断，同时保障我军能从海上输送物资和军队。如今，我不得不再次提出这个主张。

朗莫尔指挥皇家空军取得很好的效果，与陆军之间的合作也取得突出成绩，我对此深表敬佩，请代我向他表示祝贺。希望他已经顺利接收大多数新型"旋风"式战斗机。请向他传达，我们已经用"狂暴"号运载了更多飞机，它们都是从塔科拉迪起飞的。"超额"〔行动计划〕输送的那批飞机将要抵达他那里，这两批飞机的抵达时间都在1月初。

首相致韦维尔将军　　　　　　　　　　　　　　1940年12月18日

《马太福音》第七章第七节中说："祈祷，就能让你们得到。寻找，就让你们找得到。敲门，就为你们开门。"

韦维尔将军致首相　　　　　　　　　　　　　　1940年12月19日

《雅各书》第一章第十七节：

"所有美满的恩赐和齐全的赏赐都从上面的众光之父那里来，他没有改变，也没有转动的影儿。"

*　　*　　*

　　接下来，我们准备进攻拜尔迪耶，它附近十七英里之内的地方，驻扎着意大利军队其他四个师。反坦克壕接二连三，加上铁线网障碍物，共同组成了防御工事。中间每隔一段距离，就出现一座混凝土碉堡，第二道防御工事紧随其后。这种坚固阵地十分强大，要做好准备，才能向其发动进攻。第七装甲师阻止敌军往北方和西北方逃跑。第六澳大利亚师、第十六英军步兵旅、皇家坦克团第七营（拥有二十六辆坦克）、一个机枪营、一个野炮团和一个中程炮团都可以供我们调遣，向这个阵地发动进攻。

　　我只顾得上写完赢得沙漠中的战争这部分内容，无暇谈论有关新年的事情。澳大利亚调派一个营的兵力，于 1 月 3 日早晨发动进攻，猛烈、密集的炮火掩护他们将西边外围阵地的一个据点攻克。他们后方的工兵将反坦克壕攻克，两个澳大利亚旅的进攻还在继续，扫荡东面和东南面。他们当时在唱歌，一首从美国电影中学来的歌，不久后，英国人也普遍唱起这首歌在英国也流行了起来：

　　　　"我们拜访那位巫师，
　　　　　一位神秘的奥兹的巫师。
　　　　　传闻说他是巫师中的祖师，
　　　　　假如世界上真的存在巫师。"

　　每次听到这首歌，我都想起这段无忧无虑的岁月。被称作"马蒂尔达"的英国坦克得到步兵的支援，于 4 日下午将拜尔迪耶攻克。所有守军于 5 日投降，四万五千人做了俘虏，四百六十二门大炮被收缴。

　　第二天是 1 月 6 日，第七装甲师将图卜鲁格的交通切断。澳大利亚旅一马当先，于 7 日抵达它东部防线的前方。这里的外围阵地有二十七英里长，和拜尔迪耶的阵地很相像，但是，各处的反坦克壕沟都太浅，没什么效果。一个完整的步兵师、一个军司令部，以及从前方阵地撤回的大量残余军队，共同组成了驻防军。发动进攻的计划于1月21日才被执行。强烈的炮火掩护另一个澳大利亚旅，向南面的外围阵地发动进攻。第七装甲师的另外两个旅进驻刚设立的桥头阵地，向左右两侧拓展。我军在傍晚攻克防区的三分之一，于第二天凌晨平息所有抵抗，俘获三万名俘虏，收缴二百三十六门大炮。沙漠兵团于六周内在缺水少食的地带进军二百多英里，攻占两座常有海、空军部队驻守的港口，俘获十一万三千名敌军，收缴七百多门大炮。意大利的陆军十分庞大，他们入侵埃及，妄图使其屈服，如今已经彻底溃败。英国军队西进的进度延缓，根源是距离太远，供应也跟不上。

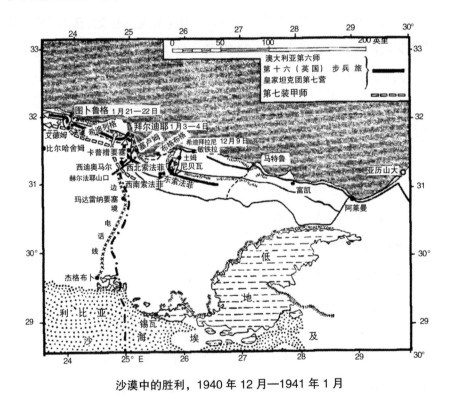

沙漠中的胜利，1940年12月—1941年1月

舰队在每一场战役中都起到了非常大的辅助作用，它们猛烈地轰炸拜尔迪耶和图卜鲁格，甚至动用飞机加入陆地战。海军在往港口输送军事人

员时起到了非常大的作用，还每日为陆军先头部队输送三千吨供应品，辅助陆军一路前行。与意大利空军相比，皇家空军占上风，因此我们的陆军才取得胜利。我方空军数量没敌军数量多，不过飞行员们个个英勇，很快就在士气上压倒对方，从而能在空中自由活动。我们缴获的敌军飞机多达几百架，收获非常大。

＊　　＊　　＊

看对方的反应是一件非常有意思的事情。读者已经非常了解齐亚诺伯爵了。怯懦之人很容易为了金钱和地位选择一条错误的道路，因此不必非常严厉地责备他。面对诱惑，没有误入歧途的人才有权评论。在行刑队面前，齐亚诺为他曾经欠下的债付出了代价。坏人是由不同的制作材料制成的，但是我们不能产生宁愿做一个大坏蛋，也不当一个齐亚诺或各种潜在的齐亚诺中的一个的想法。翻阅齐亚诺的日记[①]，我们可以看到：12月8日："一切如常。" 12月9日："策划阴谋以对付巴多格里奥。" 12月10日："晴天霹雳似地传来英国军队向希迪拜拉尼发动进攻的消息，开始形势还不严峻，不过后来格拉齐亚尼发来的电报证明我们惨败。"当天齐亚诺与他的岳父见了两次面，他的岳父看上去很安定。齐亚诺写道："他没有站在个人立场，而是非常客观地评价这件事情……变得更加崇拜格拉齐亚尼的威望。"罗马的重要人物只得在11日宣布，意大利军队的四个师已经被击溃。格拉齐亚尼把谈论的重点放在敌军的勇猛和计谋上，丝毫不介绍自己将如何反击，这点才是最糟糕的。墨索里尼依然十分镇定。"他觉得每一场战争的转折点都伴随着很多艰难的时光，这是逃脱不了的。"英国军队抵达边境后，假如不再进军，严峻的形势就不会出现。相反，假如他们进军图卜鲁格，"必然迎来一场悲剧"。领袖在晚上得到消息，两天之内，五个师的兵力都"被摧毁"，很明显，

[①]　参阅马尔科姆·马格里季编辑的《齐亚诺日记1939—1943年》。——原注

这五个师一定出了什么问题。

格拉齐亚尼于 12 月 12 日发来一封电报，宣告灾难即将到来。他计划往的黎波里撤退，"希望国旗最起码还能在这个地方飘扬"。隆美尔建议墨索里尼让格拉齐亚尼担负很大的风险去攻打埃及，为此，格拉齐亚尼非常生气。他抱怨道，这简直是逼迫他去打一场"跳蚤与大象"的战斗。跳蚤明显已经蚕食了大半个大象。齐亚诺本人在 15 日依然无法判断英国人是否满足于占领边境地区，他在日记中简要写了这个看法。格拉齐亚尼做出了军人不该做的事，竟然和自己的上司激烈地争辩。墨索里尼做出非常客观的评价："我瞧不上这种人，所以没必要和他置气。"他依然希望最起码把前进中的英国军队在德尔纳被阻止下来。

*　　*　　*

我将我们在沙漠中的进展每日向议院汇报，在 12 月 19 日，我发表了一次长篇讲话，介绍了整个战争形势。我讲述了我们在防御方面的改进，提醒大家加强戒备。我们推测敌军将继续发动空袭，在国内，政府当前最应该做的是，准备好防空洞，改善卫生设施，尽量为晚上休息的人提供一个舒适的环境。"正如在利比亚沙漠中追击意大利军队的装甲部队，防空大队、内政部和卫生部也是在前线作战。"在大西洋，船舶蒙受损失，我认为有必要提出警告。"船舶的损失率已经没有 1917 年那么大，但是，仍然令人忧心忡忡。我们要意识到，如今可能再次出现一年前已经克服的那种危险现象。今后我们要不断强化我们小型舰队的力量，还要强化其他防御设备的力量。在所有军事任务中，最重要的是如何对抗敌军的潜艇和正在攻击我们的远程轰炸机，从而保证我们通向海外交通的航道没有阻碍。"

*　　*　　*

我认为，如今应该以广播的形式向意大利人民说一些话。我于 12 月 23 日晚上提醒他们注意英国和意大利之间的长期友谊，而当前我们却在交战。"……我方军队势必摧毁你们的非洲帝国。……这一切是如何产生的？是什么原因造成的？"

我要把事情的真实情况告诉意大利人。这一切是由一个人造成的。他将意大利人民拉入与大英帝国殊死搏斗的战争中，使美利坚合众国不再同情意大利，与意大利之间的关系破裂。我承认，他的确是一个伟大的人，但是他在毫无约束地掌权十八年后，就要把灾难带给你们的国家，这一点我们必须要承认。他不顾意大利国王和皇室的命令，不顾教皇、梵蒂冈教廷和天主教会的宗旨，不顾无心参战的意大利人民的意愿，把古罗马的继承者们拉入凶残的异教徒的阵营。

我任首相期间，给墨索里尼写过一封信，1940 年 5 月 18 日，他给了我答复，我把这两封信公布，然后接着说：

十八年间，政权一直掌握在这位领袖手中，人民对他如此信赖，然而，他将自己的人民带向何方了呢？如今他们的处境不容乐观。要么在海上、空中以及非洲被大英帝国的大炮轰击，承受希腊人们发动的猛烈反击；要么将阿提拉从伯伦纳山口请出，把贪心的军队和秘密警察交由他指挥，攻克、镇压和保护意大利人民。他，以及他的纳粹党徒，肆无忌惮地鄙视意大利人民，他们对你们的这种鄙视态度，在其余种族中还是首次出现。

把厄运带给你们的只有那一个人。我在等待，等待意大利人民重新把握自己的命运，我相信我一定能等到这一天，到时再仔细聊一聊逐步展现出来的事情。

当天，墨索里尼向齐亚诺提起意大利陆军的士气，出人意料地说[①]："相比当前的意大利人，我不得不说，1914年的意大利人更好，我这样说不是为了赞美那时的制度，而是实话实说。"第二天他看着窗外说："这场雪，以及这寒冷的天气对我们大有裨益，可以促使这些没用的意大利人，这个低贱的民族有所改进。"这个罪恶之徒原本觉得，大英帝国已经衰败，但半年的侵略战争后，他的心被意大利陆军在利比亚和阿尔巴尼亚的失败折磨着，这令他痛苦。

*　　*　　*

要想从容应对，必须预先考虑所有可能的措施，因为此时的形势变化非常快。我们在利比亚取得的胜利已经在阿比西尼亚激起了对意大利的反叛。我热烈期盼海尔·塞拉西皇帝回国，但是外交部觉得合适的时机还没到，我接受了新任外交大臣的建议，不过也并没有推迟太长时间，不久后，皇帝就冒很大风险回到了自己的国家。

（请即日展开行动）

首相致外交大臣、伊斯梅将军，并转参谋长委员会　1940年12月30日

我们要竭尽全力，尽量让阿比西尼亚皇帝的愿望变成现实。我们已经禁止我方军官进入盖拉人的地盘。阿比西尼亚那几个营的逃亡者有实力煽起起义叛变，却把他们调去修路，这样有些大材小用。在肯尼亚，我方军队有六万四千名官兵无事可做，何不把修路的任务交给他们呢？第一点要说明的是，我非常支持让海尔·塞拉西返回阿比西尼亚，虽然阿比西尼亚各部落之间存在矛盾，但是皇帝回国证明起义军声势浩大，也能联系起我们在利比亚胜利的传闻。

假如你们代替我向阿比西尼亚皇帝发出一封回复电报，告诉他我同意，我将非常高兴。

首相致外交大臣　　　　　　　　　　　　1940 年 12 月 31 日

阿比西尼亚皇帝回国复位要冒生命危险，大家一致认为要由他本人确定回国时间。在你的备忘录中，你把我们写成是"当时比较慌张，迫于无奈才采取不完善的且可能招致灾祸的行动"。我一点儿也不希望在慌张的情况下，迫于无奈采取行动，但是我非常想知道阿比西尼亚皇帝为何连续几个月按兵不动。我非常希望再给他拟定一封再强调一下这件事的电报，而发给迈尔斯·兰普森爵士的电报应更加明确肯定。不过，这只是一些应该强调的事情，你要是觉得这样做不妥，我也不会坚持改变原先电报的内容。

我们作战时很可能非常顺利，外交部正在关注这样能否确保海尔·塞拉西复位，对意大利在东非的地位有什么意见。今天清晨，我听到你谈论这件事情，感到非常高兴。

＊　　　＊　　　＊

最后，我非常想让维希政府抓住这个形势好转的机会。战争中没机会生气、发泄，也没机会怨恨。要把重要的目标放在首位，压倒所有令人烦恼的不重要因素。参谋长委员会和陆军部的参谋部几周前预备了一支由六个师组成的远征军，还制订出计划，假如获得法国的支持，就登陆摩洛哥。我们和贝当元帅交涉时，可以让加拿大驻维希的代表蒂皮当中间人，这是一个非常便捷的条件。我已经意识到，美国总统十分关心丹吉尔、卡萨布兰卡和非洲的大西洋海岸线，美国军事当局觉得，假如这条海岸线被德国夺走当作潜艇基地，美国的安全将无力保障，所以要随时向美国传达事情的进展。蒂皮先生征得参谋长委员会和战时内阁的大力支持，亲自向维希政府递交了下列信件，请外交部传达，让我们驻华盛顿的人员代为办理。

首相致贝当元帅　　　　　　　　　　　　　　1940 年 12 月 31 日

　　1. 近期内的任何时间，假如法国政府下定决心往北非迁移，或在那里重新开始向意大利和德国发动进攻，我们愿意调派一支由六个师组成的装备良好的强大的远征军，向摩洛哥、阿尔及尔和突尼斯的防务工作提供支援。准备好运输和登陆设备后，这几个师就可采取行动。在英格兰，如今我们拥有一支庞大的陆军，他们的装备非常好，足以对付敌军的侵略。他们拥有一支巨大的后备部队，训练有素，当前正在紧锣密鼓地改进。中东的形势一天比一天更好。

　　2. 如今，英国空军的人数不断增加，也许会提供有效的支援。

　　3. 英国和法国的舰队将再一次合作，摩洛哥和北非的基地可供双方同时使用，以保证控制地中海。

　　4. 你可以调来任何军事代表，与我们一起举行最机密的参谋会议。

　　5. 另外，德国人能随时采用逼迫或利诱的方法借道从西班牙直接进攻，导致我们无法使用直布罗陀的碇泊所，海峡两岸的炮台都将被他们控制，机场也将被他们的空军驻守，所以，不能耽误时间，那样风险很大。突然袭击是他们的强项，假如他们在摩洛哥的地位稳定下来，所有计划都将无法实现。如果我们没有共同策划并果断采取行动，局势也许将逐渐变坏，希望也将破灭。有一点非常重要：法国政府应该认识到，我们有实力提供有力的支援，并且支援的强度将越来越大，我们很乐意这样做。若是耽搁时间，我们将毫无办法。

　　总司令魏刚将军现在驻守在阿尔及尔，让另一个人将内容相似的信交给他，但是两个方面都没有任何答复。

　　　　　　　　　　　　*　　　*　　　*

　　我们做过很多工作，也制订了很多计划，其中的大多数已经进行了部署和准备，并且在原则上已经获得通过，如今让我们检查一下它们。第一点，守护本岛，不让它落入敌人手中。截止到现在，我们武装的师大约有三十个，而且具有高度机动性。在这些师中，也许无法实现所有师都是现代装备的最高标准，不过，大多数都属于正规军，士兵经历的严格训练长达十五个月。不算在海岸驻守的军队，我们觉得还要动用其中的十五个师的兵力，这样就足以对付海外的侵略者。我们不仅有后备部队，还有多达几百万的国民自卫军，每个人都配备来复枪和一些子弹。有需要，或遇到合适的时机时，我们就可以把十二个或十五个师的兵力用于海外的攻势行动。增援中东的部队，尤其是增援尼罗河集团军的部队，在船只和别的途径的帮助下，已经从澳大利亚、新西兰和印度前往目的地。由于地中海仍然不能通航，这些运输船队以及它们的护航舰要经过一段漫长的航程，耗费几个星期。

第二点，希望维希政府和北非的法国人团结在共同事业下，为此，我们已经预备好一支由六个师组成的远征军，以及一些空军，可以在摩洛哥的大西洋港口，主要是卡萨布兰卡进行登陆。德国人也许将穿过西班牙，往摩洛哥或直布罗陀对岸的休达调派同样数量和装备的军队，西班牙的抵抗程度直接决定我们自己的这支精锐的军队能否比德国更快地到达那里。假如有人向我们提出申请，并得到我们的认可，我们可以登陆加的斯，向西班牙人提供支援。

第三点，面对德国的压力，假如西班牙政府选择屈服，变成希特勒党羽或成为共同交战国，我们便无法使用直布罗陀的港口，只得动用那个已经预备好的精锐旅和四艘合适的快速运输舰，向大西洋的一些岛屿发动进攻，将其攻克。换一个办法，假如赢得葡萄牙政府的支持，我们可以运用1373年英国和葡萄牙之间签订的"朋友对朋友，敌人对敌人"的同盟条约实现这个目的，用最快的速度在佛得角群岛设立一个基地。这个名为"开花弹"的作战计划能帮助我们得到空军基地，以及供船舶补充燃料的基地，有助于使绕航好望角的那段至关重要的航线被海军控制。

第四点，将一个法国戴高乐旅从英国调派过来，让它与西非的援军一同绕航到好望角，驶往埃及，在情况许可时，将吉布提攻克（"玛丽"作战计划）。[①]

为了再次控制西西里和突尼斯之间的航道，向马耳他岛提供支援的预备性工作已经展开，特别是空军方面的支援——"绞盘"作战计划。在这个策略中，有一个重要组成部分：让罗杰·凯斯爵士亲自指挥一旅突击部队，执行"车间"作战计划——将潘泰莱利亚这个小岩石岛攻克。一项命令已经下发：希腊局势发生变化时，假如有必要支援克里特岛的驻军，应该竭力将这个岛的苏达湾变成一个坚不可摧的海、空军基地。我们正在希腊建立机场，以协助希腊陆军进攻意大利，在有需要时向罗马尼亚的油田发动进攻。与此同时，也在土耳其建设机场，并在技术上给土耳其提供支援。

最后一点，我们动用所有方法煽动阿比西尼亚起义，并往喀土穆调派一部分军队，以便向卡萨拉周围发动进攻，应对在阿比西尼亚驻守的大量意大利军队。陆军和海军曾经接到命令，让他们联合从肯尼亚沿东非海岸进军红海，将意大利防守的阿萨布和马萨瓦港口攻克，进而将意大利的殖民地厄立特里亚属地占为己有。

---

① 首相致伊斯梅将军，转参谋长委员会　　　　　　　　　　　1940 年 12 月 1 日

戴高乐将军意欲将吉布提收复，他已经将这件事告诉我。以后，所有与这件事相关的文件和电报中都会把它叫作"玛丽"。他想将三个营的法军从赤道非洲调派到埃及，在那个地方，他将与勒·让蒂奥姆将军会师。防守埃及的工作将交给这几个营，或者可能在表面上防守希腊。不应该将这件事情秘而不宣，而是要大肆宣扬他们已经抵达埃及。遇到合适的机会时，就令英国海军舰只担任护航工作，将这几个营输送到吉布提。除此之外，不再向英国提出支援请求。戴高乐将军坚信勒·让蒂奥姆足以控制这个地方，把这里的驻军争取过来，联合在一起即刻与意大利军队展开战斗。这种发展趋势十分有利，截至目前，这将是戴高乐能做出的最大贡献。希望你们和戴高乐一起认真研究这项计划。请牢牢记住达喀尔的教训，警告每一个与此事相关的人员，务必做好保密工作，不可将这个地名泄露出去。我推测那几个法国营抵达埃及的时间最起码在两个月之后。请向我提交一份详细的报告。——原注

如此一来，我们便能向战时内阁提供一个经过深思熟虑、周详、全面的行动方案，只待接到命令，就可以即刻执行，向敌军发动进攻。此外，我们肯定可以在战斗的过程中寻觅到一些主动的、连续的海外进攻方法，就算没有太大作战规模，对我们1941年上半年的作战行动也有一定的好处。我们这段时间内的作战实力将大幅度提高，其中包括人员、军火、飞机方面，也包括坦克和大炮方面。

＊　　　＊　　　＊

这一年的光辉面和灰暗面都相继展现出来。我们依然活着，德国空军已经溃败，敌军没能攻克我们这个岛屿，如今国内的陆军已经非常强悍，饱经磨难的伦敦依然屹立，关系到本土制空权的事情都很快被改进。在工厂里，机器的声音非常响亮，不列颠民族上下一心，不分昼夜地勤劳工作，令我们重获新生，令我们宽慰和骄傲。我们精神高涨，以飞快的速度一路向前。胜利的光辉在利比亚的沙漠中闪耀，大西洋对岸的伟大共和国逐渐承负起它该承担的责任，向我们提供支援。

此时英王向我下发手谕，慰藉、鼓舞我。

我亲爱的首相：

由衷地祝愿你新年快乐，希望可以在明年结束这场战争。这段时间内，我在这个地方一天天恢复了体力，这对我帮助特别大，变换环境和户外运动相当于非常好的补品。所有人都在自己的岗位上就就业业，我觉得自己没理由离开自己的岗位，这是我的义务。我可以把这趟旅行当成身体治疗，希望回去时身体强壮，精神饱满，与敌军战斗时，继续保持充沛的精力。

我迫切希望你能在圣诞节时暂时离开繁忙的工作，度过一个短暂的假期，我相信这可以变成现实。在近七个月内，你一直担任首相工作，感谢你为之付出的努力，我非常钦佩。我一直在回味我们每星期一共进午餐时的交谈。等我回来后，希望我们依然能每周都共进午餐，非常希望和你一起交谈。

下周一，我希望可以从此处直接前往谢菲尔德^①视察。

再次祝福你。

诚挚的

国王乔治

桑德林布姆

1941 年 1 月 2 日

我由衷地表示感激。

陛下：

我很荣幸能领受陛下如此勉励我的手谕。陛下和王后在我就任海军大臣，特别是就任首相期间，对我眷顾有加。为了生存，我殊死搏斗，正是这些眷顾让我在困难中找到了力量和信心。我以君王的一个大臣的身份，多年来一直在陛下的父亲和祖父那里任职，我的父亲和祖父也在维多利亚女王那里担任过职务。但是，我没想到陛下对我这么亲切、宽仁。

我想告诉陛下，相比英吉利君主国历史上经历的那些非常艰难、困顿的日子，我们走过的这些日子毫不逊色，即便是现在，我们依然面临着一条艰难、漫长的道路。我们每一个星期，在那座被炸毁的古旧白金汉宫中一起吃午饭，给了我非常大的激励。陛下和王后不畏艰险、不辞辛苦，给我留下深刻的印象。由于这场战争，君王和人民之间建立了前所未有的紧密关系，各阶层和各种社会地位的人都十分敬佩陛下和王后，其程度超过往日的任何一个君主。我很骄傲能在英国

---

① 谢菲尔德遭受过非常惨烈的轰击。——原注

历史上的这个至关重要的阶段被委以重任，出任首相为陛下分忧是我的幸运。勇猛的澳大利亚军队在这个"拜尔迪耶日"又俘获两万名意大利官兵，更显我们的未来一片大好，我充满希望，对今后满怀信心，特意在这一天给您写信。

陛下忠心的臣属

温斯顿·斯宾塞·丘吉尔

1941 年 1 月 5 日

* * *

这一年风急浪高，我坚信它在悠久的英吉利和大不列颠帝国历史上算得上无上光荣的一年，当然也是异常艰辛的一年。正是这个伟大、悠久的英格兰打败了西班牙的无敌舰队。信念和刚毅化作熊熊大火，助我们走过威廉三世和马尔巴罗公爵向路易十四发动的二十五年战争。我们曾有过查塔姆时代的光辉岁月。我们曾与拿破仑长期斗争，在这场战斗中，纳尔逊和他的同僚出色地领导了英国海军，将制海权掌握在自己手中，保障了我们的生命安全。英国在第一次世界大战中共有一百万名官兵阵亡，这个数字远不及 1940 年的阵亡数字大。历史悠久的蕞尔海岛与忠心耿耿的联邦、自治领，以及天下所有的属地，都在午末时向我们表明，它有能力担负起整个世界的每一项重任。我们没被吓怕，没有退缩，也没有被打败。事实表明，英国人民是无法被打败的，英国民族的精神是绝不会屈服的，联邦和帝国的堡垒是坚不可摧的。残暴的君主权力达到顶峰时，只有我们一个国家在与之对抗，所有勇敢的人都向我们提供援助。

我们已经发挥出所有潜力，也战胜了空袭带来的威胁。任何人都无法入侵我们这个高深莫测的岛屿。今后，我们将拥有用于战斗的武器。今后，我们也将变成一部具有严密结构的作战机器。我们已经让世界知道我们拥有自我保护的实力。希特勒能否统治世界，人们看法不一。很多人都觉得不列颠已经失败，但是它今天依然没有被淘汰出局，甚至实力比过去更强大，力量正在逐渐增加。我们又站在了占有优势的一方，别的国家也是如此。美国正在整顿装备，越来越接近战争。战争刚爆发时，苏联认定我们将迅速溃败，便投靠德国，从它那里得到短暂的利益。如今，它也远比往日更强大，强化了很多前沿阵地的力量，足以保护好自己。受世界大战的影响，日本好像要延缓战争时间，暂时不敢进军，它在密切注视苏联和美国的举动，争取做出最有利的决定。

大不列颠和大不列颠那些广泛分布的自治领和属地，似乎曾濒临被摧毁的边缘，敌人几乎刺穿它的心脏。大不列颠全力作战，训练作战人员，在战争中投入无数力量。截止到当前时刻，时间已经过去十五个月。这令那些实力弱小的中立国以及选择屈服的国家深为震惊，也感到一种慰藉，似乎看到明亮的星星依然在天空中闪烁着灿烂的光芒。成千上万的人重新找回了希望，又满怀激情。最后获胜的必然是正义的事业，公理不可能一直被他人摧残。自由的旗帜——在这紧要关头是英国国旗——将始终随风飘扬。

尽管，我和我那些忠心耿耿的同僚们掌握了精准的情报，从高处俯瞰全局，却依然有很多忧心忡忡的事情。我们已经意识到，敌军的潜艇威胁着我们，能否战胜这种威胁将决定我们所有的计划是否获得成功。法兰西大战已经失败，不列颠大战已经获胜，如今轮到大西洋战役了。

附　　录

一

表一中的数字来自于 1940 年 12 月 8 日我给总统写的信①。

表二中的数字来自于战后的估算。

表一　海上损失周报表

一周截止日期	英国		盟国		中立国		总计：英国、盟国和中立国	
	艘	总吨数	艘	总吨数	艘	总吨数	艘	总吨数
1940 年								
6 月 2 日	28	79,415	5	25,137	2	4,375	35	108,927
6 月 9 日	13	49,762	8	22,253	4	14,750	25	86,765
6 月 16 日	15	60,006	10	40,216	6	23,170	31	123,392
6 月 23 日	16	91,373	12	81,742	12	39,159	40	212,274
6 月 30 日	6	30,377	4	13,626	5	19,332	15	63,335
	78	310,933	39	182,974	29	100,786	146	594,694
7 月 7 日	14	75,888	4	18,924	5	21,968	23	116,780
7 月 14 日	10	40,469	5	13,159	7	24,945	22	78,573
7 月 21 日	12	42,463	2	3,679	7	13,723	21	59,865
7 月 28 日	18	65,601	2	7,090	—	—	20	72,691
	54	224,421	13	42,852	19	60,636	86	327,909
8 月 4 日	14	67,827	2	7,412	5	13,768	21	89,007
8 月 11 日	9	32,257	2	7,674	2	6,078	13	46,639

---

① 参阅第二卷第二十八章内容。——原注（指本书第十三章。——译注）

一周 截止日期	英国		盟国		中立国		总计：英国、 盟国和中立国	
	艘	总吨数	艘	总吨数	艘	总吨数	艘	总吨数
8月18日	10	41,175	1	7,590	2	4,134	13	52,899
8月25日	20	108,404	1	1,718	2	8,692	23	118,814
9月1日	12	62,921	5	15,038	5	18,460	22	96,419
	65	312,584	11	39,432	16	51,762	92	403,778
9月8日	13	44,975	4	18,499	3	13,715	20	77,189
9月15日	13	55,153	4	12,575	3	7,379	20	75,107
9月22日	22	148,704	3	13,006	5	14,425	30	176,135
9月29日	11	56,096	4	12,119	2	7,351	17	75,566
	59	304,928	15	56,199	13	42,870	87	403,997
10月6日	8	30,886	3	5,742	1	3,687	12	40,315
10月13日	10	52,668	3	17,537	4	14,544	17	84,749
10月20日	34	154,279	7	24,686	6	26,816	47	205,781
10月27日	6	9,986	2	6,874	1	1,583	9	18,443
11月3日	13	65,609	4	5,403	—	—	17	71,012
	71	313,428	19	60,242	12	46,630	102	420,300
11月10日	11	69,110	2	10,236	2	8,617	15	87,963
11月17日	15	57,977	3	15,383	1	1,316	19	74,676
11月24日	20	80,426	3	12,415	—	—	23	92,841
12月1日	9	41,360	3	5,734	1	5,135	13	52,229
	55	248,873	11	43,768	4	15,068	70	307,709
1940年5月27日至12月1日总计	382	1,715,167	108	425,467	93	317,752	583	2,458,386

注：12月1日所在的这星期是数字翔实的最后一星期，从情况的性质来看这应该是一种暂时的。

整个过程共有二十艘不少于五百吨的现役舰——以往是商船——被敌人击沉，大约18.3万吨。

表二　英国、盟国和中立国运输船的损失月报表

1940 年 5 月至 1940 年 12 月

一周截止日期	英国		盟国		中立国		总计：英国、盟国和中立国	
	艘	总吨数	艘	总吨数	艘	总吨数	艘	总吨数
1940 年								
5 月	31	82,429	26	134,078	20	56,712	77	273,219
6 月	61	282,560	37	187,128	27	101,808	125	571,496
7 月	64	271,056	14	48,239	20	62,672	98	381,967
8 月	56	278,323	13	55,817	19	59,870	88	394,010
9 月	62	324,030	19	79,181	9	39,423	90	442,634
10 月	63	301,892	17	73,885	17	66,675	97	442,452
11 月	73	303,682	13	47,685	5	24,731	91	376,098
12 月	61	265,314	11	70,916	7	21,084	79	357,314
总计	471	2,109,286	150	696,929	124	432,975	745	3,239,190

二、1940 年不列颠战役中的飞机力量[1]

1. 1940 年生产的飞机数量

时间	总生产量	战斗机生产量
1 月	802	157
2 月	719	143
3 月	860	177
4 月	1,081	256
5 月	1,279	325
6 月	1,591	446
7 月	1,665	496
8 月	1,601	476

---

[1]　参阅本书第一章。——原注

2.轰炸指挥部在不列颠战役中的作战实力周报表

轰炸指挥部的战斗序列以及飞机储藏库里的轰炸机总量

轰炸指挥部

日期	中队总数	可参战中队数	最初配备的参战中队总数	能够参战的轰炸机总数
1940 年 7 月 11 日	40	35	560	467
1940 年 7 月 18 日	40	35	560	510
1940 年 7 月 25 日	40	35	554	517
1940 年 8 月 1 日	40	35	560	501
1940 年 8 月 8 日	41	36	576	471
1940 年 8 月 15 日	37	31	496	436
1940 年 8 月 22 日	37	31	496	491
1940 年 8 月 29 日	38	32	512	482
1940 年 9 月 5 日	39	36	576	505
1940 年 9 月 12 日	41	38	608	547
1940 年 9 月 19 日	42	38	608	573
1940 年 9 月 26 日	42	38	608	569

飞机供应表

凭借当时的装备备战的飞机数量

日期	48 小时内	4 天内可增添
1940 年 7 月 11 日	285	128
1940 年 7 月 18 日	272	111
1940 年 7 月 25 日	251	111
1940 年 8 月 1 日	249	111
1940 年 8 月 8 日	191	111
1940 年 8 月 15 日	210	111
1940 年 8 月 22 日	152	116
1940 年 8 月 29 日	145	124
1940 年 9 月 5 日	103	124
1940 年 9 月 12 日	113	123
1940 年 9 月 19 日	107	121
1940 年 9 月 26 日	165	109

3. 空战指挥部作战实力周报表

日期	空战指挥部的中队总量	可参战中队数	可参战的备战飞机量
7 月 10 日	57	54	656
7 月 17 日	57	52	659
7 月 24 日	60	50	603
7 月 31 日	61	54	675
8 月 7 日	61	56	714
8 月 14 日	61	54	645
8 月 21 日	61	57	722
8 月 28 日	61	58	716
9 月 4 日	63	58	706

日期	空战指挥部的中队总量	可参战中队数	可参战的备战飞机量
9月11日	63	60	683
9月18日	64	61	647
9月25日	64	61	665

4. 英国与德国在不列颠战役中的力量对比

前表显示了包括"伯伦翰"式飞机和"无畏"式飞机在内的空军指挥部的所有实力。这两种飞机不属于白天战斗力量,"旋风"式飞机和"烈焰"式飞机才归属于白天战斗力量。

从7月10日开始,截止到10月31日,这段时间比较有代表性,"旋风"式飞机和"烈焰"式飞机每天的参战中队平均值大概是:中队数量是49,战备状态的飞机和飞行员数量是608。

德国有多少飞机可以参战,当前还不能确定,所以比较时只能依据最初的装备。德国最初的装备是:单发动机的数量大概是850架,双发动机也就是梅塞施密特110式的数量大概是350架,总共是1200架。

英国的参战中队最初的装备数量,在十二周内平均是980。

三、针对达喀尔问题,丘吉尔先生与孟席斯先生之间的电文[①]

孟席斯先生致首相   1940年9月29日

达喀尔事件已经危害到澳大利亚,我们非常焦虑。先谈一下实质性的问题:

既然没有必胜的决心,为何还要尝试?这非常令人费解。我们这

---

① 参阅本书的第九章。——原注

些远在此地的人觉得，这种优柔寡断的攻击方式会让我们丧失威信。

第二个要谈的是做法：

澳大利亚政府在报纸上看到这件事情之后，对具体的作战情况才有所了解，才明白已经取消向达喀尔发动进攻的计划。我觉得这是一种完全错误的做法。我尽可能不在公开场合指责你，但私底下，我必须对你说，大家都感到非常尴尬，因为大英帝国的官方通知没有传来。我坦白告诉你，澳大利亚强烈要求你们不要轻视在中东取胜的难度，一定要取得中东战场的胜利。

首相致孟席斯先生 1940 年 10 月 2 日

9 月 29 日发来的电报令人非常遗憾，虽然个别小战役很不理想，但是我觉得大家应该给予宽恕，因为我们已经竭尽全力。法国舰只将维希的人从土伦运走，输送到达喀尔，炮台被敌方法国海军掌控，达喀尔的形势有了很大的变化。法国舰只驶向达喀尔时，英国海军做了最大努力，但是依然没能将其拦截。海军和陆军指挥官认真地检验了达喀尔的防御力量，同时承受了我曾经告知你的那些损失。海军和陆军指挥官们觉得自己缺乏执行登陆计划的实力，也无法为登陆提供支援，他们不想看到我们在海岸作战，我觉得这种做法很正确。海上进攻可以在任何时间停止，但是海岸作战也许能将我们牢牢地牵制住。

你批评说，没有十足的把握就不能做这样的尝试，如果真如你所说，我们就只能防守。达喀尔法国守军的防御实力属于未知因素，很难做出准确的判断，必然要冒一定的风险。譬如喀麦隆人防守的杜阿拉，塞内加尔军队不愿前进，后来竟被区区二十五名法军攻克。当时，我们的兵力不占绝对优势，面对这种情况，是否要采取行动？还有一点，你批评我们消极进攻，我无法接受。全世界都在称赞我们此前五个月内的战斗，我不希望你从中得出我们是一个优柔寡断的政府的结论，也不要觉得我开展工作时表现得优柔寡断。澳大利亚举行大选时，曾经利用我的名字，从这一点看，我觉得澳大利亚人认同我们的这些努力。

新闻发布之前，我们确实应向你传达具体的情况，这一点应当每时每刻都记住。但是我们无法制止，德国和维希的无线电台在尚未接收到我方司令官的报告之前向公众传达达喀尔事件。

你觉得我们小看了中东的困难，我不同意你的看法。在利比亚和阿比西尼亚，我们的兵力远比意大利的兵力少，德国还可以随时前去援助他们。由于法国的背叛，中东身陷绝境，我们跨越地中海的交通线也被切断。在这段时间，我们不得不面对敌军入侵的危险。与此同时，德国空军也许要向我们的城市、工厂和港口展开轰炸，我们同样要面对。国内形势十分严峻，物资匮乏，尽管如此，我们依然向中东调派三万多名官兵。除此之外，我们还将几乎一半的质量上乘的坦克车支援给他们。很多高射炮承担保卫我们那些至关重要的飞机工厂的职责，我们将这些高射炮调拨给他们。"光辉"号和"勇敢"号是我们舰队中最著名的两艘军舰，我们将这两艘军舰和大量的"旋风"式战斗机，以及"威灵顿"式轰炸机一并调拨给他们。在英吉利海峡和北海对岸，敌人将驳船和各种船舶集中到一起，他们可以在一夜之间将五十万人同时输送到我们的海岸上。就是在这种情况下，我们向中东提供了援助。该承受的威胁，英国承受了，该做出的牺牲，英国也都做出了，假如中东没能彻底解决困难，走出困境，绝不是因为英国没有付出牺牲的问题。往日，我们非常担心埃及和苏丹的局面，如今这里已经有所好转。但是，尊敬的总理，亲爱的朋友（先前你准许我把你当作朋友），我依然不敢说肯定可以在中东赢得战争，也不敢保证意大利或德国人无法攻克开罗、喀土穆，无法攻克苏伊士运河和巴勒斯坦。但我们觉得敌军不会将这些地方攻克。为了抵御敌军发动的进攻，我们正在竭尽全力。我们无法保证一定可以赢得战争，也无法保证不发生令人心痛和悲伤的事情，失望和困难都有可能出现。刚好相反，我觉得只有一点可以肯定：我们必然要饱经磨难，才能摆脱种种围困我们的致命危机。

由于你的地位很高，并且发来的电报用词严厉，所以我觉得自己应该用同样坦率的态度来回复你。

孟席斯先生致丘吉尔先生　　　　　　　　　　　　1940年10月4日

我已经收到你于10月2日发来的电报，看到其中的一些内容，我感到非常担心。

达喀尔的失败，我们过去一直很关注，如今依然如此。我再次读了自己发出的那封电报，觉得有些地方确实说得太直接。不过我依然不明白，读了我的电报，你怎么会觉得，我指责你或英国政府在精神或成绩上显得优柔寡断？

近期的一次选举动摇了我现在的地位，不久后，我可能就要下台。我希望借助这次机会向你表露心迹·虽然我们之间的距离相隔万里，但是，能代表澳大利亚与温斯顿·丘吉尔和英国人民致力于共同事业，我为此感到十分骄傲。我一直在用手中的权力鼓舞澳大利亚人，告诉他们大不列颠正在为我们而战，它的英雄气概和非同寻常的乐观精神，以及冷静的态度，是我们的一面盾牌，同时也能鼓励我们。

我觉得赞颂你个人的做法不太合适。但在9月3日开战一周年之际，我给你发去电报，足以证明我的态度。假如你将我9月29日的那封电报当成刻意挑剔或故意嘲讽，我将非常难过。

达喀尔事件有它的教训，不需要我指出来，我以后不会再提起。其实我真正想说的是：及时把这件事情的详细情况告知我们，我们远在这里的人，也能迅速从这件事中得到教训。

我没有奢望别人在中东方面向我承诺什么。我们只希望大家竭尽全力援助中东，给它提供装备，我们曾经得到过许可，可以提出这种要求。你发来的电报在这个方面给了我一个满意的答复。

你说得非常正确，假如中东没能彻底解决困难，走出困境，绝不是因为英国。我希望你不要觉得澳大利亚在逃避自身的责任。我们已经往中东调派成千上万名官兵，达到了船只运输能力的极限。在澳大利亚的军营里，我们还有八万五千名远征军，不久后，他们中的很多人将进军中东。

民众生怕我们的这种做法引来日本采取行动对付我们，但我的政府坚持扩大海军、空军和陆军的规模，在军火生产方面投入空前规模的人力和物力，一年前，大家还认为这是一件不可能做到的事情。

新南威尔士州的战略地位至关重要，虽然一些地方性的利益和问题导致我们在近期的选举中落选，我们依然坚持这样做。我们知道，英国面对着无限的危险，所以我们不能为自己的贡献划定限度。

我说这些的目的是，那些有我们参加的海外主战场，理所应当得到我们的深切关注。

我们非常担心这些事情，请尊敬的首相不要将其定性为怯懦、自私，也不要将其定性为不明大义。有一点非常重要，你一定要明白：我私下发出的所有质问或批评性电报，都改变不了澳大利亚坚持战争的决心，我们将始终追随你，我本人将竭尽全力。

首相致孟席斯先生   1940 年 10 月 6 日

非常感谢你发来的言辞这么切恳的电报。假如我曾经觉得你的批评太严厉，给你发去回复电报辩解，请谅解。我目前正在调派人手，让他们准备与达喀尔事件各个阶段相关的报告，不久后，将秘密向你和你的同僚发送。如果我在议会中为自己辩解，敌军将非常高兴，所以我不准备这样做。你领导澳大利亚为共同事业做出了突出的贡献，对此，我十分感谢。令人欣慰的是，澳大利亚人在那艰难的几个月里一直与我们在一块儿，我检阅他们的时候对他们的表现和精神十分赞赏。近期，他们得到二十四门野战炮，质量都非常好。不久后，他们还要加入中东的澳大利亚军队，甚至要在明年的战斗中赶赴前线参加战斗。他们应该拥有的那些武器，我们将竭尽全力分配给他们。如今，中东的形势越来越稳定。在马特鲁港，假如军队参加战斗，相比敌军的数量，我们下月或六周内能调派的军队更多。著名的大战术家威尔逊将军，以及他领导的优秀军队，将因此得到一个绝佳的机会。伦敦居民十分勇敢地面对敌军的轰炸。这个城市拥有八百万人口，如此残酷的轰炸必将为政府带来无数问题，你完全能想象得到这一点。我们正在逐渐克服困难，希特勒威胁群众的行为必将和他的磁性水雷以及别的暴力计划一样以失败告终，我坚信这一点。希望你一切顺利。

四、密码代号

弩炮：抢夺、控制所有能靠近的法国舰队，或令其丧失战斗力，或击毁。

罗盘：进攻西非沙漠。

克伦威尔：假如敌军侵占英国将运用到的报警密码。

发电机：1940 年 5 月海军撤退英国远征军。

超额：1941 年 1 月飞机增援中东。

帽子：舰队穿过地中海提供援助，并往马耳他输送物资。

上、下颚：进攻多德卡尼斯群岛的计划。

玛丽：将吉布提攻克。

恫吓：抢夺达喀尔。

桑葚：人工港。

霸王：1944年解放法国的作战计划。

海狮：德国进攻英国的计划。

开花弹：将佛得角群岛攻克。

火炬：英美对法属北非的作战计划。

绞盘：向马耳他派战机支援。

车间：夺取潘泰莱利亚岛的计划。

五、缩略语

A.A.guns	高射炮
A.D.G.B.	英国防空委员会
A.F.V.s	装甲战车
A.G.R.M.	皇家海军陆战队高级副官
A.R.P.	空袭警备处
A.T.rifles	反坦克步枪
A.T.S.	（女子）地方支援队
C.A.S.	空军参谋长
C.I.G.S.	帝国总参谋长
C.-in-C.	总司令
Controller.	第三海务大臣兼军需署长
C.O.S.	参谋长
D.N.C.	海军建设局局长
F.O.	外交部
G.H.Q.	总部
G.O.C.	总指挥官
H.F.	本土部队

H.M.G.	英王陛下政府
M.A.P.	飞机制造部
M.E.W.	经济作战部
M.of I.	信息部
M.of L.	劳工部
M.of S.	军需部
P.M.	首相
U.P.	非旋转炮弹——火箭的代号
V.C.A.S.	空军副参谋长
V.C.I.G.S.	帝国副总参谋长
V.C.N.S.	海军副参谋长
W.A.A.F.	空军女子辅助工作队
W.R.N.S.	皇家海军女子服务队